삶을 허비하지 말라

Don't Waste Your Life
by John Piper

Copyright © 2003, 2009, 2023 by Desiring God Foundation
Originally published by Crossway, a publishing ministry of Good News Publishers
Wheaton, Illinois 60187, U.S.A.

This Korean edition copyright © 2010, 2025 by Word of Life Press, Seoul, Republic of Korea
Published by arrangement with Crossway through rMaeng2, Seoul, Republic of Korea.
All rights reserved.

이 한국어판의 저작권은 알맹2를 통하여 Crossway와 독점 계약한 생명의말씀사에 있습니다.
신저작권법에 의하여 한국 내에서 보호받는 저작물이므로 무단전재와 무단복제를 금합니다.

삶을 허비하지 말라 (개정증보판)

© 생명의말씀사 2010, 2025

2010년 1월 25일 1판 1쇄 발행
2022년 11월 8일 15쇄 발행
2025년 4월 28일 2판 1쇄 발행

펴낸이 | 김창영
펴낸곳 | 생명의말씀사

등록 | 1962. 1. 10. No.300-1962-1
주소 | 서울시 종로구 경희궁1길 6 (03176)
전화 | 02)738-6555(본사)·02)3159-7979(영업)
팩스 | 02)739-3824(본사)·080-022-8585(영업)

기획편집 | 허윤희
디자인 | 김혜진
인쇄 | 영진문원
제본 | 다온바인텍

ISBN 978-89-04-16917-7 (03230)

저작권자의 허락 없이 이 책의 일부 또는 전체를
무단 복제, 전재, 발췌하면 저작권법에 의해 처벌을 받습니다.

개정증보판

한 번뿐인 인생,
곧 지나가리라

삶을
허비하지
말라

존 파이퍼 지음 | 전의우 옮김

생명의말씀사

루이 기글리오(Louie Giglio)에게
그리고 이 시대에 예수 그리스도를 알리려는
그의 열정에 이 책을 바칩니다.

추천의 글

이 책의 독자들 가운데는 저자 존 파이퍼가 2000년 패션 컨퍼런스(Passion Conference)에서 약 4만 명의 대학생들에게 전한 기념비적인 설교 동영상의 일부 혹은 전부를 본 사람들이 있을 것이다. 그는 "오직 십자가만 자랑하라"는 제목으로 설교를 했고, 이 설교는 '조개껍질'(seashell) 설교(은퇴 후 조개껍질을 모으는 부부의 이야기를 예로 들어, 귀한 삶을 허비하는 것을 경계하라는 메시지를 담은 설교-편집자주)로 더 유명해졌다. 3년 후, 이 설교가 씨앗이 되어 『삶을 허비하지 말라』는 제목의 책으로 출판된 지도 20년이 훌쩍 지났다.

지난 20년 이상 이 책을 접한 많은 진지한 사람들이 던진 질문은 이것이 아니었을까? "무엇이 삶을 허비하는 것이고, 무엇이 삶을 허비하지 않는 것인가?" 나에게는 이 주제를 생각할 때마다, 떠오르는 인물이 있다. 그에 대해서 처음 알게 되었던 때 이후로는 늘 그래왔다.

그는 짐 엘리엇(Jim Elliot)이다. "잃어버릴 수 없는 것을 얻기 위해 지킬 수 없는 것을 버리는 자는 어리석은 자가 아니다"(He is no fool who gives what he cannot keep to gain that which he cannot lose).[1] 그의 이름만큼이나 어쩌면 그의 이름보다 더 유명해진 그의 말이다. 이 말은 20세기 후반 그리고 21세기에도 여전히 많은 설교자들을 통해서, 그리고 그를 알게 된 많은 사람들의 입을 통해 수없이 회자되고 있다. 이 말은 1949년 10월 28일의 일기에 그가 적어 놓은 글이다.

일기에 이 글을 적고 6년이 조금 지난 1956년 1월 8일, 짐은 에콰도르의 쿠라레이(Curaray) 강가에서 자신이 복음을 전해 주고 싶어 했던 사람들의 창에 찔려 28세의 삶을 마감했다. 함께 살해당한 사람은 짐을 포함하여 5명이었다. 그들은 모두 20대 후반에서 30대 초반이었고 한 아내의 남편이었으며 어린아이들의 아버지이기도 했다.

그들은 삶을 허비한 것이었을까? 그들의 죽음은 어떤 사람들이 말하는 것처럼 불필요한 낭비였을까? 결코 그렇지 않다! 세상의 관점으로 보면 이들의 죽음은 가장 헛된 죽음이고 이 순교자들은 삶을 허비한 바보들이다. 그러나 믿음의 눈으로 보면 이들이야말로, 삶을 가장 가치 있게 사용한, 가장 허비하지 않은 인생을 살았던 사람들이다.

짐의 아내 엘리자베스는 남편이 죽은 지 2년 후인 1958년, 또 한 사람의 순교자인 네이트 세인트의 누이인 레이첼과 함께 남편의 원수인 와오라니 부족 안으로 들어갔고, 이렇게 선교사들을 죽인 부족에게 복음이 전해졌다. 그리고 1966년 베를린에서 열린 세계복음화대회(World Congress on Evangelism)에서 선교사들을 창으로 죽였던 와오라니 부족의 전사가 믿음의 간증을 한 것은 선교역사에 잊혀질 수 없는 순간이 되었다. 이후, 짐의 삶은 수많은 젊은이들에게 영향을 미쳤고 삶을 허비하지 않는 것이 어떤 것인지 분명하게 가르쳐 주었다. 짐은 삶을 허비한 바보가 아니었던 것이다!

다시 이 질문을 던져 보자. 삶을 허비하지 않는 것은 무엇일까? 삶을 가장 가치 있게 하는 것은 무엇일까? 헨리 스쿠걸(Henry Scougal)은 그의 책 『인간의 영혼 안에 있는 하나님의 생명』에서 이런 말을 했다. "한 영혼의 가치와 탁월함은 그 영혼이 사랑하는 대상에 의해서 측정된다"(The worth and excellency of a soul is to be measured by the object of its love).[2] 존 파이퍼가 자신의 책 『하나님의 기쁨』 서문에서 인용하기도 한 말이다.[3] 이 말에 의하면, 그가 사랑하는 대상이 그 삶과 영혼의 가치를 결정한다. 마찬가지로, 허비되지 않은 삶은 그가 무엇을 또는 누구를 사랑하며 살았는지에 따라 결정된다. 가장 가치 있고 무한히 가치 있는 대상은 주 예수 그리스도이다. 짐 엘리엇은 그분을 사랑했기 때문에 그분을 위해서 삶과 죽음을 드렸다. 그래서 그의 삶은 허비된 삶이 아니었다.

짐이 20세 때 드렸던 기도가 이것을 정확하게 보여 준다. "아버지제 생명을 취하소서. 주님의 뜻이라면 제 피를 취하소서. 주님의 삼키는 불로 제 피를 태우소서. 제 것이 아니기에 아끼지 않겠습니다. 주님, 가지소서. 제 생명을 세상을 위한 희생으로 부으소서. 피는 주님의 제단 앞에 흐를 때에만 가치 있는 것입니다."[4] 그리고 하나님은 8년 후 그의 기도에 응답하셨다. 순교의 죽음을 통해서.

이렇게 삶을 허비하지 않을 수 있는 힘은 어디서 나오는 것일까? 그 힘은 바로 그가 사랑하는 대상을 기뻐하는 힘에서 나온다는 것을 짐의 삶은 보여 주었다. 예수님께 귀한 향유 한 옥합을 가지고 와서 깨뜨렸던 마리아의 행위는 "무슨 의도로 이것을 허비하느냐?"고 분개했던 제자들의 판단과는 달리 허비된 행위도, 허비된 삶도 아니었다(마 26:6-13). 그녀가 사랑했던 주 예수님이 지니신 무한한 가치 때문이었다.

삶을 허비하지 않을 수 있는 힘이 나오는 또 하나의 원천은 천상의 시각으로 살아가는 것이다. 바울 사도는 에베소 교회를 위해서 이렇게 기도했다. "너희 마음의 눈을 밝히사 그의 부르심의 소망이 무엇이며 성도 안에서 그 기업의 영광의 풍성함이 무엇이며 그의 힘의 위력으로 역사하심을 따라 믿는 우리에게 베푸신 능력의 지극히 크심이 어떠한 것을 너희로 알게 하시기를 구하노라"(엡 1:18 - 19).

바울 사도가 에베소 성도들을 위하여 기도하고 바란 것은, 땅의 시각이 아니라 천상의 시각을 가지고 사는 것이었다. 어떻게든 고생을 면하고 좀 더 안정적이고 안락한 삶을 살기를 경쟁적으로 추구하는 세상에서, 그리고 이것만이 허비하지 않은 삶이라고 믿는 세상에서, 진정으로 삶을 허비하지 않을 수 있는 힘은 천상의 시각을 가지는 데서 나온다.

아무리 지키려 해도 지킬 수 없는 것들, 생명, 가족, 재산, 명예, 이 모든 일시적인 것들을 지키기 위해 잃어버릴 수 없고 잃어버려서도 안 되는 것, 즉 영원한 복락을 놓칠 수 없다고 생각한 짐 엘리엇의 시각이 바로 천상의 시각이었다. 그는 주 예수님께서 많은 영혼을 위하여 죽으셨기에, 그들이 잃어버려져서는 안 된다고 판단했다. 또한 하나님의 가치가 그의 가치가 되기를 원했고, 그 가치를 위해 살다가 그 가치를 위해 죽은 것이다.

존 파이퍼가 이 책 『삶을 허비하지 말라』에서 말했던 것, 그리고 말하고 싶었던 것을 가장 잘 보여 주는 현대의 인물이 짐 엘리엇이라고 생각했다. 그는 시를 암송하고 그것을 즐겨 낭송할 만큼 풍성하고 밝은 정서를 가진 매력적인 청년이었고 종종 엉뚱한 장난을 할 줄 아는 보통 청년이었다. 그러나 그가 사랑했던 주님과 주님을 섬기는 삶의 압도적 가치 때문에, 이 천상의 시각 때문에, 그는 다른 것들을 사소하게 내려놓을 수 있었다.

우리는 모두 순교자로 부름을 받지는 않는다. 중요한 것은 내 영혼이 무엇을 또는 누구를 사랑하는가 하는 것이다. 그리고 그것을 위해 삶을 사는 것이다. 존 파이퍼가 말하는, 삶을 허비하지 않는 길은 결국 우리의 참된 기쁨과 하나님의 영광이 하나로 맞닿을 때 정점에 이르는 것이 아닐까? 그래서 그것은 가장 기쁨이 충만한 삶이다. 이 책을 읽는 모든 분들에게 이런 은혜로운 경험이 임하기를!

김형익 (벧샬롬교회 목사)

CONTENTS

추천의 글　6
개정증보판 서문　14
서문　18

01　내 삶의 열정을 바칠 오직 한 가지는 무엇인가　25

02　그리스도의 아름다움이 곧 나의 기쁨이 되다　43

03　오직 십자가만 자랑하라　73

04　고난과 죽음을 통해 그리스도를 높이라　101

05　그리스도를 위해 위험을 감수하라　129

DON'T WASTE YOUR LIFE

06 다른 사람들이 하나님을 기뻐하게 하라 161

07 하나님이 생명보다 귀함을 드러내라 175

08 일터에서도 그리스도와 함께하라 211

09 선교와 자비 가운데 그리스도의 위엄을 나타내라 247

10 나의 기도: 누구도 마지막에 '헛살았어!'라고
　　 하지 않게 하소서 285

주 296

개정증보판 서문

이 책을 쓴 지 벌써 20년이 되었다. 처음에는 학생들을 염두에 두고 집필했지만, 뜻밖에도 지난 20년 동안 수많은 50대, 60대 독자들이 이 책을 읽고 삶의 계획을 바꾸게 되었다. 그들은 앞으로의 20년을 끝없는 여가를 좇는 어리석은 길에 허비할 뻔했지만, 이 책이 새로운 도전을 주었다고 말한다. 그런 변화를 보며 나는 깊은 기쁨을 느낀다.

어쩌면 그 이유는 '은퇴'가 마치 다시 22세가 되는 기분을 주기 때문인지도 모르겠다. 대학을 졸업하고 나면 새로운 세상이 눈앞에 펼쳐지듯, 은퇴 후에도 새로운 가능성이 열려 있는 듯 보인다. 하지만 햇살이 가득한 휴양지에서의 삶을 그린 화려한 은퇴 안내서를 다 읽어 갈 즈음, 이 책이 다가와 어깨를 붙잡고 눈을 마주하며 말한다.

"삶을 허비하지 말라!"

이 책은 여전히 젊은 세대를 위한 것이다. 학생이든 아니든 말이다. 하지만 경력을 시작하는 사람이나 마무리하는 사람 모두 꿈을 꾸어야 한다. 인생은 단 한 번뿐이고, 그다음에는 영원이 있다. 그리고 인생에는 여러 계절이 있지만, 그 어느 시기도 오직 안락을 위해 설계된 것은 아니다.

랄프 윈터는 이렇게 말했다. "미국에서는 사람들이 노화로 죽지 않는다. 은퇴로 죽는다." 이는 인간의 영혼이 지나친 여가 속에서 시들어 간다는 뜻이다. 이는 22세에도, 72세에도 똑같이 적용되는 진리이다. 하나님은 우리를 더 큰 목적을 위해 창조하셨다.

이 책은 결코 끝나지 않는 기쁨에 관한 이야기이다. 그런데 한 가지 특별한 점이 있다. 이 기쁨은 하나님을 그분이 본래 지니신 최고의 보화로 드러내는 것이다. 삶을 허비하지 않는 길은 우리의 참된 기쁨과 하나님의 영광이 하나로 맞닿을 때 비로소 완성된다. 이 깨달음 위에서 우리는 의미 있는 삶을 세워 갈 수 있다.

경고하겠다. 하나님을 높이는 기쁨의 길은 당신의 삶을 요구한다. 예수님은 말씀하셨다.

"…누구든지 나와 복음을 위하여
자기 목숨을 잃으면 구원하리라"(막 8:35).

삶을 허비하느니 차라리 잃는 게 낫다. 하나님이 기뻐하시는 삶을 산다면 당신의 삶은 힘들어지고 당신의 위험은 높아지겠지만, 당신의 기쁨은 충만할 것이다('하나님을 기뻐하다'라는 표현과 '하나님 안에서 기뻐하다'라는 표현은 같은 말에 대한 번역임을 염두에 두고 이 책을 읽기 바란다. 그러나 기독교 희락주의자인 존 파이퍼에게 기쁨의 절대적 대상과 근원은 하나님 자신이므로 '하나님 안에서 기뻐하다'라는 번역보다는 '하나님을 기뻐하다'라는 번역, '하나님 안에서 누리는 기쁨'보다는 '하나님을 기뻐하는 기쁨'이 본래 의미에 가깝다―역자주).

이 책은 살면서 상처를 피하는 방법이 아니라, 어떻게 하면 **삶을 허비하지 않는지를** 알려 준다. 여러분 중에는 그리스도를 섬기다 죽는 사람도 있을 것이다. 이것은 비극이 아니다. 비극은 생명을 그리스도보다 소중히 여기는 것이다.

당신이 인생의 큰 꿈을 꾸는 학생이든 인생 말년을 허비하지 않으려 애쓰는 은퇴자든 간에, 나는 당신을 위해 늘 기도한다. 내가 당신을 위해 무슨 기도를 하는지 궁금하다면 이 책의 마지막 장 **나의 기도: 누구도 마지막에 '헛살았어!'라고 하지 않게 하소서**를 읽어 보라. 이것이 나의 기도다.

당신 때문에 하나님께 감사한다. 예수 그리스도의 얼굴에서 하나님의 영광을 구하는 한 영혼 한 영혼 때문에 내 기쁨이 커진다.

기억하라.
당신의 인생은 단 한 번뿐이다.
연습은 없다.
당신은 하나님을 위해 창조되었다.
한 번뿐인 인생을 허비하지 말라.

존 파이퍼

서문

성경은 말한다. "…너희는 너희 자신의 것이 아니라 값으로 산 것이 되었으니 그런즉 너희 몸으로 하나님께 영광을 돌리라"(고전 6:19-20). 나는 당신이 이 말씀을 쓰거나 무미건조하게 느끼지 않고 달게 느꼈으면 하는 마음으로 이 책을 썼다.

당신은 둘 중 하나다. 이미 그리스도인이거나 그게 아니라면 그리스도인이 되라고 하나님이 당신을 부르고 계신다. 하나님이 당신의 삶에서 일하지 않으셨다면 당신은 이 책을 펴지 않았을 것이다.

이미 그리스도인이라면, 당신은 자신의 소유가 아니다. 그리스도께서 그분의 생명을 주고 당신을 사셨기 때문이다. 당신은 이제 이중으로 하나님의 소유다. 하나님이 당신을 지으셨고, 당신을 사셨다. 이제 당신의 삶(생명, life는 삶과 생명이라는 이중적 의미를 내포하기 때문에 문맥에 따라 삶이나 생명으로 옮겼으나 둘은 하나임을 기억하기 바란다—역자주)이 당신의 소유가 아니라는 뜻이다. 당신의 삶(생명)은 하나님의 소유다. 그러므로 성경은 말한다. "너희 몸으로 하나님께 영광을 돌리라."

바로 이런 목적에서 하나님이 당신을 지으셨다. 바로 이런 목적에서 하나님이 당신을 사셨다. 이것이 당신의 삶이 갖는 의미다.

만약 당신이 아직 그리스도인이 아니라면, 예수 그리스도께서 당신에게도 이와 같은 삶을 제안하신다. 이중으로 하나님의 소유임을 인정하고, 당신이 지음받은 목적을 이루는 삶을 살라고 부르시는 것이다.

어쩌면 그다지 귀가 솔깃해지는 말이 아닐 수도 있다. 또 하나님을 영화롭게 하는 게 당신에게는 아무런 의미가 없을 수도 있다. 그런 이들을 위해 앞의 두 장에서 "기쁨을 위해 창조되다"라는 주제로 내 이야기를 풀어 놓았다.

내 눈에도 하나님의 영광을 추구하는 길과 내 기쁨을 추구하는 길이 항상 같아 보이지는 않았다. 나와 마찬가지로 수많은 사람들 또한 이것을 한 길이 아니라 두 길로 생각하기 때문에 인생을 허비한다.

경고하겠다. 하나님을 높이는 기쁨의 길은 당신의 삶을 요구한다. 예수님은 말씀하셨다.

"…누구든지 나와 복음을 위하여
자기 목숨을 잃으면 구원하리라"(막 8:35).

삶을 허비하느니 차라리 잃는 게 낫다. 하나님이 기뻐하시는 삶을 산다면 당신의 삶은 힘들어지고 당신의 위험은 높아지겠지만, 당신의 기쁨은 충만할 것이다('하나님을 기뻐하다'라는 표현과 '하나님 안에서 기뻐하다'라는 표현은 같은 말에 대한 번역임을 염두에 두고 이 책을 읽기 바란다. 그러나 기독교 희락주의자인 존 파이퍼에게 기쁨의 절대적 대상과 근원은 하나님 자신이므로 '하나님 안에서 기뻐하다'라는 번역보다는 '하나님을 기뻐하다'라는 번역, '하나님 안에서 누리는 기쁨'보다는 '하나님을 기뻐하는 기쁨'이 본래 의미에 가깝다-역자주).

이 책은 살면서 상처를 피하는 방법이 아니라, 어떻게 하면 **삶을 허비하지 않는지**를 알려 준다. 여러분 중에는 그리스도를 섬기다 죽는 사람도 있을 것이다. 이것은 비극이 아니다. 비극은 생명을 그리스도보다 소중히 여기는 것이다.

당신이 인생의 큰 꿈을 꾸는 학생이든 인생 말년을 허비하지 않으려 애쓰는 은퇴자든 간에, 나는 당신을 위해 늘 기도한다. 내가 당신을 위해 무슨 기도를 하는지 궁금하다면 이 책의 마지막 장 **나의 기도: 누구도 마지막에 '헛살았어!'라고 하지 않게 하소서**를 읽어 보라. 이것이 나의 기도다.

당신 때문에 하나님께 감사한다. 예수 그리스도의 얼굴에서 하나님의 영광을 구하는 한 영혼 한 영혼 때문에 내 기쁨이 커진다.

기억하라. 당신의 인생은 단 한 번뿐이다. 연습은 없다. 당신은 하나님을 위해 창조되었다. 한 번뿐인 인생을 허비하지 말라.

존 파이퍼

01

내 삶의 열정을 바칠
오직 한 가지는
무엇인가

우리 아버지는 전도자였다. 어렸을 때 가끔 어머니, 누이와 함께 아버지를 따라다니며 아버지의 설교를 들었다. 아버지의 설교는 언제나 예측 가능한 유머로 시작했다. 그런데도 나는 늘 설교에 완전히 빠져들었다. 아버지는 설교가 절정에 이르면, 눈을 가늘게 뜨고 입술에 힘을 주었다.

헛살았어! 헛살았다고!

아버지는 늘 간절히 외치셨다. 아이들에게, 십 대들에게, 젊은 미혼자들에게, 젊은 기혼자들에게, 중년에게, 노년에게 그리스도의 경고와 구애(求愛)를 한 사람 한 사람의 마음에 새겨 넣으셨다.

아버지는 각 세대에 맞게 아주 많은 이야기를 하셨다. 영광스러운 회심의 이야기로 사람들을 감동시키는가 하면, 믿기를 거부하다 결국 비참하게 죽은 사람들의 이야기로 사람들을 두려워 떨게도 했다.

아버지의 설교에서 어린 내게 매우 강하게 와닿은 이야기가 있다. 늙어서 회심한 어느 노인의 이야기다. 교회는 수십 년간 그를 위해 기도했다. 그러나 그의 마음은 커다란 바위처럼 꿈쩍도 하지 않았다. 그런데 무슨 연유인지 아버지가 설교하던 날 그 노인이 교회에 나타났다. 그러더니 예배를 마치며 찬송을 부를 때, 노인이 아버지께 다가와서는 아버지의 손을 잡았다. 그 광경을 보고 모두 깜짝 놀랐다.

사람들이 모두 집으로 돌아간 후 아버지와 노인은 교회 앞자리에 나란히 앉았다. 하나님은 노인이 마음을 열고 복음을 받아들이게 하셨고, 노인은 죄에서 구원받고 영생을 얻었다. 주름진 얼굴에서는 하염없이 눈물이 흘렀다. 그가 울면서 중얼거린 말 한마디가 내 가슴에 박혔다.

"헛살았어요! 여태 헛살았습니다!"

인생을 헛살았다고 흐느끼는 노인의 이야기가 회심도 못한 채 젊은 나이에 자동차 사고로 목숨을 잃은 젊은이의 이야기보다 내 가슴에 더 깊이 박혔다. 그 어린 나이의 내게, 하나님은 삶을 허비하면 안 된다는 경각심과 열정을 일깨워 주셨다. 내가 노년에 '헛살았어! 헛살았다고!'라며 통곡하는 모습은 생각만 해도 무섭고 끔찍했다.

한 번뿐인 인생, 곧 지나가리라

어린 시절, 내게 깊은 영향을 미친 또 하나의 문장은 부엌 싱크대 위에 걸린 액자에 쓰여 있던 말이다. 내가 6세에 그 집으로 이사해 18세에 대학에 들어가 집을 떠날 때까지, 거의 매일 그 액자를 보며 살았다. 거기엔 이런 글귀가 적혀 있었다.

한 번뿐인 인생

곧 지나가리라.

오직 그리스도를 위해 한 일만

영원하리라.

글귀 왼쪽에는 초록빛 언덕과 갈색 오솔길이 그려져 있었다. 유년 시절, 그리고 동경과 고민으로 가득했던 십 대 시절 내내 갈색 오솔길(내 인생)을 보며 언덕 너머에 무엇이 있을까 궁금해했다. 하지만 글귀가 전하는 메시지는 분명했다. 인생은 한 번뿐이다. 연습은 없다. 인생을 재는 영원한 잣대는 예수 그리스도다.

  이제 그 액자는 우리집 현관에 걸려 있다. 나는 집을 나설 때마다 그 액자를 본다.

  내 삶을 허비한다는 게 무슨 뜻인가? 가장 중요한 질문이다. 좀 더 긍정적으로 묻는다면, 삶을 허비하지 않고 잘 산다는 게 무슨 뜻인가? 나는 이 질문의 해답은 고사하고 이 질문을 어떻게 표현해야 하는지도 몰랐다.

  내 삶을 허비하지 않는다는 말의 반대는 무엇인가? '자기 분야에서 성공한다'인가? '최고로 행복하게 산다'인가? '대단한 일을 이룬다'인가? '가장 깊은 의미와 중요성을 발견한다'인가? '가능한 한 많은 사람을 돕는다'인가? '그리스도를 온 힘을 다해 섬긴다'인가? '내가 하는 모든 일에서 하나님을 영화롭게 한다'인가? 그게 아니면 이 모든 삶의 꿈을 이룰 핵심과 초점과 본질이 있는가?

잃어버린 세월

솔직히 나는 이 질문이 내게 얼마나 중요한지 잊고 살았다. 어린 시절의 기록을 훑어보기 전까지는 그랬다. 1964년에 내가 사우스캐롤라이나를 영영 떠나려 할 때, 웨이드 햄프턴 고등학교에서 시와 수필을 담은 간단한 문집을 발간했다. 그 문집의 뒷부분에 조니 파이퍼라는 필명으로 내 시가 한 편 실렸다. 중요한 부분은 시 제목과 처음 네 행이었다. 시 제목은 "잃어버린 세월"이었다. 시 옆에는 흔들의자에 앉은 노인의 그림이 있었다. 시는 이렇게 시작한다.

오랜 세월, 나 세상의 숨은 의미를 탐구했으나
오랜 세월, 젊음을 바친 내 탐구가 헛수고였네
이제 내 인생 저물어 가는데
나 탐구를 다시 시작해야 하네

이 시를 쓴 지 수십 년이 지났으나 '나 헛살았네! 나 헛살았어!'라는 무서운 후렴구가 지금도 귓가에 생생하다. 그때 내 속에서 삶의 본질과 핵심을 향한 열정이 깨어났다.

'이것은 허용되는가?'라는 질문은 '핵심이 무엇이며, 본질이 무엇인가?'라는 질문 앞에 빛을 잃었다. 최소한의 도덕이나 최소한의 의미를 중심으로 '어디까지 허용할 것인가?'라는 질문에 따라 삶을 세우려는 생각이 역겨워졌다. 최소한의 삶은 내가 원하는 게 아니었다.

실체의 변두리를 맴도는 삶 또한 살고 싶지 않았다. 나는 삶의 핵심을 깨닫고 추구하고 싶었다.

실존주의는 우리가 호흡하는 공기와 같았다

대학에서 공부하면서 삶의 본질을 놓치지 않으며 허비하지 않으려는 나의 열정이 더욱 강해졌다. 어른이 되어 가는 소년의 내적 동요를 초월하는 중요한 이유가 있었다. 그것은 바로 혼란스러웠던 1960년대 말의 사회 분위기였다.

어디서나 '본질'에 대한 논의가 끊이지 않았다. 실존주의는 그야말로 우리가 호흡하는 공기와 같았다. 실존주의의 모토는 사르트르가 내놓은 '실존이 본질에 앞선다'였다.

먼저 우리가 존재하고, 그런 다음 그 존재를 통해 우리가 자신의 본질을 창조한다. 우리는 자신이 무엇이 될지 자유롭게 선택함으로써 자신의 본질을 창조한다. 우리 외부에는 추구하거나 따라야 할 본질이 없다. 그것을 '하나님'이나 '의미'나 '목적'이라 부르자. 그러나 우리가 자신의 용감한 실존을 통해 창조할 때까지 그것은 존재하지 않는다('이것이 오늘날의 포스트모더니즘과 비슷한데?'라고 생각한다면 놀랄 필요 없다. 해 아래 새것은 없고, 다만 끝없는 재포장만 있을 뿐이다).

캄캄한 극장에 앉아 연극계가 낳은 실존주의의 후손이라 할 수 있는 '부조리극'을 봤던 기억이 난다. 사무엘 베케트의 "고도를 기다리며"(Waiting for Godot)였다. 블라디미르와 에스트라공은 나무 밑에서 대화하며 고도를 기다린다. 하지만 그는 좀처럼 오지 않는다. 연극이 끝날 무렵에야 한 소년이 고도는 오지 않는다고 말한다. 두 사람은 떠나기로 결정하지만 처음 그 자리에서 꼼짝도 하지 않는다. 결국 이들은 어디에도 이르지 못한다. 그렇게 막이 내리고, 고도(하나님, God[ot])는 끝내 오지 않는다.

이것이 베케트가 나 같은 사람들, 곧 자유롭고 구속받지 않는 나의 실존으로 나 자신의 본질을 창조하는 대신 사물의 **본질**을 기다리고 구하며 발견하길 바라는 사람들을 보는 시각이었다. 초월적 대상이나 목적, 초점, 본질을 추구한다면 그 어디에도 이르지 못한다. 이것이 베케트가 암시하는 내용이다.

어디에도 없는 사람

비틀즈는 1965년 12월에 "러버 소울"(Rubber Soul)이라는 음반을 냈으며, 자신들의 실존주의를 우리 세대를 향해 아주 설득력 있게 노래했다. 비틀즈의 실존주의는 존 레논이 쓴 "어디에도 없는 사람"(Nowhere Man)이라는 곡에서 가장 분명하게 나타난다.

> 그는 정말 어디에도 없는 사람
> 어디에도 없는 그의 땅에 앉아
> 어디에도 없는 사람을 위해
> 어디에도 없는 계획을 세우네

그는 관점도 없고 자신이 어디로 가는지도 모르네
조금은 당신과 나를 닮지 않았는가?[1)]

당시는 분별없는 시대였으며, 특히 대학생들에게 더욱 그러했다. 감사하게도 하나님은 침묵하지 않으셨다. 모든 사람이 다 부조리의 미끼와 거대한 공허의 유혹에 넘어간 것은 아니다. 모든 사람이 다 알베르 까뮈와 장 폴 사르트르의 부름에 굴복한 것은 아니다. 진리에 뿌리를 두지 않은 사람들조차 우리가 아는 것 이상의 무엇이 틀림없이 있음을 알고 있었다. 이는 우리 밖에 존재하며, 우리가 거울에서 보는 자신보다 더 크고 위대하며, 인생을 바칠 만한 가치가 있다.

바람만이 아는 대답

밥 딜런은 간접적인 희망의 메시지를 담은 노래들을 만들었는데, 이러한 노래들이 폭발적인 반응을 일으킨 정확한 이유는 우리를 영원히 기다리게 하지 않을 실체를 암시했기 때문이다.

상황은 곧 바뀔 것이다. 머지않아 느린 자가 빠른 자가 되며, 첫째가 마지막이 될 것이다. 우리가 부조리한 우리 운명의 실존적 주인이기 때문이 아니다. 그날은 곧 올 것이다. "시대가 변하고 있다"(The Times They Are A-Changin')라는 노래에서 이것을 느낄 수 있다.

선이 그어지고 저주가 드리운다.

지금은 느린 자가 훗날 빨라지리라.
지금의 현재가 훗날 과거가 되리라.
세상 질서 빠르게 변하니
지금 첫째인 자가 훗날 꼴찌가 되리라.
시대가 변하고 있기에[2]

실존주의자들이 딜런의 노래를 들었다면 틀림없이 화를 냈으리라. 딜런은 대히트곡 "바람만이 아는 대답"(Blowin' in the Wind)에서 '그 해답은'으로 반복되는 대담한 가사를 통해 모든 게 옳다는 실존주의자들의 상대주의를, 그들도 모르는 새에 쓸어 버렸기 때문이다.

얼마나 더 우러러보아야 하늘이 보일까?
얼마나 더 귀 기울여야 사람들의 울음이 들릴까?
얼마나 많은 사람이 죽어야 너무 많이 죽었는지 알까?
그 해답은, 친구여, 바람만이 알지
그 해답은 바람만 알지.[3]

왜 사람들은 그렇게 많이 우러러보고도 하늘을 보지 못하는가? 저 위에 우리가 봐야 할 하늘이 있다. 당신은 수만 번 우러러보고도 하늘을 못 보았다고 할지 모른다. 그러나 이것은 하늘의 객관적 존재에 아무 영향도 미치지 못한다. 하늘은 늘 거기 있고, 어느 날 당신은 그 하늘을 본다. 그렇다면 얼마나 우러러보아야 그 하늘을 보겠는가? 해답이 있다. 친구여, 그 해답, 그 해답은 당신이 고안해 내거나 창안해 내는 게 아니다. 당신이 해답을 만들어 내는 게 아니다.

해답은 당신 바깥에 있다. 해답은 실재하며 객관적이고 확실하다. 어느 날, 당신은 해답을 듣게 된다. 해답이 당신에게 오며, 머지않아 당신이 해답에 순응하거나 받아들이게 된다.

딜런의 노래를 듣는 순간 내 안의 전부가 '맞아!'라고 응수했다. 대문자 A로 시작하는 해답(Answer)이 있다. 이 해답을 놓친다는 말은 삶을 허비한다는 뜻이다. 이 해답을 찾았다는 말은 나의 모든 질문을 해결하는 통일된 해답을 얻었다는 뜻이다.

우리 집 부엌에 걸려 있던 액자 속, 초록빛 언덕에 난 작은 갈색 오솔길은 60년대 내내 지적인 어리석음의 달콤한 함정들 사이를 지나고 있었다. 우리 세대가 오솔길에서 벗어나 함정에 발을 넣을 때 얼마나 용감해 보였는지 모른다. 어떤 사람들은 온 힘을 모아 자랑하기까지 했다. "나는 자유의 길을 선택했어. 내 자신의 실존을 창조했다고. 낡은 법을 벗어 버렸어. 내 다리가 어떻게 절단됐는지 봐!"

거기 계시는 하나님

그러나 하나님은 자비롭게도 길을 따라 강한 경고 표지판을 세우셨다. 1965년, 프란시스 쉐퍼는 휘튼 칼리지에서 한 주간 강연을 했다. 강연 내용은 1968년에 『거기 계시는 하나님』(The God Who Is There)이라는 제목으로 출판되었다.[4)] 책 제목은 강연 주제를 놀라울 정도로 분명하고 단순하게 보여 준다.

하나님이 거기 계신다. 하나님은 나 자신의 바람이 정의하고 빚어낸 **이 안에** 계시지 않는다. 하나님은 **저 밖에** 계신다. 그분은 객관적 대상이다. 그분은 절대적 실체다. 우리에게 실체처럼 보이는 모든 것이 하나님께 의존한다. 피조물과 창조자가 있다. 그 외에는 아무것도 없다. 모든 피조물의 의미와 목적은 하나님에게서 나온다.

절대적이며 강력한 표지판이 있었다. 객관적 진리의 길을 벗어나지 말라. 이것이 삶을 허비하지 않는 방법이다. 열정적인 아버지가 갔던 길을 벗어나지 말라. 부엌에 걸린 액자를 버리지 말라. 실존주의의 초원에 발을 들여놓으면 삶을 허비하게 된다는 엄중한 지적 경고가 여기 있었다. 길을 벗어나지 말라. 진리는 있다. 만물의 핵심과 목적과 본질이 있다. 계속 찾아라. 그러면 마침내 찾으리라.

진리가 있으며 객관적 존재와 가치가 있다는 분명한 사실을 배우느라 대학 시절을 전부 보내야 한다고 한탄할 이유가 없다. 물고기가 물이 있음을 배우려고, 새가 공기가 있음을 배우려고, 벌레가 흙이 있음을 배우려고 학교에 가는 것과 같다. 지난 200년 동안 이것이 좋은 교육의 핵심이었다. 그 반대는 나쁜 교육의 본질이다. 그러므로 나는 분명한 사실을 배우느라 보낸 세월을 한탄하지 않는다.

내게 보는 법을 가르쳐 준 사람

나무와 물과 영혼과 사랑과 하나님의 존재를 믿을 수 있도록 엄청난 창의적 에너지를 쏟아부은 교수들과 저자들에 대해 하나님께 진심으로 감사드린다.

C. S. 루이스는 옥스퍼드에서 영문학을 가르쳤으며, 1963년에 죽었다. 그리고 1964년, 그가 눈부신 빛을 내며 나의 작은 갈색 오솔길과 하늘이 맞닿는 곳에 나타나 내 인생에 엄청난 영향을 미쳤다.

누군가 『순전한 기독교』(Mere Christianity)[5]를 통해 대학교 1학년인 내게 C. S. 루이스를 소개했다. 그 후 5-6년 동안, 나는 루이스의 책을 손에서 거의 놓지 않았다. 그의 영향이 없었다면, 나는 그렇게 기쁘고 유익한 삶을 살지 못했을 것이다.

C. S. 루이스 때문에 나는 연대기적 속물근성(chronological snobbery, C. S. Lewis가 만든 용어로 자기 시대의 모든 것이 이전 어느 시대보다 낫다고 생각하는 것을 말한다-역자주)을 조심하게 되었다. 그는 새것이라고 선이 아니며 옛것이라고 악이 아님을 보여 주었다. 시간이 진리와 아름다움과 선을 결정짓지 않는다. 옛것이라고 절대로 열등하지 않으며, 새것이라고 절대로 가치 있는 것이 아니다. 이러한 루이스의 가르침 덕분에 나는 새것의 폭정에서 벗어났으며, 옛것의 지혜에 눈을 떴다. 지금도 내 영혼의 양식은 대부분 몇백 년 전에서 온다. 루이스처럼 분명한 사실을 설득력 있게 논증한 사람을 보내신 하나님께 감사한다.

C. S. 루이스는 생생히 살아 있는 유쾌한 상상과 엄격하고 날카로운 논리가 영혼을 휘젓는 깊은 느낌이 상충되지 않는다는 것을 내게 증명하고 확신시켜 주었다. 그는 '낭만적 합리주의자'였다. 그는 오늘날 거의 모든 사람이 상호배타적이라고 생각하는 것들을 결합시켰

다. 합리주의와 시를, 냉철한 논리와 따뜻한 감성을, 정교한 산문과 자유로운 상상을 결합시켰다. 루이스는 오래된 고정관념을 깨뜨려 나를 자유하게 했으며, 그러기에 나는 루이스를 열심히 생각하고 시를 쓴다. 더불어 부활을 논증하고 그리스도를 노래하는 찬양을 만들며, 주장을 논박하고 친구를 품어 주며, 정의(定義)를 추구하며 은유를 사용할 수 있게 되었다.

루이스는 내게 사물의 '실재'에 대한 의식을 강하게 심어 주었다. 이런 의식이 얼마나 귀한지 말로 표현하기 어렵다. 아침에 일어나 딱딱한 매트리스를 느끼며, 따스한 햇살을 느끼며, 똑딱거리는 시계 소리를 들으며, 사물의 순수한 존재(그는 이것을 '본질, quiddity'이라 부른다)[6]를 느껴 보라.

그는 내가 삶에 민감하도록 도와주었다. 그는 내가 가지지 못했을 때는 얻으려고 어떤 대가든 감수하면서도, 막상 손에 넣으면 무시해 버리는 세상의 것을 보도록 도와주었다.

그는 내가 아름다움에 더 민감하도록 해 주었다. 그는 내 영혼의 눈을 열어 경배를 불러일으킬 일상의 기적을 볼 수 있게 해 주었다. 그는 졸음에 겨운 내 영혼을 흔들어 깨웠고 실체의 찬물을 내 얼굴에 부었다. 그 결과 생명과 하나님과 천국과 지옥이 영광과 공포와 함께 나의 세계를 뚫고 들어왔다. 그는 객관적 존재와 가치에 대한 세련된 지적 반대가, 실상은 얼마나 어리석은지를 드러냈다. 우리 세대의 왕인 철학은 벌거숭이였으며, 어린이들을 위한 책을 쓴 옥스퍼드의 작가는 그렇다고 말할 용기가 있었다.

영원히 사물을 '꿰뚫어볼'(see through) 수는 없다. 무엇인가를 꿰뚫어본다는 말의 핵심은 그 사물을 통해 무엇인가를 본다는 것이다. 창문은 투명해야 좋다. 왜냐하면 창문 너머의 거리나 정원이 불투명하기 때문이다. 정원도 꿰뚫어본다면 어떻겠는가? 첫 번째 원리들을 '꿰뚫어보려' 해도 소용이 없다. 모든 것을 꿰뚫어 보려면 모든 것이 투명해야 한다. 그러나 완전히 투명한 세상은 보이지 않는 세상이다. 만물을 '꿰뚫어본다'라는 말은 보지 않는다는 말과 같다.[7]

C. S. 루이스가 본 세계와 그가 표현한 방식에 대해 더 이야기할 것이 얼마나 많겠는가? 물론 그에게도 결점이 있다. 그러나 나는 완벽한 순간에 나의 오솔길에 나타난 이 사람에 대해 하나님께 감사하고 또 감사한다.

약혼은 부정할 수 없는 객관적 사실이다

객관적 실체가 확실히 존재한다는 흔들리지 않는 내 믿음을 견고히 해 준 힘이 하나 더 있다. 1966년 여름, 노엘 헨리와 사랑에 빠졌고 우리는 1968년 12월에 결혼했다. 아마도 조금 이른 선택이었을지 모른다. 하지만 돌이켜 보면 그것은 좋은 선택이었다. 나는 여전히 그녀를 사랑한다.

실재하는 사람들과의 관계 속에서 생각한다는 것은 좋은 일이다.

부양할 아내와 자식이 있다는 생각은 철학적 상상에 의한 방황을 멈추게 한다. 그때부터 나는 무엇이든 관계 속에서 생각했다. 나의 생각은 결코 개념에 불과하지 않았다. 아내와 관련이 있었고, 나중에는 다섯 자녀와 점점 늘어나는 손주들과 관련이 있었다. 내가 지난 수십 년간 지키며 살아온 그리스도와 교회의 비유를 주신 하나님께 감사한다. 삶에는 내가 결혼하지 않았다면 절대로 배우지 못했을 교훈들이 많다. (마찬가지로, 평생 독신으로 사는 삶에서도 오직 그 길을 통해서만 배울 수 있는 교훈들이 있을 것이다.)

내 인생을 축복한다

1966년 가을, 하나님은 점점 좁아지는 내 인생의 오솔길에서 내게 더 가까이 다가오셨다. 그리고 하나님이 결정적인 그다음 행동을 취하셨을 때, 노엘은 내가 어디로 사라졌는지 궁금해했다. 가을 학기가 시작되었으나 내가 강의실에도 채플에도 나타나지 않았던 것이다.

결국 그녀는 나를 찾아냈다. 나는 그때 단핵구증에 걸려 3주일을 병원에 꼼짝없이 누워 있었다. 불과 4개월 전만 해도 그렇게 확신했던 삶의 계획이 병을 앓는 동안 모두 허물어졌다.

5월에 그러니까 병을 앓기 전, 의사로 살면 내 삶이 가장 유익할 거라는 즐거운 확신이 들었다. 나는 생물학을 특히 좋아했다. 사람들을 치료하는 생각만 해도 좋았다. 대학에서 공부하는 내용도 아주 만족스러웠다. 그래서 여름 학기에 일반화학을 수강했다. 가을 학기에 유기화학을 무리 없이 수강하고 싶었기 때문이다.

그런데 단핵구증 때문에 유기화학 수업을 3주나 빠졌고 따라잡기란 도저히 불가능했다. 하지만 그보다 더 중요한 일이 있었다. 보스턴의 파크 스트리트 교회(Park Street Church)를 담임하는 헤럴드 옥켄가 목사님이 영성 강조 주간에 아침 채플 때마다 설교를 하고 계셨다. 나는 대학 라디오 방송(WETN)을 들었다. 그런 성경 강해는 들어 본 적이 없었다. 갑자기 하나님의 말씀이 더없이 분명해졌다. 마치 꿈에서 깨어난 느낌이었으며, 이제야 비로소 내가 무엇을 해야 할지 알게 되었다.

마침내 노엘이 나를 찾아내 병문안을 왔을 때 물었다. "내가 의사가 되는 길을 포기하고 신학교에 간다면 어떻게 하겠어요?"

노엘은 이렇게 대답했다. "하나님이 당신을 이끄시는 곳이라면 어디든 따라갈게요."

그때부터 하나님의 말씀을 전하는 일꾼으로 사는 것이 내 삶의 소명임을 단 한 번도 의심하지 않았다.

02

그리스도의
아름다움이
곧 나의 기쁨이 되다

DON'T WASTE YOUR LIFE

1968년, 하나님의 말씀을 전하는 사역자가 된다는 게 내게 무슨 의미인지 전혀 몰랐다. 노엘이 목사의 아내가 되리라는 생각을 못했던 만큼이나 나 자신도 목사가 되리라는 생각을 전혀 못했다. 그러면 목사가 된다는 게 무슨 뜻인가? 선생, 선교사, 작가, 어쩌면 훌륭한 신학을 겸비한 문학교수가 된다는 뜻인가?

궁극적 실체가 갑자기 나를 하나님의 말씀에 집중시켰다. 이것이 내가 아는 전부였다. 내가 간절히 닿기를 갈망했던 위대한 핵심, 목적, 본질이 이제 성경과 뗄 수 없게 연결되었다. 명령은 분명했다. "너는 **진리의 말씀을 옳게 분별하며** 부끄러울 것이 없는 일꾼으로 인정된 자로 자신을 하나님 앞에 드리기를 힘쓰라"(딤후 2:15).

내게 이 말씀이 의미하는 바는 신학교에 들어가 성경에 대한 이해와 올바른 분별에 집중해야 한다는 뜻이었다.

스스로 무너뜨리지 않는 법 배우기

분명한 사실을 배우기 위한 싸움은 계속되었다. 현대는 우리 외부에 존재하는 객관적인 실체를 공격했고, 그 결과 성경 연구는 주관주의의 늪으로 변했다. 이런 변화를 교회 소그룹에서 확인할 수 있다. 많은 소그룹들이 성경 본문의 본래 의미에서 벗어나, 단순히 본문이 자신에게 의미하는 주관적 느낌을 나누기 때문이다. 또한 학문적인 책에서도 이런 변화를 확인할 수 있다. 창의적인 학자들이 본문에는 객관적 의미가 없다고 주장함으로써 자신의 논리나 주장을 스스로 무너뜨린다.

이 세상에서의 삶이 오직 한 번뿐이며 그 삶을 허비하지 말아야 한다면, 내게 하나님이 성경에서 진정으로 의미하신 바를 찾는 것보다 더 중요한 일은 없어 보인다. 하나님께서 사람들을 감동시켜 성경을 기록하게 하셨기 때문이다. 이것을 찾지 못하면, 그 누구도 어떤 삶이 가치 있고 어떤 삶이 허비되는지 말할 수 없다.

나는 학계의 술수에 깜짝 놀랐다. 학자들이 자신의 지적 능력을 모두 동원해 결국엔 자기 글 자체를 무효화하고 있었기 때문이다. 이들은 본문에는 타당한 의미가 단 하나도 없다고 주장하는 의미론들을 내놓았던 것이다. 이 책을 읽는 독자들은 이 말을 믿지 못할 것이다. 당신 탓이 아니다. 사실이 그렇다.

그러나 지금도 변하지 않는 사실이 있다. 주머니가 두둑하고 배가 부른 교수들이 등록금과 세금을 축내 가며 '문학은 실체를 정확히 전달하지 않으므로, 문학 해석 역시 문학이라는 실체를 정확히 전달할 필요가 없다'[1]라고 주장한다는 것이다.

바꿔 말하면, 우리는 외부의 객관적 실체를 알 수 없으므로 우리가 쓰는 글은 객관적 의미가 있을 수 없다는 것이다. 그러므로 해석이란 저자가 본문에 부여한 객관적 의미를 찾으려는 노력이 아니라, 우리가 읽을 때 머리에 떠오르는 생각의 표현일 뿐이다. 저자의 의도는 중요하지 않다. 사람들도 우리가 쓴 글을 읽을 때 우리의 의도를 파악하려 하지 않기 때문이다.

그러면서도 이 모든 학자들은 자신의 연애편지와 계약서는 오직 한 가지, 자신들이 말하려 했던 바를 기준으로 판단해야 한다고 주장한다. 내가 '아니오'라고 말했더라도 의미상 그것이 '예'일 수 있다는 식의 주장은, 은행이나 결혼상담소에서는 절대 통하지 않는다.

이렇게 해서 실존주의가 성경 해석에도 그대로 적용되었다. 실존이 본질에 앞선다. 다시 말해, 나는 의미를 찾지 않는다. 내가 의미를 **창조한다**. 성경은 진흙이며 나는 토기장이다. 해석은 창조다. 하나의 주체인 나의 실존이 객체의 '본질'을 창조한다. 웃지 말라. 이들은 진지했다. 지금도 진지하다. 다만, 지금은 이름을 달리 바꿨을 뿐이다.

한낮의 태양만큼 분명한 진실을 지키다

버지니아 대학의 문학교수 E. D. 허쉬(E. D. Hirsch)가 이러한 주관성의 늪에 뛰어들었다. 신학교에 다닐 때, 그가 쓴 『해석의 타당성』(Validity in Interpretation)을 읽었다. 마치 의미에 관한 그 시대의 개념이라는 모래 늪에 빠졌는데, 갑자기 발밑에 견고한 바위가 닿는 느낌이었다. 하나님이 나의 길을 따라 보내주신 대부분의 인도자처럼, 허쉬는 분명한 사실을 변호했다.

그는 저자가 글을 쓸 때 염두에 두었던 본래 의미가 **실제로** 있다고 주장했다. 타당한 해석은 본문에서 이러한 저자의 의도를 탐구하며, 그 의도를 찾아야 할 합당한 이유를 제시한다는 것이었다. 이는 내게 한낮의 태양만큼이나 분명해 보였다. 모든 사람들이 일상생활에서 이런 전제하에 말을 하고 글을 썼다.

그 누구도 자신의 메모나 편지나 계약서가 본인의 의도와 다르게 해석되길 원하지 않는다. 그러므로 기본 예의, 즉 황금률('다른 사람에게 대접받고 싶은 대로 그들을 대하라'는 원칙)은 우리의 말과 글이 읽혀지길 원하는 대로 다른 사람들의 말과 글을 읽으라고 요구한다.

의미에 관한 많은 철학적 논의가 내게는 위선으로 보였다. 말하자면 대학에서는 객관적 의미를 허물면서도, 집에서는 그것을 주장하는 것이다. 하지만 나는 이런 게임을 하기 싫었다. 완전히 인생을 허비하는 느낌이었기 때문이다. 객관적이며 변하지 않는 본래 의미에 근거한 타당한 해석이 불가능하다면, 나는 이렇게 말하리라. "먹고 마시고 즐기자. 절대로 학문을 실제로 중요한 듯 다루지 말자."

신의 죽음과 의미의 상실

모든 것이 맞아떨어지고 있었다. 1966년 4월의 어느 날, 휘튼 칼리지 도서관 2층 구석에 앉아 「타임」(Time) 최신호 표지 기사를 읽고 있었다. 기사 제목은 "하나님은 죽었는가?"(Is God Dead?, 1966년 4월 8일자)

였다. 토마스 알타이저(Thomas J. J. Altizer) 같은 기독교 무신론자들은 그렇다고 했다. 이는 새로운 뉴스가 아니었다. 이미 수백 년 전에 프리드리히 니체가 하나님이 죽었다고 발표했다. "하나님이 어디 있는가? … 내가 말하노니, 우리가 그를 죽였다. 당신과 내가. 우리 모두가 그의 살해범이다. … 하나님은 죽었다. 하나님은 죽었으며 우리가 그를 죽였다."[2]

고백의 대가는 컸다. 니체는 마지막 11년을 유사긴장증을 앓다가 1900년에 죽었다.

그러나 1960년대의 용감한 기독교 무신론자들은 초인(超人, supermen, 니체가 이렇게 불렀다)으로 하나님을 대신한 대가를 계산하지 않았다. 마치 비행기에서 맥주를 너무 많이 마셔 다섯 줄이나 뒤에서 자기 자리를 찾는 사람들처럼, 실존주의라는 독주(毒酒)에 창의적인 신학자들의 혀가 풀렸다. 그래서 하나님이 죽었다는 자살 행위나 다름없는 주장을 또다시 내놓았다. 그런데 하나님이 죽었을 때, 본문의 의미도 죽었다. 객관적 실체의 근거가 죽으면, 객관적 실체에 대한 글과 말도 죽는다. 둘은 하나다.

그래서 나는 1960년대에 하나님을 죽이는 광기에서 벗어난 후, 1970년대에 해석학적 주관주의의 위선적인 공허에서도 자연스럽게 벗어났다. 해석학적 주관주의란 그 어떤 문장에도 객관적 의미란 없다(단, 지금 이 문장에만 있다)라는 이중적 주장을 말한다. 이제 나는 신학교에서 해야 할 진정한 일을 할 준비가 되었다. 바로 성경이 말하는 삶을 허비하지 않는 법을 찾는 것이었다.

성경 읽기의 '엄격한 훈련' 배우기

이 부분에서 다니엘 풀러(Daniel Fuller)에게 헤아릴 수 없는 빚을 졌다. 그는 해석학, 즉 성경을 해석하는 방법을 다루는 학문을 가르쳤다. 그는 내게 허쉬를 소개해 주었으며, 내가 허쉬의 책을 세밀하게 읽게 했을 뿐 아니라 매튜 아놀드(Matthew Arnold, 영국 문학가)가 말한 '엄격한 훈련'을 따라 성경을 읽는 법도 가르쳐 주었다.

또한 그는 내게 분명한 사실을 보여 주었다. 성경 구절은 줄에 꿴 구슬이 아니라 서로 연결된 고리라는 것이다. 저자들은 통일된 사고 패턴을 전개했다. 그들은 이렇게 말했다. "여호와께서 말씀하시되 오라 우리가 서로 변론하자…"(사 1:18).

이 말은 성경의 각 단락에서 일관된 한 가지를 말하려면 각 부분이 나머지 부분과 어떻게 연결되는지 질문해야 한다는 뜻이다. 그다음에는 단락들이 동일한 방법으로 서로 연결되어야 한다. 그다음에는 장(章)들이, 그다음에는 책들이 연결되어 마침내 성경의 통일성이 스스로 드러나야 한다.

나는 내 인생의 작은 갈색 오솔길이 과수원, 포도원, 그리고 향기 짙고 가슴이 두근거리게 하며 삶을 바꿔 놓는 열매로 가득한 동산에 이르렀다고 느꼈다. 이토록 많은 진리와 아름다움이 이렇게 작은 동산에 농축된 광경은 한 번도 본 적이 없었다. 지금도 그렇지만, 그때 내게 성경은 마르지 않는 샘 같았다. 이것이 단핵구증으로 병원에 누워 있을 때, 하나님이 나를 말씀의 사역자로 부르셨을 때 꿈꿨던 것이다. 그때부터 내 안에는 늘 한 가지 의문이 있었다. '언뜻 보이는 이 아름다운 하나님의 진리의 핵심, 목적, 초점, 본질은 무엇인가?'

나와 만물의 존재 이유

수업을 하나씩 들으면서 모자이크 조각들이 제자리를 찾았다. 신학교에서 보낸 3년은 참으로 귀한 선물이었다. 풀러 박사와 함께한 마지막 수업 '성경의 통일성'(책 제목이기도 하다)[3]에서, 성경 전체를 하나로 묶는 통일의 깃발이 올라갔다.

> 하나님은 그분의 영광이 온전히 드러나도록 구속사(救贖史)의 순서를 정하셨다. 마지막에 최대한 많은 사람들이 하나님을 향한 [가장] 뜨거운 사랑을 품는 데 필요한 역사적 선례를 갖게 하기 위해서였다. … 하나님이 전체 구속사에서 하시는 일이 하나 있다. 가장 많은 사람들이 마음을 다하고 힘을 다하고 뜻을 다해 그분을 영원히 기뻐하게 만드는 방식으로 자신의 자비를 나타내시는 것이다. … 새로 창조된 땅이 이런 사람들로 가득 찰 때, 자신의 자비를 나타내려는 하나님의 목적이 성취된다. … 성경에 기록되었듯이 구속사의 모든 사건과 그 의미는 하나로 연결되어 이 목적을 이룬다는 점에서 통일성이 있다.[4]

이 글에 내 미래의 씨앗이 숨어 있었다. 내 삶을 움직이는 열정의 뿌리가 여기 있었다. 씨앗 가운데 하나는 '영광'이라는 단어 속에 있었다. 역사 속에서 하나님의 목적은 '그분의 영광을 온전히 드러내는' 것이었다. 또 다른 씨앗은 '기뻐하다'라는 단어 속에 있었다. 하나님의 목적은 그분의 백성이 '그분 안에서 전심으로 기뻐하는' 것이었다. 나는 지금까지 이러한 하나님의 두 목적이 어떻게 연결되며, 어떻게 둘이 아니라 하나인지를 깨닫고 실천하며 가르치고 전하는 일에 내 삶의 열정을 바쳤다.

내 삶이 끝날 때 '헛살았어'라고 말하지 않으려면 어떻게 해야 하는지 점점 더 분명해졌다. 하나님의 궁극적인 목적을 발견하고 그 목적에 동참할 때까지 황소걸음으로 쉬지 않고 오르막길을 걸어야 했다. 완전히 만족스럽고 하나 되게 하는 단 하나의 열정이 내 삶에 있어야 한다면, 그것은 하나님의 열정이어야 한다. 다니엘 풀러가 옳다면, 하나님의 열정은 그분의 영광을 드러내고 내 마음에 기쁨을 주는 것이다.

이 진리를 발견한 후, 나는 이를 경험하고 실험하며 설명하는 데 모든 삶을 바쳤다. 이 진리는 해가 갈수록 더 분명하고 확실해졌다. 하나님을 영화롭게 하기와 하나님을 기뻐하기가 서로 다르지 않다는 사실이 더 분명해졌다.

둘의 관계는 과일과 동물의 관계가 아니라, 과일과 사과의 관계와 같다. 사과는 과일의 한 종류다. 하나님을 가장 기뻐하는 것은 그분을 영화롭게 하는 한 방법이다. 하나님을 기뻐하는 것은 그분을 가장 가치 있는 분으로 드러내는 방법이다.

돌파구를 마련한 18세기 설교자

바로 이 무렵 조나단 에드워즈를 알게 되었고, 성경 외에서 내가 본 그 어떤 것보다 그는 이 진리를 가장 강력하게 확증해 주었다. 그의 확증이 강력했던 이유는 이 진리가 성경 속에 있음을 그가 보여 주었기 때문이다. 2003년에 우리는 그의 탄생 300주년을 맞이했다. 뉴잉글랜드의 목사이자 신학자인 그는 (성경을 제외하고) 내게 가장 중요하고 소중한 스승이 되었다. 성경 밖에서 하나님과 그리스도인의 삶에 대한 나의 시각에 조나단 에드워즈만큼 큰 영향을 미친 사람은 없었다.

나는 그가 자신의 인생을 허비하지 않도록 이끄신 하나님께 감사한다. 조나단 에드워즈는 54세에 천연두 예방접종 부작용으로 갑자기 세상을 떠났다. 그러나 그는 잘 살았다. 그의 삶이 감동적인 이유는 삶을 허비하지 않으려는 그의 정열 때문이며, 하나님의 지존함을 향한 그의 열정 때문이다. 그가 20대 초반에 하나님의 영광을 위한 삶을 견고히 하려고 기록한 결심 가운데 몇 가지를 살펴보자.

- 결심 5: "절대로 한순간도 낭비하지 않겠으며, 최대한 유익하게 활용하겠다."
- 결심 6: "살아 있는 동안 온 힘을 다해 살겠다."
- 결심 17: "죽는 순간에 '그렇게 살았으면 좋았을 텐데…'라고 바라게 될 그대로 살겠다."

- 결심 22: "내가 다음 세상에서 누릴 행복을 최대한 쌓기 위해 내가 생각하거나 노력할 수 있는 모든 방법으로 나의 모든 힘과 능력과 활력과 열의와 완력까지 다하겠다."[5]

에드워즈의 마음에서 하나님의 영광과 그리스도인의 행복이 어떤 관계인지 이해하지 못하면, 마지막 결심(결심 22)은 뻔뻔스러울 만큼 자기중심적이며 위험해 보이기까지 한다. 그가 염두에 둔 완력은 사실 예수님이 이렇게 말씀하실 때 의미하신 바다. "만일 네 오른 눈이 너로 실족하게 하거든 빼어 내버리라 네 백체 중 하나가 없어지고 온 몸이 지옥에 던져지지 않는 것이 유익하며"(마 5:29).

자기 행복 추구와 관련해 기억해야 할 게 있다. 에드워즈는 하나님 안에서 행복하기가 그분을 영화롭게 하는 길이라고 절대적으로 확신했다는 사실이다. 하나님을 기뻐하는 것은 삶에서 단순한 선호나 선택이 아니다. 우리의 즐거운 의무이며, 따라서 우리 삶의 유일한 열정이어야 한다. 그러므로 하나님 안에서 가장 행복하려는 결심은, 하나님을 다른 모든 행복의 근원보다 더 영광스럽게 드러내려는 결심이다. 하나님 안에서 행복하기와 하나님을 영화롭게 하기는 같다.

나를 위한 위대한 만남

에드워즈는 이것을 이렇게 설명했다. 그는 이미 20대 초반에 이 중요한 부분에 대해 설교를 했다. "경건한 자들에게는 알 수도 없고 생각할 수도 없는 행복이 예비되어 있다."

그가 선택한 본문은 요한일서 3장 2절이었다. "…장래에 어떻게 될지는 아직 나타나지 아니하였으나…."

하나님의 영광은 단순히 피조물이 그분의 완전함을 지각하는 데 있지 않습니다. 피조물이 하나님의 능력과 지혜를 지각하면서도 그것을 기뻐하지 않고 도리어 싫어할지 모르기 때문입니다. 이렇게 하는 피조물은 하나님을 영화롭게 하지 못합니다. 하나님의 영광은 특별히 그분의 완전함을 말하는 데 있지도 않습니다. 말은 마음의 감정을 표현할 때가 아니면 아무런 의미가 없기 때문입니다. 그러므로 하나님의 영광은 피조물이 하나님의 아름다움과 탁월함이 나타나길 갈망하고 높이며 기뻐하는 데 있습니다. … 그러므로 하나님을 영화롭게 하기의 본질은 하나님이 자신의 아름다움을 나타내시는 것을 피조물이 기뻐하는 데 있습니다. 이것이 바로 우리가 말하는 기쁨과 행복입니다. 그러므로 우리는 이런 결론에 도달합니다. 창조의 목적은 하나님이 피조물에게 행복을 전달하는 데 있습니다. 하나님이 피조물 가운데서 영광을 받으려고 세상을 창조하셨다면, 피조물이 그분의 영광 가운데 기뻐하도록 창조하셨을 것이기 때문입니다. 그래서 우리는 이 둘이 하나임을 보여 주었습니다.[6]

이것이 내게는 대연합이요, 돌파구였다. 삶이란 무엇인가? 삶의 목적이 무엇인가? 나는 왜 존재하는가? 나는 왜 여기 있는가? 행복하기 위해서인가? 아니면 하나님을 영화롭게 하기 위해서인가? 수년 동안 말하지는 않았지만, 내 속에는 둘이 충돌하는 느낌이 있었다. 하나님을 영화롭게 하거나 행복을 추구하거나 둘 중 하나를 택해야 할 것 같았다. 전자는 완전히 옳아 보였고, 후자는 전혀 불가피해 보였다. 바로 이 때문에 나는 오랫동안 혼란과 좌절에 빠졌다.

그런데 문제를 더 복잡하게 하는 사실이 있었다. 머리로는 하나님의 영광을 강조하는 듯한 사람들이 그분을 그다지 기뻐하지 않는 듯했다. 또한 하나님을 가장 크게 기뻐하는 듯한 많은 사람들은 그분의 영광을 깊이 이해하지 못했다. 그러나 이제 미국 초기의 최고 지성인 조나단 에드워즈가 있었고, 그는 내 삶을 위한 하나님의 목적은 내가 하나님의 영광을 위한 열정을 품는 동시에 그 영광 속에서 나의 기쁨을 찾으려는 열정을 품는 것이며, 이 둘은 동일한 열정이라고 했다.

이것을 알았을 때, 허비하는 삶이란 무엇이며, 삶을 허비하지 않으려면 어떻게 해야 하는지 깨달았다.

하나님은 우리를 단 하나의 열정으로 살도록 창조하셨다. 그것은 전부를 품으며 전부를 변화시키는 열정이며, 삶의 모든 영역에서 하나님의 최고의 탁월함을 기뻐하고 드러냄으로써 하나님을 영화롭게 하려는 열정이다. 기뻐하기와 드러내기는 둘 다 중요하다. 우리가 하나님의 탁월함을 기뻐하지 않으면서 그것을 드러내려 한다면, 위선의 껍데기를 드러내며 비웃음을 사거나 율법주의를 만들어 내는 것이다.

그러나 우리가 하나님의 탁월함을 기뻐하려 할 뿐 사람들이 보고 감탄하도록 그것을 드러내지 않는다면, 자신을 속이는 짓이다. 왜냐하면 하나님께 사로잡힌 기쁨은 흘러넘치고 커져 다른 사람들의 마음에까지 퍼지는 특징이 있기 때문이다. 헛되이 낭비한 삶이란, 모든 사람들이 기뻐하도록 모든 일에서 하나님의 지존하심을 드러내려는 열정이 없는 삶이다.

삶의 분명한 이유

성경은 수정처럼 분명히 말한다. 하나님은 그분의 영광을 위해 우리를 창조하셨다. 그래서 하나님은 말씀하셨다. "…내 아들들을 먼 곳에서 이끌며 내 딸들을 땅 끝에서 오게 하며 내 이름으로 불려지는 모든 자 곧 **내가 내 영광을 위하여 창조한 자**를 오게 하라…"(사 43:6-7).

하나님의 영광을 위해 살지 않을 때, 우리의 삶은 허비된다. 내 말은 삶 전체를 뜻한다. 우리의 삶 전체가 하나님의 영광을 위해 존재한다. 성경이 먹고 마시는 세세한 부분까지 지적하는 이유가 여기 있다. "그런즉 너희가 먹든지 마시든지 무엇을 하든지 **다 하나님의 영광을 위하여 하라**"(고전 10:31).

하나님을 기뻐하고 드러냄으로써 먹고 마시기를 비롯해 모든 부분을 하나님과 연결하지 않으면 삶을 허비하는 것이다.

하나님을 영화롭게 한다는 말이 무슨 뜻인가? **영화롭게 하다**(glorify)는 **아름답게 하다**(beautify)라는 단어와 같다. 그러나 **아름답게**

하다는 대개 '실제보다 더 아름답게 하다'라는 뜻이다. 우리가 하나님을 **영화롭게 한다**는 말은 절대로 이런 뜻이 아니다.

하나님은 실제보다 더 영화롭게 되거나 더 아름다워질 수 없는 분이다. 하나님은 더 나아질 수 없는 분이며, "무엇이 부족한 것처럼 사람의 손으로 섬김을 받으시는"(행 17:25) 분이 아니다. **영화롭게 한다**는 말은 하나님께 영광을 더한다는 뜻이 아니다.

영화롭게 하다는 확대하다라는 단어에 더 가깝다. 그러나 여기서도 잘못 생각할 수 있다. **확대하다**라는 말은 서로 다른 두 의미를 내포한다. 하나님과 관련해 하나는 예배지만, 다른 하나는 악(惡)이다. 우리는 망원경처럼 확대하기도 하고 현미경처럼 확대하기도 한다. 현미경처럼 확대할 때, 작은 물체를 실제보다 크게 보이게 한다. 진드기가 괴물처럼 크게 보인다. 하나님을 이런 식으로 확대하는 것은 악이다. 그러나 망원경처럼 확대할 때, 상상도 못할 만큼 큰 물체를 마치 실제 모습처럼 보이게 한다. 허블 망원경으로 보면, 하늘에 점처럼 박힌 은하수들이 수십억 개의 별로 이루어진 거대한 성운(星雲)임을 알게 된다. 하나님을 이렇게 확대하는 것이 예배다.

삶의 모든 부분에서 하나님을 영화롭게 하기 위해 기도하지도, 꿈을 꾸지도, 계획하지도, 노력하지도 않는다면 삶을 허비하는 것이다. 하나님은 이를 위해 우리를 창조하셨다. 즉, 우리가 하나님의 위대함과 아름다움과 무한한 가치를 실제에 더 가깝게 보이도록 하는 삶을 살도록 우리를 창조하셨다.

이 세상의 밤하늘에서 하나님은 대부분의 사람들에게 보이더라도,

어두운 하늘의 점같이 작은 빛으로 보일 뿐이다. 그러나 하나님은 우리를 창조하셨고, 그분을 실제처럼 보이게 하라고 요구하신다. 하나님의 형상으로 창조되었다는 말이 바로 이런 뜻이다. 우리는 하나님의 실제 형상을 세상에 보여 주어야 한다.

사랑받는다는 말은 무슨 뜻인가?

많은 사람들이 느끼기에, 이것은 분명히 사랑의 행위가 아니다. 하나님이 그분의 영광을 위해 자신을 창조하셨다는 말을 들을 때, 사람들은 사랑받는다고 느끼지 않는다. 오히려 이용당한다고 느낀다. 오늘날 사랑의 의미가 완전히 왜곡된 현실을 감안하면, 사람들의 반응이 충분히 이해가 된다.

대부분의 사람들에게 '사랑받는다는 말'은 소중히 여김을 받는다는 뜻이다. 거의 모든 서구문화가 사랑을 이렇게 왜곡하는 데 영향을 미쳤다. 우리는 사랑이란 자존감을 높여 준다는 뜻이라고 수없이 배운다. 사랑이란 자신을 좋게 느끼도록 돕는 것이다. 사랑이란 거울을 주고 거울에 비친 자신을 좋아하도록 돕는 것이다.

그러나 이것은 성경이 말하는 하나님의 사랑이 아니다. 사랑이란 그 사람에게 최선을 행하는 것이다. 그러나 자신을 가장 사랑받아야 할 대상으로 삼는 것은 결코 우리에게 최선이 아니다. 사실 그것은 치명적인 방해 요소다. 우리는 하나님을 보고 또 맛보도록 지음받았다. 그분을 맛보고 최고로 만족하며, 이로써 온 세상에 그분의 가치를 퍼트리도록 지음받았다. 사람들에게 모든 만족의 근원이신 하나님을 보여 주지 않는다면 그들을 사랑하지 않는다는 뜻이다.

인간은 하나님을 보고 좋게 느끼도록 지음받았다. 그러므로 사람들이 스스로를 좋게 느끼도록 만든다면, 그들을 알프스까지 데려가 사방이 거울인 방에 가두는 것과 같다.

하나님의 위대함을 경외하라

이 세상에서 정말로 놀라운 기쁨의 순간은 자기 만족의 순간이 아니라 자기 망각의 순간이다. 그랜드 캐니언의 끝자락에 서서 자신의 위대함을 생각하는 것은 바람직하지 않다. 이런 순간, 우리는 외부에서 오는 장엄한 기쁨을 느끼도록 창조되었다. 삶에서 드물고 귀한 이러한 순간들 하나하나는 훨씬 더 큰 탁월함의 메아리, 하나님의 영광의 메아리다. 그래서 성경은 말한다. "하늘이 하나님의 영광을 선포하고 궁창이 그의 손으로 하신 일을 나타내는도다"(시 19:1).

때로 사람들은 하나님이 계시다면 그분이 지구라는 행성의 인간이라는 작은 존재에 관심을 가지신다는 것을 믿지 못한다. 이들은 우주가 너무나 광대하기에 인간은 더없이 하찮다고 말한다. 그렇다면 왜 하나님은 그토록 작은 지구와 인간을 창조하고 관심을 가지셨을까?

이 질문 뒤에는 근본적으로 잘못된 우주관이 있다. 우주는 인간의 하찮음이 아니라 하나님의 위대함을 보여 준다. 하나님이 인간을 작게, 우주를 크게 창조하신 목적은 자신을 말씀하시기 위해서다. 그리고 하나님이 자신을 말씀하시는 목적은 우리가 배우고 기뻐하게 하기 위해서다. 즉, 그분이 무한히 크고 강하고 지혜롭고 아름답다는 사실을 배우고 기뻐하게 하기 위해서인 것이다.

허블 망원경이 측량할 수 없는 우주의 깊이를 더 많이 보여 줄수록 우리는 하나님을 더 경외해야 한다. 우리와 우주의 불균형은 우리와 하나님의 불균형을 보여 주는 하나의 비유다. 이것은 축소된 표현이다. 그러나 핵심은 우리를 무가치하게 하는 게 아니라 하나님을 영화롭게 하는 데 있다.

사랑한다면 하나님께로 인도하라

다시 돌아가서 사랑받는다는 말은 무슨 뜻인가? 사랑은 죽어 가는 영혼에게 생명을 주는 하나님의 영광의 아름다움, 특히 그분의 은혜를 보여 주는 것과 관계가 있다. 우리는 하나님의 영광을 의식주와 건강에 대한 관심을 포함해 수많은 실제적인 방법으로 보여 준다. 예수님의 말씀이 바로 이런 뜻이다. "이같이 너희 빛이 사람 앞에 비치게 하여 그들로 너희 착한 행실을 보고 하늘에 계신 너희 아버지께 영광을 돌리게 하라"(마 5:16).

모든 선행은 하나님의 영광을 드러내야 한다. 선한 행위를 사랑의 행위로 만드는 것은 행위 자체가 아니라 하나님을 영화롭게 하려는 열정과 희생이다. 하나님을 보여 주려 하지 않는다면 사랑하는 게 아니다. 우리에게 가장 절실히 필요한 존재는 하나님이기 때문이다. 전부를 다 가져도 하나님이 없으면 마지막에 멸망할 수밖에 없다. 성경은 자신의 모든 소유로 구제하고 자기 몸을 불사르게 내어줄지라도 사랑이 없을 수 있다고 말한다(고전 13:3 참조). 사람들이 영원한 기쁨을 위해 하나님을 향하도록 돕지 않는다면, 당신은 사랑하는 게 아니다. 당신은 인생을 허비하고 있다.

사랑하시므로 영생을 주시다

이제 하나님의 사랑이 무엇인지 생각해 보자. 하나님은 우리를 어떻게 사랑하시는가? 단순한 논리로 이 질문에 답할 수 있다. 하나님은 우리가 영원히 누리도록 가장 좋은 것을 주시는데, 하나님 자신이 가장 좋은 분이시므로 자신을 주심으로써 우리를 가장 사랑하신다. 그러나 우리는 논리에만 의존하지는 않는다. 성경은 이것을 분명히 한다. "하나님이 세상을 이처럼 사랑하사 독생자를 주셨으니 이는 그를 믿는 자마다 멸망하지 않고 영생을 얻게 하려 하심이라"(요 3:16).

하나님은 자신의 아들 예수 그리스도를 희생하여 우리에게 **영생**을 주심으로써 우리를 사랑하신다. 영생이란 무엇인가? 영원한 자존감인가? 거울로 가득한 천국인가? 아니면 스노보드와 골프장, 그리고 환상적인 보상들로 가득한 어떤 낙원인가?

예수님은 자신의 말뜻을 정확히 밝히신다. "영생은 곧 유일하신 참 하나님과 그가 보내신 자 예수 그리스도를 아는 것이니이다"(요 17:3).

영생이란 무엇인가? 하나님과 그분의 아들 예수 그리스도를 아는 것이다. 그 무엇도 영혼을 만족시키지 못한다. 영혼은 경외받기에 합당하신 오직 한 분을 경외하도록 지음받았다. 모든 영웅은 그리스도의 그림자일 뿐이다. 우리는 이들의 탁월함을 칭송하길 좋아한다. 그렇다면 모든 탁월함을 지니셨으며, 모든 기술과 달란트와 힘, 모든 명철과 분별과 선을 가장 온전히 보여 주시는 분께서 우리를 얼마나 더 크게 만족시키시겠는가? 이것이 내가 지금까지 하려던 말이다. 하나님은 우리가 자아의 결박에서 벗어나 영원히 그분을 알고 높이도록 하심으로써 우리를 사랑하신다.

베드로 사도가 이것을 어떻게 말하는지 보라. "그리스도께서도 단번에 죄를 위하여 죽으사 의인으로서 불의한 자를 대신하셨으니 **이는 우리를 하나님 앞으로 인도하려 하심이라**…"(벧전 3:18).

왜 하나님은 예수 그리스도를 보내 우리를 위해 죽게 하셨는가? 하나님이 그리스도를 보내 죽게 하신 목적은 우리가 모든 민족의 아버지이신 하나님께로 돌아갈 수 있게 하기 위해서다. 이것이 사랑이다. 하나님은 우리가 그분을 보고 또 맛보는 즐거움을 영원히 누리도록 스스로 큰 값을 치르며 반드시 하셔야 할 일을 감당하셨다. 이것이 우리를 향한 하나님의 사랑이다.

"주께서 생명의 길을 내게 보이시리니 주의 앞에는 충만한 기쁨이 있고 주의 오른쪽에는 영원한 즐거움이 있나이다"(시 16:11). 시편 기자의 고백이 사실이라면, 사랑이 반드시 해야 할 일은 무엇인가? 사랑은 자아에 중독된 우리를 구해 내고, 변화된 우리를 하나님 앞으로 인도해야 한다.

하나님은 당신을 이용하시는가?

이 세상이 왜곡한 사랑에 당신이 빠졌는지 알아보는 질문이 있다. 언제 하나님이 당신을 더 사랑한다고 느끼겠는가? 하나님이 당신을 소중히 여기실 때인가? 아니면 하나님이 스스로 큰 값을 치르며 당신을 자기애의 속박에서 자유롭게 하시고, 그 결과 당신이 하나님을 가장 소중히 여기며 영원히 기뻐할 수 있도록 하실 때인가?

스스로 어떻게 대답할지 생각해 보라. "저는 자아에서 해방되고 하나님 안에서 충만한 기쁨을 얻길 원해요. 나 자신이 아니라 하나님을 소중히 여기길 기뻐하고 싶어요. 그리고 이 기쁨이 영원히 지속되기를 원해요."

이렇게 대답했다면, 앞서 말한 두려움에 대한 해답도 얻을 수 있다. 바로 '하나님이 자신의 영광을 위해 나를 창조하셨다면, 나는 단순히 하나님께 이용당하고 있는 것은 아닐까?'에 대한 답이다. 이제 우리는 하나님이 자신의 영광을 위해 우리를 창조하심으로써, 우리의 가장 큰 기쁨을 위해 우리를 창조하셨다는 사실을 깨닫는다. 우리가 하나님 안에서 가장 크게 만족할 때, 하나님은 우리 안에서 가장 크게 영광을 받으신다.

하나님이 자신을 높이는 것이 그분에게는 가장 큰 사랑의 행위다. 우주에서 이런 존재는 하나님뿐이다. 스스로를 높이는 다른 모든 존재는 우리에게 필요한 대상, 곧 하나님에게서 우리를 멀어지게 한다. 그러나 하나님이 스스로를 높이시면, 우리의 기쁨을 위해 우리에게 필요한 바로 그 대상에게 우리의 주의를 집중시키신다.

명화(名畵)들이 말을 할 수 있다면, 당신이 미술관 바닥을 보며 걸을 때 이렇게 외칠 것이다. "여기 봐요! 날 보세요! 당신이 여기 온 건 나 때문이에요."

당신이 아름다운 명화들을 보며 감탄할 때, 당신의 기쁨은 충만해 진다. 당신은 그림들이 소리치지 말았어야 한다고 불평하지 않는다. 그림들은 당신이 헛걸음하지 않도록 구해 주었다. 이와 마찬가지로 아버지가 아이 곁에 있음으로써 아이를 행복하게 해 주길 기뻐할 때, '난 이용당하고 있어!'라고 불평하는 아이는 없다.

단 하나의 열정을 받아들이는 자유

이러한 발견을 통해, 성경이 계시하는 내 삶을 위한 하나님의 목적을 확신할 자유를 느꼈다. 나는 옳은 일과 피할 수 없는 일 가운데 하나를, 하나님의 영광 추구하기와 내 기쁨 추구하기 가운데 하나를 선택해야 한다는 두려움을 느낄 필요가 없었다. 나는 모든 일에서 모든 사람들의 기쁨을 위해 하나님의 지고(至高)하심을 드러내려는 단 하나의 열정을 자유롭게 느꼈다. 나는 허비하는 삶에서 구조되었다. 이제 삶은 궁극적 의미를, 하나님의 삶이 갖는 의미와 동일한 의미를 가질 수 있었다. 바로 하나님의 위대함을 기뻐하며 드러내는 것이었다.

나는 오랜 탐구 끝에 만물의 핵심과 목적, 초점과 본질을 자유롭게 받아들였다. 그것은 실재였으며, 객체로서 거기 있었다. 그 뿌리는 하나님 자신의 본질에 있었다. 완전하신 하나님은 영광스럽고 아름다우며 광대하시다. 그분의 완전함은 무한하고 영원하며 변함이 없으며, 진리와 공의와 선과 지혜와 능력과 사랑이다.

우리가 존재하는 목적은 하나님에게서 나온다. 자신의 영광을 위한 하나님의 열심이 우리의 열정을 낳는다. 모든 사람들의 기쁨을 위해 모든 일에서 하나님의 지고하심을 기뻐하고 드러내려는 열정, 이것이 우리가 존재하는 유일하며, 전부를 포괄하고 변화시키는 이유다.

하나님은 우리가 삶의 모든 영역에서 그분의 지고하신 탁월함을 기쁨으로 드러내는 단 하나의 열정으로 살도록 창조하셨다. 허비된 삶이란 이러한 열정이 없는 삶이다. 하나님은 우리 자신이 소중히 여김을 받기 위해서가 아니라, 삶의 모든 부분에서 그분을 소중히 여기기 위해 기도하고, 생각하고, 꿈꾸고, 계획하고, 일하도록 부르신다.

이제 그리스도의 영광이 드러나다

2001년 9월 11일 테러 이후, 나는 죄인들을 위해 십자가에서 죽으시고 죽은 자 가운데서 다시 살아나신 그리스도의 탁월함을 숨김없이 기뻐하는 일이 얼마나 본질적인지 그 어느 때보다 분명하게 깨달았다. 우리는 하나님을 말할 때마다 그리스도를 높여야 한다. 다원주의가 팽배한 이 시대에 하나님의 영광을 모호하게 말해서는 안 된다.

그리스도 없는 하나님은 하나님이 아니다. 하나님이 아닌 하나님은 영혼을 구원하거나 만족시키지 못한다. 그의 이름이 무엇이든, 그의 종교가 무엇이든 간에 하나님이 아닌 하나님을 따른다면 삶을 허비하게 된다. 그리스도 안에 계신 하나님만이 참 하나님이며, 기쁨에 이르는 유일한 길이다. 내가 지금까지 말한 모든 내용이 이제 그리스도와 연결되어야 한다. 우리 집 부엌에 걸려 있던 액자가 다시 생각난다. "오직 그리스도를 위해 한 일만 영원하리라."

하나님은 가장 고귀하고 영원한 즐거움을 우리에게 주시려고, 흠 없는 아들 예수 그리스도께서 피 흘리고 고통당하며 죽게 하셨다. 이것이 우리를 허비된 삶에서 구해 내기 위해 치른 값이다. 그렇다면 하나님의 영원한 아들이 어떻게 하셨는가? "…하나님과 동등됨을 취할 것으로 여기지 아니하시고 오히려 자기를 비워 종의 형체를 가지사 사람들과 같이 되셨고 … 자기를 낮추시고 죽기까지 복종하셨으니 곧 십자가에 죽으심이라"(빌 2:6–8).

모든 것은 그분을 위해 창조되었다

이러한 예수님은 "그 안에는 신성의 모든 충만이 육체로 거하시"는 (골 2:9) 분이셨으며 지금도 그런 분이다. 니케아 신조가 말하듯이 예수님은 '하나님으로부터 나오신 하나님이며, 빛으로부터 나오신 빛이며, 참 하나님으로부터 나오신 참 하나님'이시다. 또한 그분의 죽음과 부활은 역사 속에서 일어난 하나님의 핵심적인 행위다. 그러므로 성경이 "만물이 다 그로 말미암고 **그를 위하여** 창조되었"다고(골 1:16) 말한다는 사실은 놀랍지 않다.

만물은 그분을 위하여 창조되었다. 그분의 영광을 위해 창조되었다는 뜻이다. 이는 하나님이 자신의 영광을 위해 우리를 창조하셨다는 말이, 곧 하나님이 자기 아들의 영광을 위해 우리를 창조하셨다는 의미이기도 하다는 뜻이다. 즉, 하나님의 영광과 그리스도의 영광은 분리될 수 없다.

요한복음 17장의 기도에서 예수님은 가장 먼저 이렇게 간구하셨다. "…아버지여 때가 이르렀사오니 아들을 영화롭게 하사 아들로 아버지를 영화롭게 하게 하옵소서"(요 17:1).

예수님의 성육신과 구속 사역 이후, 하나님은 오직 부활하신 신인(神人) 예수 그리스도께서 영광을 받으실 때만 죄인들에게 기쁘게 영광을 받으신다. 예수님이 피 흘리며 당하신 죽음이 하나님의 영광의 이글거리는 중심이다. 아들을 통하지 않고 아버지의 영광에 이르는 길은 없다. 하나님 앞에서 누리는 모든 기쁨과 그분의 오른편에 있는 모든 즐거움에 대한 약속은 오직 예수 그리스도를 믿는 믿음을 통해 주어진다.

그분을 거부하면, 하나님을 거부하는 것이다

예수님은 모든 사람과 모든 종교의 진위(眞僞)를 가리는 리트머스 시험지다. 예수님은 이것을 분명히 말씀하셨다. "…나를 저버리는 자는 나 보내신 이를 저버리는 것이라"(눅 10:16).

그리스도를 배척하는 사람들과 종교들은 하나님을 배척한다. 다른 종교들이 참 하나님을 아는가? 그들이 예수님을 죄인들을 위해 십자가에 달려 죽으시고, 하나님이 죽은 자 가운데서 다시 살리신 유일한 구주로 받아들이는가? 그러지 않는다면 그들은 구원하시는 하나님을 아는 게 아니다.

예수님이 하신 말씀은 이런 뜻이었다.

> 내가 곧 길이요 진리요 생명이니 나로 말미암지 않고는 아버지께로 올 자가 없느니라(요 14:6).

> …아들을 공경하지 아니하는 자는 그를 보내신 아버지도 공경하지 아니하느니라(요 5:23).

> 하나님이 너희[바리새인들] 아버지였으면 너희가 나를 사랑하였으리니…(요 8:42).

사도 요한의 말도 이런 뜻이었다.

> 아들을 부인하는 자에게는 또한 아버지가 없으되 아들을 시인하는 자에게는 아버지도 있느니라(요일 2:23).

> 지나쳐 그리스도의 교훈 안에 거하지 아니하는 자는 다 하나님을 모시지 못하되…(요이 1:9).

그리스도의 신성과 구원 사역을 배척하는 다른 종교들을 아무리 미화해도 아무 의미가 없다. 그들은 하나님을 모를뿐더러 그들을 따르는 자들은 비극적으로 삶을 허비한다.

우리가 하나님의 영광을 보고 또 맛보려면 반드시 그리스도를 보고 또 맛보아야 한다. 그리스도는 "보이지 아니하는 하나님의 형상이시"기(골 1:15) 때문이다. 그러므로 하나님의 영광을 받아들이려면 그리스도의 복음을 받아들여야 한다. 우리는 죄인이며, 우리를 위해 죽으실 구원자가 필요하다. 그리고 이 구원자는 하나님의 영광을 가장 충만하고 아름답게 드러내는 분이시다. 그분이 우리가 받을 자격 없는 영원한 즐거움을 사셨으며, 우리에게 가장 가치 있고 영원한 보화가 되신다.

복음은 그리스도의 영광에 대한 기쁜 소식이다

이것이 복음의 본질이다. 우리는 그리스도를 믿음으로 회심할 때, 마음의 눈으로 "그리스도의 영광의 복음의 광채"를 보는데 "그리스도는 하나님의 형상"이다(고후 4:4). 복음은 비할 데 없는 아름다움에 관한 좋은 소식이다. 바울의 표현을 빌리면, 복음은 "그리스도의 영광"에 관한 좋은 소식이다. 우리는 그리스도를 받아들일 때 하나님을 받아들인다. 우리는 하나님의 영광을 보고 또 맛본다. 하나님의 영광을 그리스도에게서 보지 않으면 하나님의 영광을 맛볼 길이 없다. 죄인이 하나님의 얼굴을 보고도 죽지 않는 길은 그리스도라는 창문을 통해 보는 것뿐이다.

성경은 우리가 회심할 때 하나님이 "예수 그리스도의 얼굴에 있는 하나님의 영광을 아는 빛을 우리 마음에 비추셨느니라"(고후 4:6)고 말한다. "예수 그리스도의 얼굴에 있는" 하나님의 영광을 보지 못하면, 하나님의 영광을 전혀 보지 못한다. 그리고 "예수 그리스도의 얼굴"은 십자가에서 절정에 이르는 그리스도의 아름다움이다. 십자가에 달리시고 승리하신 그리스도의 피에 물든 얼굴은 하나님의 영광의 표정이다. 이전에 우리에게 어리석게 보였던 십자가가 이제는 우리의 지혜와 우리의 능력과 자랑이 된다(고전 1:18, 24 참조).

우리는 십자가의 영광을 붙잡고 그 영광을 보화로 여기며, 그 영광을 모든 즐거움 가운데 가장 값진 즐거움이자 모든 아픔 가운데 가장 깊은 위로로 받아들여야 한다. 그러지 않으면 우리 삶이 허비된다. 다음 장에서는 이 주제를 다룬다.

03

오직 십자가만 자랑하라

삶을 허비한다는 말의 반대는 하나님을 높이고 영혼을 만족시키려는 단 하나의 열정으로 살아간다는 말이다. 잘 살았다는 말은 하나님을 높이고 영혼을 만족시키는 삶을 의미해야 한다. 이것이 하나님이 우리를 창조하신 이유이며(사 43:7; 시 90:14 참조), 앞장의 주제이다.

'열정'은 적절한 단어다. 열성, 열의, 열심 등 더 좋아하는 단어가 있다면 그 단어도 괜찮다. 하나님은 우리에게 마음을 다하여 그분을 사랑하라고 명하셨으며(마 22:37 참조), 예수님은 미지근한 자들을 입에서 토해 내겠다고 하셨기 때문이다(계 3:16 참조). 따라서 삶을 허비하지 않으려면 영혼을 만족시키는 열정, 곧 하나님을 가장 높이는 단 하나의 열정으로 살아야 한다.

'단 하나'라는 말을 신중하게 생각해 보자. 삶이 정말 단 하나의 목적만을 가질 수 있는가? 일, 여가, 대인관계, 먹기, 사랑하기, 사역 등이 모두 단 하나의 열정에서 나올 수 있는가? 이 모두를 하나로 결집할 만큼 깊고 크고 강한 그 무엇이 있는가? 섹스, 자동차, 일, 전쟁, 기저귀 갈기, 세금 납부 등이 정말로 하나님을 높이고 영혼을 만족시키는 단 하나의 목적만을 가질 수 있는가?

이 물음은 앞장이 끝났던 바로 그 자리로, 예수님의 십자가 죽음으로 우리를 다시 이끈다. 앞장을 예수님의 십자가 죽음에서 끝낸 이유는, 하나님의 영광을 위해 사는 삶은 곧 십자가에 죽으신 그리스도의 영광을 위해 사는 삶이기 때문이다. 그리스도는 인간의 형상으로 나타나신 하나님의 영광의 총화다. 그리고 그분의 아름다움은 가장 어두운 순간에 가장 밝게 빛난다.

성경에서 알아야 할 중요한 한 가지

그러나 **단 하나의** 열정이라는 문제도 우리를 피로 물든 동일한 장소로 몰아간다. 성경이 그 방향으로 우리를 밀어붙인다. 사도 바울은 그의 삶과 사역의 목적이 단 하나뿐이라고 했다. "내가 너희 중에서 예수 그리스도와 그가 십자가에 못 박히신 것 외에는 아무 것도 알지 아니하기로 작정하였음이라"(고전 2:2).

바울이 행하고 말했던 다양한 일을 생각할 때, 이 말은 아주 놀랍다. "예수 그리스도와 그가 십자가에 못 박히신 것"은 바울이 했던 모든 말과 사역의 중심이자 핵심이었다. 바울은 우리 삶의 초점을 단 하나, 바로 그리스도의 십자가에 맞추라고 촉구한다.

세상에 길이 남을 변화를 일으키기 위해 반드시 많은 것을 알아야 하는 것은 아니다. 그러나 중요한 몇 가지, 어쩌면 단 한 가지는 알아야 한다. 그리고 이것들을 위해 살고 죽으려는 각오를 해야 한다. 세상을 지속적으로 변화시킨 사람들은 많은 일을 잘 해낸 사람들이 아니라 한 가지 위대한 일에 사로잡힌 사람들이었다.

만약 당신의 삶이 가치 있기를 원하는가? 당신이 던진 조약돌이 일으킨 잔물결이 땅끝까지 이르는 파도가 되길 원하는가? 그렇다면 외모가 뛰어나거나 부자거나 집안이 좋거나 명문학교를 나오거나 특별히 능력이 뛰어날 필요가 없다. 대신 몇 가지 크고, 장엄하며, 변하지 않으며, 분명하고, 단순하며, 영화로운 것들, 또는 모두를 아우르는 한 가지 위대한 것을 알고 그로 인해 마음이 불타야 한다.

다가오는 비극

당신에게는 자신의 삶이 변화를 일으키길 원하는지 확신이 없을지도 모른다. 아니면 자신이 어떤 위대한 일을 위해 변화를 일으키든 말든 관심이 없을지도 모른다. 당신은 그저 사람들이 자신을 좋아해 주길 바랄지도 모른다. 혹은 사람들이 당신 주변에 있길 원하면 그것으로 만족할지도 모른다. 또는 좋은 직장, 배우자, 자녀, 자동차, 친구, 아니면 즐거운 은퇴생활, 빠르고 편안한 죽음, 그리고 천국을 누릴 수 있다면, 심지어 하나님 없이도 그것에 만족할지도 모른다. 이것이 바로 인생의 비극이며 허비하는 삶이다.

비극을 넘어선 삶과 죽음

2000년 4월, 루비 엘리어슨과 로라 에드워즈는 서부 아프리카의

카메룬에서 죽었다. 루비는 80세가 넘었다. 평생 독신으로 살았으며, 한 가지 위대한 일에 온 인생을 쏟아부었다. 복음을 듣지 못한 사람들, 가난한 사람들, 병든 사람들에게 예수 그리스도를 전하는 일이었다. 로라는 80세에 가까운 미망인이자 의사로 카메룬에서 루비를 도왔다. 그러던 어느 날 브레이크 고장으로 자동차는 절벽 아래로 추락했고, 두 사람은 그 자리에서 죽었다. 나는 신자들에게 이렇게 물었다. "이것은 비극인가요?"

미국에 사는 또래들이 20여 년 전에 은퇴해 사소한 일에 삶을 허비하고 있을 때 두 사람은 한 가지 위대한 열정에 이끌려, 예수 그리스도의 영광을 위해, 죽어 가는 가난한 사람들을 섬기는 데 헌신했다. 이들의 삶과 죽음은 절대로 비극이 아니다. 이것은 영광이다. 이들은 삶을 허비하지 않았다. 이들은 생명을 잃지 않았다. "누구든지 자기 목숨을 구원하고자 하면 잃을 것이요 누구든지 나와 복음을 위하여 자기 목숨을 잃으면 구원하리라"(막 8:35).

단 한 번뿐인 인생을 이렇게 끝내지 마라

진짜 비극이 무엇인지 말해 주겠다. 삶을 허비한다는 게 뭔지 보여 주겠다. 「리더스 다이제스트」(Reader's Digest, 1998년 2월호)에 실린 이야기를 생각해 보자. "5년 전에 북동부에서 59세와 51세로 일찍 은퇴한 부부가 있다. 이들은 지금 플로리다의 펀타 고다에서 살며, 9미터짜리 트롤선을 타고 다니며 조개껍질을 모은다."

처음 이 글을 읽었을 때 농담인 줄 알았다. 혹은 아메리칸 드림을 풍자하는 이야기라고 생각했다. 그러나 아니었다. 슬프게도, 그 꿈은 이러했다. 하나님이 주신 한 번뿐인 귀한 삶을 이렇게 마무리하는 것이다. 창조주 앞에 서기 직전까지도 소프트볼을 하고 조개껍질을 모으면서 말이다. 마지막 심판 날에 그리스도 앞에 선 이들의 모습을 그려 보라. "주님, 제가 모은 조개껍질 좀 보실래요."

이것이 바로 비극이다. 오늘날 사람들은 이러한 비극을 꿈꾸라고 당신을 설득하기 위해 천문학적인 돈을 쓴다. 나는 이에 맞서 외친다. 속지 말라. 당신의 삶을 허비하지 말라.

열정을 품으라

이 글을 쓰는 지금, 나는 어느덧 60대에 접어들었다. 시간이 흐를수록 내 아들과 딸 또래의 젊은이들을 더 많이 만난다. 내게는 아들이 넷에 딸이 하나 있는데, 가장 간절한 바람이 있다면, 우리 아이들이 치명적인 성공에 삶을 허비하지 않는 것이다.

당신도 치명적인 성공에 삶을 허비하지 않길 간절히 바란다. 당신이 20대나 30대라면 특히 더 간절하다. 내게는 당신이 아들이나 딸 같아 보인다. 그래서 지금 아버지로서 부탁한다. 어쩌면 당신의 아버지는 내가 당신을 향해 품은 비전을, 하나님이 당신을 위해 품으신 비전을 한 번도 품은 적이 없을지도 모른다. 어쩌면 당신의 아버지도 당신을 향해 비전을 품고 있지만, 오직 돈과 출세만을 위한 비전일지 모른다. 당신을 내 아들과 딸로 생각하며 부탁한다. 위대한 일에 삶을 바치겠다는 소원을 품어라! 당신의 삶이 영원한 의미를 찾도록 갈망하라. 이런 삶을 원하라! 열정 없이 대충 살지 말라.

루이 기글리오의 비전

이 책을 쓰는 데 영감을 준 계기가 하나 있다. 나는 대학생과 젊은이를 위한 컨퍼런스(Passion, '97, Passion '98, Passion '99, OneDay[2002], OneDay03)에 참여했다. 그리스도의 인도 아래 함께 모여 예배하고 선교의 꿈을 심는 이 집회를 인도한 사람은 루이 기글리오(Louie Giglio)였다. 그는 젊은이들에게 '268 선언'(268 Declaration)을 요구했다. 268이라는 숫자는 이사야 26장 8절에서 왔다. "여호와여 주께서 심판하시는 길에서 우리가 주를 기다렸사오며 주의 이름을 위하여 또 주를 기억하려고 우리 영혼이 사모하나이다."

'268 선언'의 첫 부분은 이렇다. "하나님께서 그분의 영광을 위하여 나를 창조하셨으므로 나는 그분의 큰 사랑에 반응해 그분을 높이겠습니다. 나는 내 삶에서 하나님을 뜨겁게 추구하며 그분을 알고 즐거워하길 갈망하겠습니다."[1]

이러한 삶의 비전은 학생과 젊은이를 단순한 성공의 공허함보다 훨씬 강하게 사로잡는다.

여기 한 육체뿐 아니라, 한 영혼이 있다. 그것은 단순한 영혼이 아니라 열정과 열망을 지닌 영혼이다. 사랑받고 싶거나 소프트볼을 하고 싶거나 조개껍질을 수집하고 싶은 갈망이 아니다. 여기 무한히 크고 아름답고 귀중하며 만족을 주는 것, 바로 하나님의 이름과 영광을 위한 갈망이 있다. "주님의 이름과 명성이 내 마음의 갈망입니다."

이것은 내가 앞장에서 쓴 내용과 일치하며, 다음 세대에도 그대로 적용된다. 나는 이것을 깨닫기 위해서 살며, 이것을 경험하길 갈망한다. 사실 이것이 나의 삶이며, 내가 섬기는 교회의 사명 선언문이다. "우리는 모든 사람이 모든 일에서 예수 그리스도를 통해 기뻐하도록 하나님을 가장 높이려는 열정을 퍼트리기 위해 존재한다."

당신이 이것을 나처럼 표현하거나 루이 기글리오처럼 표현할 필요는 없다. 그러나 당신이 무엇을 하든, 하나님을 중심에 두고 그리스도를 높이며 성경에 깊이 뿌리내린 삶의 열정을 찾아라. 그리고 그것을 말하고, 삶으로 드러내며, 필요하다면 그 가치를 위해 모든 것을 걸어라. 그러면 당신을 통해 지속적인 변화가 일어나리라. 당신의 삶은 허비되지 않으리라.

단 하나의 열정을 따른 사람

앞에서 보았듯이 사도 바울은 오직 예수 그리스도와 그분이 십자가에 못 박히신 것만 알길 원했다. 당신도 이러한 사도 바울처럼 될 것이다. 바울처럼 자신의 삶에 대해 한결같은 비전을 품은 사람은 없었다. 그는 이 비전을 다양하게 표현할 수 있었다. 그는 이것을 이렇게도 표현했다. "내가 달려갈 길과 주 예수께 받은 사명 곧 하나님의 은혜의 복음을 증언하는 일을 마치려 함에는 나의 생명조차 조금도 귀한 것으로 여기지 아니하노라"(행 20:24).

오직 하나만 중요했다. "내 인생 허비하지 않으리라! 내 길을 끝까지 달려가며 잘 달려가리라. 내가 하는 모든 일에서 하나님의 은혜의 복음을 나타내리라. 결승점까지 달려가리라."

바울은 자신의 비전을 이렇게도 표현할 수 있었다. "그러나 무엇이든지 내게 유익하던 것을 내가 그리스도를 위하여 다 해로 여길뿐더러 또한 모든 것을 해로 여김은 내 주 그리스도 예수를 아는 지식이 가장 고상하기 때문이라 내가 그를 위하여 모든 것을 잃어버리고 배설물로 여김은 그리스도를 얻고"(빌 3:7-8).

오직 하나만 중요하다. 그리스도를 알고 그를 얻어라. 여기에 비하면 다른 것은 모두 배설물이다.

당신의 삶에서 다른 모든 것을 배설물로 보이게 하는 열정은 무엇인가? 하나님이 나를 통해 당신의 결박을 풀며, 당신을 작은 꿈에서 해방시키기를 바란다. 그리고 그리스도의 영광을 위해 당신을 세상 모든 삶의 영역과 모든 민족에게로 보내실, 단 하나의 위대한 실체에 대한 단 하나의 열정을 당신의 마음에 일깨우시길 바란다.

하나님의 영광의 이글거리는 중심, 십자가의 그리스도

앞장에서 끝낸 부분부터 다시 살펴보자. 나는 이렇게 말했다. "우리는 십자가의 영광을 붙잡고 그 영광을 보화로 여기며, 그 영광을 모든 즐거움 가운데 가장 값진 즐거움이자 모든 아픔 가운데 가장 깊은 위로로 받아들여야 한다. 그러지 않으면 우리 삶이 허비된다."

전에는 우리에게 어리석어 보였던 것이, 십자가에 달리신 하나님이 세상에서 우리의 지혜와 능력과 유일한 자랑이 되어야 한다.

앞장에서 하나님은 그분의 영광을 위해 우리를 창조하셨으며, 우리가 하나님 안에서 가장 깊이 만족할 때 우리 안에서 가장 크게 영광을 받으신다고 했다. **하나님이** 우리의 유일한 자랑이실 때, 우리를 통해 그분의 가치가 가장 크게 높아진다. 그리고 앞장을 마무리하면서, 죄인들은 오직 예수 그리스도의 영광을 통해 하나님의 영광을 보며 또 맛볼 수 있다고 했다. 하나님을 소중히 여기려면 그리스도를 소중히 여겨야 한다. 피 흘리신 그리스도의 죽음이 하나님의 영광의 이글거리는 중심이다. 하나님이 우리의 자랑이 되려면, 그분이 그리스도 안에서 하신 일과 그리스도 안에 계신 그분의 존재가 우리의 자랑이 되어야 한다.

오직 십자가만 자랑하라

이와 관련해 성경에서 갈라디아서 6장 14절만큼 급진적이고 철저하며 그리스도를 높이는 구절도 없다. "그러나 내게는 우리 주 예수 그리스도의 십자가 외에 결코 자랑할 것이 없으니 그리스도로 말미암아 세상이 나를 대하여 십자가에 못 박히고 내가 또한 세상을 대하여 그러하니라."

긍정문으로 고쳐 말하면 이렇다. 오직 예수 그리스도의 십자가만 자랑하라. 이 한 가지만 생각하라. 이 열정만 품고 살아라. 십자가만 자랑하라. '자랑하다'라는 단어를 '기뻐하다' 또는 '즐거워하다'로 옮길 수 있다. 오직 그리스도의 십자가만 기뻐하라. 오직 그리스도의 십자가만 즐거워하라.

바울은 이렇게 말한다. 오직 이 열정만 품고, 오직 이것만 자랑하며, 오직 이것만 기뻐하고 즐거워하라. 내 말이 이해된다면, 당신을 위한 나의 기도가 앞장의 모든 내용과 모순되지 않고, 오히려 그 내용을 확증한다는 사실을 알게 될 것이다. **당신이 소중히 여기는 한 가지, 당신이 기뻐하고 즐거워하는 한 가지가 바로 예수 그리스도의 십자가이길 기도한다.**

바울이 그리스도의 십자가만을 자랑해야 한다고 말한 것은 두 가지 이유에서 충격적이다.

첫째, 이것은 이런 말과 같다. 오직 전기의자만 자랑하라. 오직 가스실만 기뻐하라. 교수형 밧줄을 자랑하고 즐거워하며 기뻐하라. "내게는 우리 주 예수 그리스도의 십자가 외에 결코 자랑할 것이 없으니"라는 말은 이런 뜻이다. 인간이 고안한 사형 방법 중, 사람을 십자가에 고깃덩이처럼 못 박아 죽이는 것만큼 잔인한 형벌이 없다.

당신은 그 끔찍한 광경을 쳐다보지도 못했을 것이다. 보더라도 비명을 지르며 머리카락이나 옷을 쥐어뜯거나 구토를 했을지도 모른다. 그런데 바울은 이것을 삶의 유일한 열정으로 삼으라고 한다. 바울의 말에 충격을 받는 데서 그친다면 그래도 괜찮다.

둘째, 바울은 삶에서 **오직** 십자가만 자랑하고, 십자가만 즐거워하라고 말한다. "그러나 내게는 우리 주 예수 그리스도의 십자가 외에 결코 자랑할 것이 없으니 그리스도로 말미암아 세상이 나를 대하여 십자가에 못 박히고 내가 또한 세상을 대하여 그러하니라"(갈 6:14).

바울의 말이 무슨 뜻인가? 진심인가? 정말 이외에는 자랑할 게 없는가? 정말 이외에는 기뻐할 게 없는가? 예수님의 십자가 외에는 즐거워할 게 없는가?

바울은 성경의 여러 곳에서 다른 것에 대한 자랑이나 기쁨을 말하면서 동일한 단어를 사용한다.

> 우리가 … 하나님의 영광을 바라고 **즐거워하느니라**(롬 5:2).

> 다만 이뿐 아니라 우리가 환난 중에도 **즐거워하나니** 이는 환난은 인내를, 인내는 연단을, 연단은 소망을 이루는 줄 앎이로다(롬 5:3-4).

> …도리어 크게 기뻐함으로 나의 여러 약한 것들에 대하여 **자랑하리니** 이는 그리스도의 능력이 내게 머물게 하려 함이라(고후 12:9).

> 우리의 소망이나 기쁨이나 **자랑**의 면류관이 무엇이냐 그가 강림하실 때 우리 주 예수 앞에 너희가 아니냐(살전 2:19).

모든 기쁨과 자랑은 십자가의 자랑이어야 한다

그러므로 바울이 이 모두를 자랑하고 기뻐하며 즐거워할 수 있다면, "내게는 우리 주 예수 그리스도의 십자가 외에 결코 자랑할 것이 없으니"라는 말은 무슨 뜻인가? 이것은 모순이 아닌가? 하나를 기뻐하면서도 다른 하나를 기뻐한다고 말하지 않는가? 아니다. 무엇을 기뻐하든, 모든 기쁨과 즐거움과 자랑은 결국 예수 그리스도의 십자가를 기뻐하는 것이어야 한다. 이 말에는 심오한 뜻이 있다.

바울은 우리 삶의 모든 부분을 변화시킬 진리를 말하고 있다. 이 진리는 그리스도인에게 다른 모든 자랑 역시 십자가의 자랑이어야 함을 의미한다. 무엇을 기뻐하든, 모든 기쁨은 결국 십자가에 대한 기쁨이어야 한다. 영광의 소망을 기뻐한다면, 그리스도의 십자가를 기뻐해야 한다. 환난이 인내를 이루기 때문에 환난 중에도 기뻐한다면, 그리스도의 십자가를 기뻐해야 한다. 자신의 약함을 기뻐하거나 하나님의 사람들을 기뻐한다면, 그리스도의 십자가를 기뻐해야 한다.

그리스도께서 값을 치르셨다

왜 그런가? 구속받은 죄인들은 모든 선한 것을, 사실은 하나님이 선하게 바꾸시는 모든 악한 것을 그리스도의 십자가를 통해 얻었기 때문이다. 그리스도의 죽음이 없다면 죄인들에게는 심판뿐이다. 그리스도의 십자가가 없다면 오직 정죄뿐이다. 그러므로 우리가 그리스도인으로서, 그리스도를 신뢰하는 사람으로서 그리스도 안에서 누리는 모든 것은 그리스도의 죽음 덕분이다. 따라서 우리가 모든 일에서 누리는 모든 즐거움은 십자가에 대한 즐거움이어야 한다. 십자가에서 하나님의 아들 예수 그리스도께서 자신의 생명을 내어주심으로써 우리가 누릴 모든 복을 사셨기 때문이다.

우리는 마땅히 그리스도 중심적이며 십자가로 충만한 삶을 살아야 하지만, 그러지 못하는 데는 이유가 있다. 그 이유 중 하나는, 그리스도께서 자신의 생명을 값으로 치르시고 우리를 위해 모든 선한 것과 하나님이 구속받은 자녀들을 위해 선하게 바꾸신 모든 악한 것까지 사셨다는 사실을 깨닫지 못했기 때문이다.

우리는 생명과 호흡, 건강과 친구, 그리고 모든 것을 당연하게 여긴다. 우리는 이것들이 당연히 우리의 것이라고 생각한다. 그러나 사실은 그렇지 않다. 이것들은 당연히 우리의 것이 아니다. 우리는 두 가지 이유 때문에 이것들을 누릴 자격이 없다.

1) 우리는 **피조물**이며, 우리의 창조자는 생명이나 건강이나 그 무엇도 우리에게 주실 의무나 책임이 없다. 그분이 주시고 그분이 거두어 가시니 그분은 우리에게 아무런 불의도 행하지 않으신다(욥 1:21 참조).

2) 우리는 우리의 창조자에게 그 무엇도 요구할 자격이 없는 피조물일 뿐만 아니라 **죄인**이다. 우리는 하나님의 영광에 이르지 못하였다(롬 3:23 참조). 우리는 하나님을 무시하고 그분께 불순종했

으며, 그분을 사랑하지도 신뢰하지도 않았다. 이에 우리를 향한 하나님의 공의로운 진노가 불붙었다. 우리가 그분에게 받을 만한 거라고는 심판뿐이다(롬 3:19 참조). 그러므로 우리가 들이쉬고 내쉬는 모든 호흡, 우리의 심장이 뛰는 모든 순간, 해가 뜨는 모든 날, 우리의 눈으로 보거나 귀로 듣거나 입으로 말하거나 다리로 걷는 모든 순간이, 지금 오직 심판 받아 마땅한 죄인에게 거저 주시는 과분한 선물이다.

환영받는 자비인가? 커지는 진노인가?

내가 '지금'이라고 말하는 이유는, 당신이 하나님의 선물에서 하나님을 보기를 거부하면 그분의 선물은 더 이상 선물이 아니라 당신의 배은망덕을 드러내는 증거가 되기 때문이다. 성경은 먼저 하나님의 선물을 가리켜 우리를 회개로 이끄는 풍성한 "그의 인자하심과 용납하심과 길이 참으심"(롬 2:4)이라고 말한다. 그러나 우리가 하나님의 선물을 당연히 여기고, 선물에 담긴 하나님의 은혜를 소중히 여기지 않으면 어떻게 되는가? "다만 네 고집과 회개하지 아니한 마음을 따라 진노의 날 곧 하나님의 의로우신 심판이 나타나는 그날에 임할 진노를 네게 쌓는도다"(롬 2:5).

그러나 자신의 모든 호흡에서 하나님의 자비로운 손을 보며 마땅히 돌려야 할 곳에 공(功)을 돌리는 사람들은, 예수 그리스도를 모든 과분한 호흡을 값 주고 사신 위대한 분으로 보고, 보고 또 맛본다.

아무것도 받을 자격이 없음에도 모든 것을 받은 이유

그러면 예수님은 어떻게 이것들을 사셨는가? 그분의 피로 사셨다. 나는 나의 죄로 인해 정죄 외에 아무것도 받을 자격이 없다. 그럼에도 그리스도께서 나를 위해 죽으셨기 때문에 오히려 현세에서 생명과 호흡을 받았으며, 내세에서 영원한 기쁨을 누리게 된다. 그렇다면 모든 선한 것은 그리스도께서 받으신 고난의 대가가 분명하다.

여기에는 내가 이번 장을 시작하며 궁금해했던 온갖 다양한 부분이 포함된다. 이번 장을 시작하며 일, 여가, 대인관계, 먹기, 사랑하기, 사역 등이 모두 단 하나의 열정에서 나올 수 있는지 물었다. 이 모두를 하나로 결집할 만큼 깊고 크고 강한 그 무엇이 있는가? 섹스, 자동차, 일, 전쟁, 기저귀 갈기, 세금 납부 등이 정말로 하나님을 높이고 영혼을 만족시키는 단 하나의 목적을 가질 수 있는가?

이제 삶의 모든 경험이 그리스도의 십자가를 높여야 한다는 것을 안다. 삶의 모든 선한 것이(또는 은혜로 선하게 바뀌는 모든 악한 것이) 그리스도와 그분이 십자가에 못 박히신 사실을 높여야 한다.

모든 자비는 어디서 오는가?

몇 년 전, 큰 사고로 우리의 고물 자동차가 박살났지만 아무도 다치지 않았다. 모두가 안전해서 참 기뻤다. 그런데 왜 아무도 다치지 않았을까? 나와 가족 모두에게 과분한 선물이었다. 항상 이런 일이 일어나는 것은 아니지만, 이번에는 그렇게 되었다. 우리는 이 선물을 받을 자격이 없었다. 우리는 죄인이며, 그리스도가 없으면 본질상 진노의 자녀다.

그런데 우리가 어떻게 이런 과분한 선물을 받았는가? 그리스도께서 우리 죄 때문에 십자가에서 죽으셨고 우리에게서 하나님의 진노를 제거하셨으며, 우리가 그럴 자격이 없음에도 모든 것이 합력하여 선을 이루는 전능하신 하나님의 은혜가 우리에게 미치게 하셨기 때문이다. 그러므로 내가 우리의 안전을 기뻐할 때 그리스도의 십자가를 기뻐하는 것이다.

우리는 사고 보험금을 받았고, 노엘은 아이오와에 가서 그 돈으로 부서진 차보다 1년 뒤에 출고된 쉐비 루미나를 구입했다. 나는 이토록 풍성하고 놀라운 은혜를 기뻐한다. 이런 식이다. 당신이 자동차 사고를 냈다. 그런데 당신은 하나도 다치지 않았다. 보험금을 받아 그 돈으로 다른 차를 샀고, 당신의 삶은 마치 아무 일 없었다는 듯 다시 이어진다. 나는 이렇게 작은 물질적인 일에 숨겨진 자비에 고개 숙여 감사하고 기뻐한다.

이 모든 자비가 어디서 오는가? 당신이 구원받은 죄인이며, 예수님을 믿는 신자라면, 이 모든 자비는 십자가를 통해 온다. 십자가가 없다면 오직 심판뿐이다. 잠시 인내와 자비가 있겠지만, 우리가 거부하면 그 모든 자비는 결국 심판을 강화할 뿐이다. 그러므로 삶의 모든 선한 것, 그리고 하나님이 선으로 바꾸시는 모든 악한 것은 피로 산 선물이다. 그러므로 우리의 모든 자랑은 오직 십자가여야 한다.

내가 어느 때에 어떤 복을 기뻐하든, 내가 그리스도의 십자가를 기뻐하지 않는다면 내게 화가 있으리라.

십자가의 목적은 하나님의 영광이다. 십자가에 담긴 하나님의 목적은 그리스도를 높이는 것이다. 바울은 갈라디아서 6장 14절에서 "내게는 우리 주 예수 그리스도의 십자가 외에 결코 자랑할 것이 없으니"라고 했다. 그의 말은 십자가가 늘 높아져서, 십자가에 못 박히신 그리스도께서 늘 우리의 자랑과 기쁨과 즐거움과 찬양이 되어, 그리스도께서 우리 삶의 모든 선한 것과 하나님이 선하게 바꾸시는 모든 악한 것에서 영광과 감사와 존귀를 받으시는 것이 하나님의 뜻이라는 의미다.

십자가에 못 박히신 그리스도를 전하는 가르침

그러나 한 가지 의문이 생긴다. "십자가에 못 박힌 그리스도"(고전 1:23)께서 모든 일에서 높임과 영광을 받는 것이 그리스도의 죽음에 담긴 하나님의 목적이라면, 그리스도께서는 어떻게 그분에게 합당한 영광을 받으시는가? 그 대답은 이 세대에게 이러한 진리를 가르쳐야 한다는 것이다. 다시 말해, 그리스도의 십자가를 기뻐하려면 먼저 그리스도의 십자가를 배워야 한다.

이것이 나의 일이다. 물론 나만의 일은 아니다. 그러나 나는 이 일을 열정적으로 한다. 1966년 단핵구증으로 일리노이주 휘튼의 병원에 누워 있을 때, 주님은 바로 이 일을 하라고 나를 부르셨다. 나는 그렇게 믿는다. 하나님이 내게 내리신 명령을 한마디로 정리하면 이렇다. "십자가에 못 박히고 부활하신 그리스도만이 이 세대의 자랑이 되도록 살고 연구하며 섬기고 전하며 글을 써라."

이것이 나의 일이라면, 당신의 일이기도 하다. 다만 형태가 다를 뿐이다. 점점 더 많은 사람들이 "십자가에 못 박힌 그리스도"의 가치를 보고 또 맛보도록 살고 말하라. 예수님도 그러하셨듯이 우리도 이렇게 살려면 희생을 치러야 한다.

십자가를 자랑할 곳은 십자가뿐이다

십자가 외에는 그 무엇도 자랑하지 않으려면 십자가 가까이 살아야 한다. 사실은 십자가 위에서 살아야 한다. 듣기만 해도 소름 끼친다. 그러나 이것이 갈라디아서 6장 14절이 말하는 바다. "그러나 내게는 우리 주 예수 그리스도의 십자가 외에 결코 자랑할 것이 없으니 그리스도로 말미암아 **세상이 나를 대하여 십자가에 못 박히고 내가 또한 세상을 대하여 그러하니라.**"

십자가에 **대한**(in) 자랑은 당신이 십자가 **위에**(on) 있을 때 이루어진다. "세상이 나를 대하여 십자가에 못 박히고 내가 또한 세상을 대하여 그러하니라[십자가에 못 박혔느니라]"는 바울의 말이 이런 뜻이 아닌가?

세상이 나에 대해 죽었고 나도 세상에 대해 죽었다. 왜 그런가? 나는 십자가에 못 박혔기 때문이다. 우리는 십자가 위에 있을 때 십자가를 자랑하고 기뻐하는 법을 배운다. 우리 자신이 십자가에 못 박히기 전까지 우리는 자신을 자랑한다.

그렇다면 이것이 무슨 뜻인가? 이런 일은 언제 일어나는가? 우리가 언제 십자가에 못 박혔는가? 성경은 갈라디아서 2장 19-20절에서 이 질문에 답한다. "내가 율법으로 말미암아 율법에 대하여 죽었나니 이는 하나님에 대하여 살려 함이라 내가 그리스도와 함께 십자가에 못 박혔나니 그런즉 이제는 내가 사는 것이 아니요 오직 내 안에 그리스도께서 사시는 것이라 이제 내가 육체 가운데 사는 것은 나를 사랑하사 나를 위하여 자기 자신을 버리신 하나님의 아들을 믿는 믿음 안에서 사는 것이라."

그리스도께서 죽으셨을 때 우리도 죽었다. 그리스도의 죽음이 지닌 영광스러운 의미는, 그리스도께서 죽으셨을 때 그분께 속한 모든 자들도 그분 안에서 함께 죽었다는 것이다. 그리스도께서 우리 모두를 위해 겪으신 죽음이 우리가 믿음으로 그리스도와 연합할 때 우리의 죽음이 된다(롬 6:5 참조).

그러나 우리는 이렇게 말한다. "나는 살아 있지 않습니까? 내가 살아 있는 게 느껴지는데요." 바로 이 부분에서 가르침이 필요하다. 우리는 자신에게 무슨 일이 일어났는지 배워야 한다. 바로 이런 이유 때문에 갈라디아서 2장 20절과 6장 14절이 성경에 기록되었다. 하나님은 우리에게 일어난 일을 가르쳐 주신다. 그래서 우리가 자신을 바로 알고, 그분이 우리를 이끄시는 방식을 이해하여, 마땅히 하나님과 그분의 아들과 십자가 안에서 기뻐하도록 하신다.

십자가에 못 박히신 그리스도와 우리의 연결고리

갈라디아서 2장 20절을 다시 생각해 보라. 우리는 자신이 정말로 죽었으며 정말로 살아 있음을 알게 된다. "내가 그리스도와 함께 십자가에 못 박혔나니[그러므로 나는 죽었다] 그런즉 이제는 내가 사는 것이 아니요 오직 내 안에 그리스도께서 사시는 것이라 이제 내가 육체 가운데 사는 것은[그러므로 나는 살아 있다. 그러나 살아 있는 '나'는 죽었던 '나'와 다르다] 나를 사랑하사 나를 위하여 자기 자신을 버리신 하나님의 아들을 믿는 믿음 안에서 사는 것이라."

지금 살아 있는 나는 믿음으로 태어난 새로운 '나'다. 새로운 피조물이 살아 있다. 신자가 살아 있다. 옛사람은 십자가에서 그리스도와 함께 죽었다.

어쩌면 이렇게 질문할지도 모른다. "십자가 사건을 나와 연결하는 열쇠는 무엇인가요? 어떻게 십자가 사건이 내 사건이 될 수 있나요? 어떻게 내가 죽었으면서 동시에 그리스도와 함께 살아 있어 십자가의 영광을 보고 또 맛보며 전할 수 있나요?"

이 질문의 해답은 갈라디아서 2장 20절의 **믿음**이라는 단어에 담겨 있다. "…이제 내가 육체 가운데 사는 것은 … 하나님의 아들을 믿는 **믿음 안에서** 사는 것이라."

이것이 연결고리다. 하나님은 믿음을 통해 당신을 그분의 아들과 연결하신다. 그렇게 당신은 하나님의 아들과 연합하게 된다. 따라서 그분의 죽음이 당신의 죽음이 되고 그분의 삶이 당신의 삶이 된다.

십자가에서 죽고, 십자가에서 살며, 십자가를 자랑하라

이제 갈라디아서 6장 14절로 넘어가 우리가 어떻게 오직 십자가에 못 박힌 그리스도의 영광을 위해 살게 되는지 알아보자. "그러나 내게는 우리 주 예수 그리스도의 십자가 외에 결코 자랑할 것이 없으니 그리스도로 말미암아 세상이 나를 대하여 십자가에 못 박히고 내가 또한 세상을 대하여 그러하니라."

십자가 외에는 그 무엇도 자랑하지 말라. 어떻게 우리가 그리스도와 그분이 십자가에 못 박하신 것만 기뻐하며, 이러한 기쁨을 우리의 모든 기쁨의 근원으로 삼을 수 있는가? 다른 것을 자랑하고 기뻐하며 즐거워하길 좋아하는 옛사람이 죽었기 때문이다. 우리는 믿음으로 그리스도와 연합한다. 그분의 죽음으로 스스로를 높이던 우리 삶도 죽는다. 우리는 그분과 함께 새로운 삶으로 부활했다. 이제 사는 것은 새로운 피조물이며, 새로운 피조물에게는 그리스도와 그분의 십자가를 높이려는 단 하나의 열정뿐이다.

당신이 그리스도를 신뢰할 때, 당신을 결박하는 세상과 세상의 강한 유혹이 끊어진다. 당신은 세상에 대해 죽은 사람이 되며 세상도 당신에 대해 죽은 것이 된다. 긍정문으로 표현해 보자. 15절에 따르면 당신은 "새로운 피조물"(ESV)이다. 옛 "당신"은 죽고, 새 "당신"이 산다. 새 당신은 믿음으로 난 당신이다. 믿음은 세상을 자랑하지 않고, 그리스도를 특히 십자가에 못 박히신 그리스도를 자랑한다.

이런 방식으로, 당신은 십자가 중심의 사람이 되어 바울과 함께

"내게는 우리 주 예수 그리스도의 십자가 외에 결코 자랑할 것이 없으니"라고 말한다. 세상은 더 이상 우리의 보화가 아니다. 세상은 우리의 '삶과 만족과 기쁨'의 근원이 아니다. 그리스도께서 우리의 '삶과 만족과 기쁨'의 근원이다.

나는 정말 세상에 대해 죽었는가?

그러면 우리가 자동차 사고를 당했는데도 다치지 않은 일은 어떻게 된 건가? 우리가 받은 보험금은 어떻게 된 건가? 나는 그 일에 대해 행복하다고 말하지 않았는가? 세속적이지 않은가? 그렇다면 나는 정말로 세상에 대해 죽었는가? 보험금과 새 차에 대해 죽었는가?

내가 올바른 방식으로 죽었기를 바란다. 나는 내가 죽었다고 믿는다. 확신컨대 나는 완전하지는 않지만, 실제적인 의미에서 죽었다. 어떻게 그럴 수 있는가? 내가 안전이나 건강이나 무엇이든 좋은 것에 대해 기쁨을 느낀다면, 그런데 이러한 것들이 세상에 속한다면 나는 세상에 대해 죽었는가? 그렇다.

세상에 대해 죽었다는 말은 세상에 대해 아무 느낌도 없다는 뜻이 아니기 때문이다(요일 2:15과 딤전 4:3을 보라). 세상에 대해 죽었다는 말은, 세상에서 누리는 모든 합당한 즐거움이 그리스도의 사랑을 보여 주는 피로 산 증거가 되며, 십자가를 자랑하는 기회가 된다는 뜻이다. 우리를 만족시키는 것이 돈이 아니라 십자가에 못 박히신 그리스도, 곧 주시는 분일 때, 우리는 보험금에 대해 죽었다.

C. S. 루이스가 공구 창고에서 했던 경험이 내 말의 의미를 잘 설명해 준다.

오늘 나는 어두운 공구 창고에 서 있었다. 밖에는 햇살이 빛났고, 문 위 틈새로 한 줄기 빛이 창고 안으로 들어왔다. 내가 서 있는 곳에서, 가장 강렬한 것은 바로 그 빛줄기였으며, 빛줄기 속에 먼지 알갱이들이 떠다니는 게 보였다. 다른 모든 것은 거의 칠흑처럼 캄캄했다. 나는 빛줄기를 통해 사물을 보는 게 아니라 빛줄기 자체를 보고 있었다.
내가 조금 움직이자 빛줄기가 내 눈으로 들어왔다. 즉시, 조금 전의 그림이 사라졌다. 창고가 보이지 않았으며 (무엇보다도) 빛줄기가 보이지 않았다. 대신에, 문 위에 아무렇게나 갈라진 틈 사이로 바깥에서 흔들리는 나뭇가지에 매달린 나뭇잎이 보였으며, 그 너머 1억 5천 킬로미터가 넘게 떨어져 있는 태양이 보였다. 빛줄기를 통해 보는 것과 빛줄기를 보는 것은 전혀 다른 경험이다.[2]

우리 삶에서 축복의 빛줄기는 그 자체로 빛난다. 그것은 우리가 걷는 땅도 밝히지만, 이러한 축복의 빛줄기에는 더 높은 목적이 있다. 하나님은 우리가 단순히 이러한 축복의 빛줄기 밖에서 이 빛줄기를 바라보며 감탄하는 데 그치지 않기를 원하신다. 더 나아가, 하나님은 우리가 그 빛줄기 속으로 들어가 그 빛줄기의 근원인 태양을 보길 원하신다.

빛줄기가 아름답다면, 태양은 훨씬 더 아름답다. 하나님의 목적은 우리가 단지 그분의 선물에 감탄만 하는 게 아니라, 더 나아가 그분의 영광을 감탄하는 것이다.

오직 하나님만 영화롭게 하는 삶

이제 핵심은 그리스도의 영광이, 특히 그분의 죽음과 부활에서 분명하게 나타난 그리스도의 영광이 우리가 누리는 모든 축복 위에, 그 뒤에 있는 영광이라는 사실이다. 그리스도께서 우리를 위해 모든 좋은 것을 사셨다. 그분의 영광이야말로 우리의 애정이 추구해야 할 목적이다. 다른 것은 모두 그리스도의 영광을 가리키며, 그분의 아름다움을 말하는 하나의 비유다.

우리의 마음이 축복의 빛줄기를 거슬러 올라가 이글거리는 십자가의 영광에서 근원에 이를 때, 세상적인 축복은 죽고 십자가에 못 박히신 그리스도께서 전부가 되신다.

이것은 우리가 앞장에서 보았던 하나님의 영광을 높이려는 목적과 전혀 다르지 않다. 그리스도는 하나님의 영광이다. 피로 물든 그리스도의 십자가는 하나님의 영광의 이글거리는 중심이다. 그리스도께서는 십자가를 통해 우리가 받을 모든 축복, 즉 일시적 축복과 영원한 축복을 사셨다. 우리는 그 어떤 축복도 받을 자격이 없다. 그리스도께서 모든 축복을 사셨다.

그리스도의 십자가로 인해 하나님의 선민(選民)이 하나님의 자녀가 된다. 그리스도의 십자가로 인해 하나님의 진노가 제거된다. 그리스도의 십자가로 인해, 모든 죄책(罪責)이 제거되며, 죄가 용서되며, 완전한 의가 우리에게 전가되며, 하나님의 사랑이 성령을 통해 우리 마음에 부어지며, 우리는 그리스도의 형상을 닮아 간다.

그러므로 우상숭배가 아닌 현세와 내세의 모든 즐거움은 그리스도의 십자가에, 곧 하나님의 영광의 이글거리는 중심에 담긴 무한한 가치를 입증한다. 따라서 십자가를 중심에 두고, 십자가를 높이며, 십자가에 잠긴 삶이 하나님을 영화롭게 하는 삶, 곧 **오직** 하나님만 영화롭게 하는 삶이다. 다른 모든 삶은 허비하는 삶이다.

04

고난과 죽음을 통해 그리스도를 높이라

그리스도를 높이며 살려면 희생이 따른다. 그리스도께서도 십자가에 못 박히셨고, 마귀 취급을 당하셨다. 그리고 그리스도께서는 우리에게 자신을 따르라고 요구하신다. "누구든지 나를 따라오려거든 자기를 부인하고 자기 십자가를 지고 나를 따를 것이니라"(막 8:34).

그리스도께서는 우리가 가야 할 길이 그분이 가신 길보다 낫지 못하리라고 말씀하신다. "…집 주인을 바알세불[1]이라 하였거든 하물며 그 집 사람들이랴"(마 10:25).

그러나 그리스도와 함께 사랑의 갈보리 길에서 당하는 고난은 단지 그리스도를 높인 **결과**에 그치지 않는다. 이것은 그리스도를 높이는 **수단**이기도 하다. 우리가 친척과 재물과 명예와 생명을 다 빼앗기더라도 사랑 때문에 고난을 감내할 만큼 그리스도로 만족할 때, 그리스도께서 가장 크게 높임을 받으신다. 우리가 그리스도의 아름다움을 건강과 부와 생명보다 귀하게 여길 때, 그분의 아름다움이 가장 밝게 빛난다.

예수님은 이 사실을 아셨다. 그분은 고난이 현세에서 그분을 가장 뚜렷이 높이는 길이라는 사실을 아셨다. 그리스도께서 우리를 이 길로 부르시는 이유도 여기 있다. 사랑이란 자신을 소중히 여기거나 삶이 편안해지는 것을 의미하지 않는다. 또한 사랑이란 어떤 희생을 치르더라도 그리스도를 영원히 소중히 여기고, 이를 기뻐하며, 그로 인해 참된 기쁨을 누릴 수 있게 하는 것을 의미한다.

십자가를 자랑하라

십자가를 지려면 큰 희생을 해야 한다. 정상적인 그리스도인의 삶은 자신의 십자가를 지면서 (하나님의 영광의 이글거리는 중심인) 십자가만을 자랑하는 삶이다. "누구든지 자기 십자가를 지고 나를 따르지 않는 자도 능히 내 제자가 되지 못하리라"(눅 14:27).

십자가를 진다는 말은 십자가를 짊어짐으로써 점점 더 자유롭게 십자가를 자랑하게 된다는 뜻이다. 고난은 죄에 물든 세상에서 이루어지는 하나님의 계획이다(롬 8:20 참조). 고난은 세상에게 죄의 공포를 보여 준다. 그리스도를 믿지 않는 자들에게, 고난은 죄를 벌하는 수단이다. 자기 십자가를 지고 예수님을 따르는 자들에게, 고난은 죄의 권세를 깨뜨리는 수단이다. 죄는 모든 만족을 주시는 하나님의 영광을 하찮아 보이게 한다. 그러므로 죄의 권세를 깨뜨리는 고난은 잔인한 자비다.

우리가 하나님을 소중히 여기며, 이를 더욱 기뻐하게 하는 모든 것이 자비다. 하나님의 위대함을 기뻐하는 것보다 더 큰 기쁨은 없기 때문이다. 우리가 하나님의 위대함을 가장 깊이 보고 또 맛보기 위해 고난을 받아야 한다면, 고난은 자비다. 우리의 십자가를 지고 그분과 함께 갈보리 길을 오르라는 그리스도의 부르심은 사랑이다.

모든 세대를 위한 본회퍼의 메시지

디트리히 본회퍼는 우리 세대 학생들에게 선물이었다. 모든 세대가 그의 값진 메시지를 재발견하길 기도한다. 본회퍼는 39세에 죽었으나 삶을 허비하지 않았다. 그의 삶과 죽음은 지금도 강하게 말한다. 그는 1945년 4월 9일 독일의 플로센부르크 집단 수용소에서 교수형을 당했다. 그는 고백교회를 위한 작은 훈련학교의 목사이자 교사이며 지도자였고, 나치에 맞서는 개신교의 저항운동에 참여했다.

그의 저서 『나를 따르라』(*The Cost of Discipleship*)는 우리 세대에 수많은 사람들의 믿음에 불을 지폈다. 나는 대학 4학년 성탄절 휴가 때 이 책을 읽었다. 이 책에서 가장 유명하고 큰 영향을 미친 구절은 아마 다음 내용이 아닐까 싶다.

"십자가는 하나님을 경외하는 행복한 삶의 무서운 종말이 아니다. 십자가는 우리와 그리스도의 교제가 시작될 때 우리에게 다가온다. 그리스도께서는 한 사람을 부르실 때 그에게 와서 죽으라고 요구하신다."[2]

죽음을 피해 도망치는 것은 삶을 허비하는 가장 빠른 지름길이다. 이것은 복음에 대한 값싼 반응이었다. 이 책에서 본회퍼는 자신이 대서양 양쪽의 교회에서 본 '값싼 은혜'를 신랄하게 고발한다. 그는 믿음을 통해 은혜로 의롭게 된다고 믿었다. 그런데 이 의롭게 하는 믿음은 사람들을 변화시키지 않은 채 내버려 둘 수 없다. 더군다나 그들이 급진적인 그리스도를 믿는다고 주장한다면 말이다. 그는 이렇게 말했다. "자신이 오직 은혜로 의롭게 되었다고 말할 권리가 있는 사람은 그리스도를 따르려고 전부를 버린 사람뿐이다."[3]

그리스도를 높이는 삶의 역설

그리스도를 소중히 여기는 데 헌신하고 살려면 희생이 따른다. 그런데 그 희생은 그리스도를 소중히 여기는 결과이자 수단이다. 기쁨과 고통이 가득한 사랑의 길을 가지 않으면 우리의 삶은 허비된다. 바울과 함께 그리스도를 높이는 삶의 역설을 배우지 않으면 거품을 좇다가 세월을 허비하게 된다. 바울은 "근심하는 자 같으나 항상 기뻐하고 가난한 자 같으나 많은 사람을 부요하게 하고 아무 것도 없는 자 같으나 모든 것을 가진 자"(고후 6:10)로 살았다. 갈보리 길은 희생과 고난의 길이지만, 기쁨이 없는 길은 아니다.

우리가 그리스도를 따르려고 기쁘게 희생하면 세상에서 그분의 가치가 빛난다. 희생 자체가 그리스도를 더 크게 드러내려는 수단이다. 사도 바울은 한 가지 큰 삶의 열정을 품었으며, 이것을 여러 방식으로 표현했다.

내가 너희 중에서 예수 그리스도와 그가 십자가에 못 박히신 것

외에는 아무 것도 알지 아니하기로 작정하였음이라(고전 2:2).

내게는 우리 주 예수 그리스도의 십자가 외에 결코 자랑할 것이 없으니…(갈 6:14).

바울이 품었던 단 하나의 열정

바울은 자신의 큰 열정을 또 다른 방식으로 말하면서, 그리스도를 소중히 여기는 데 따르는 희생이 어떻게 수단이 되기도 하는지 보여 준다. 그는 빌립보 교회에게 이렇게 말했다. "나의 간절한 기대와 소망을 따라 아무 일에든지 부끄러워하지 아니하고 지금도 전과 같이 온전히 담대하여 살든지 죽든지 내 몸에서 그리스도가 존귀하게 되게 하려 하나니 이는 내게 사는 것이 그리스도니 죽는 것도 유익함이라"(빌 1:20-21).

여기서 질문이 제기되고, 그에 대한 답이 주어진다. 당신은 어떻게 죽음으로 그리스도를 존귀하게 하는가? 이 세상에서 전부를 잃는 희생이 어떻게 예수님을 소중히 여기는 수단이 될 수 있는가? 바울의 말에 귀를 기울여 보자. 그리스도께서는 그분의 영광을 위해 살고 또 죽으라고 우리를 부르셨다. 우리가 잘 죽는 법을 안다면 잘 사는 법도 알게 된다. 본문은 두 가지 모두를 보여 준다.

바울이 품었던 단 하나의 삶의 열정이 여기 다시 나타난다. "[내가] 살든지 죽든지 내 몸에서 그리스도가 존귀하게 되게 하려 하나니."

그리스도께서 우리의 삶에서 소중히 여김을 받지 못하신다면 우리의 삶은 허비된다. 우리는 세상에서 그리스도를 참 모습 그대로, 그분의 위대함을 나타내기 위해 존재한다. 우리의 삶과 죽음이 예수님의 가치와 경이로움을 나타내지 못하면, 우리는 삶을 허비하는 것이다. 바울이 자신의 삶과 죽음의 목적은 "그리스도가 존귀하게 되게 하려"는 것이라고 말한 이유가 여기 있다.

우리의 부끄러움과 보화

바울이 빌립보서 1장 20절에서 이것을 분명하게 말하는 특별한 방식에 주목하라.

> "나의 간절한 기대와 소망을 따라 아무 일에든지 **부끄러워하지 아니하고…**."

부끄러움은 누군가에게 인정받기를 간절히 원하지만 그들의 기대에 부응하지 못할 때 느끼는 무서운 죄책감이나 실패감이다. 예를 들어 부끄러움은 어린아이가 성탄절 발표회에서 대사를 잊고 눈물을 글썽일 때 느끼는 감정이다. 그때 침묵은 영원할 것처럼 느껴지고, 다른 아이들은 키득거린다. 또한 부끄러움은 대통령이 비밀 테이프가 공개되어 거짓과 불법이 드러나면서, 국민 앞에 죄책감과 치욕을 안고 서게 될 때 느끼는 감정이다.

그렇다면 부끄러움의 반대는 무엇인가? 그것은 아이가 대사를 기억하고 박수를 받을 때, 또는 대통령이 통치를 잘해서 국민들의 지지를 받을 때 느끼는 감정이다. '부끄러움을 당하다'의 반대는 일반적으로 '높임을 받다'이다. 그러나 바울은 매우 특별한 사람이었다. 그리스도인들은 매우 특별한 사람이어야 한다. 바울에게 '부끄러움을 당하다'의 반대는 '**자신이** 높임을 받다'가 아니라 '자신을 통해 **그리스도께서** 높임을 받다'였다. "나의 간절한 기대와 소망을 따라 아무 일에든지 부끄러워하지 아니하고 … 내 몸에서 **그리스도가** 존귀하게 되게 하려 하나니."

당신이 무엇을 좋아하느냐에 따라 당신이 무엇을 부끄러워하느냐가 결정된다. 만약 당신이 소중히 여겨지는 것을 좋아한다면, 그들이 당신을 소중히 여기지 않을 때 부끄러움을 느낄 것이다. 그러나 그리스도께서 소중히 여겨지는 것을 당신이 좋아한다면, 그리스도께서 당신 때문에 하찮게 여겨지실 때 부끄러움을 느낄 것이다. 바울은 그리스도를 다른 그 무엇이나 그 누구보다 사랑했다. "그러나 무엇이든지 내게 유익하던 것을 내가 그리스도를 위하여 다 해로 여길뿐더러 또한 모든 것을 해로 여김은 내 주 그리스도 예수를 아는 지식이 가장 고상하기 때문이라…"(빌 3:7-8).

어떤 것이 당신에게 엄청나게 소중할 때, 그 아름다움이나 힘, 특별함을 소중히 여긴다. 그럴 때 당신은 사람들의 관심을 그곳으로 끌고, 그들 속에서도 동일한 기쁨을 일깨우고 싶어 한다. '그리스도께서 높임을 받는 것'이 바울이 전심전력으로 추구한 삶의 궁극적인 목표였던 이유가 여기 있다. 바울에게 그리스도는 무한히 가치 있는 분이었으며, 그래서 바울은 다른 사람들이 이러한 가치를 보고 또 맛보기를 갈망했다. 그리스도를 높인다는 말이 바로 이런 뜻으로, 그분의 엄청난 가치를 보여 준다는 뜻이다.

죽음은 그리스도를 높이는 것을 방해하는가?

그런데 이 시점에서 누군가 바울을 반대하여 이렇게 말하면 어떻게 되는가? "바울 선생, 그리스도께서 지금 당신에게 얼마나 소중한지 우리도 압니다. 당신이 그분과 나누는 교제를 얼마나 기뻐하는지, 그분이 어떻게 당신에게 풍성한 열매를 맺는 사역을 허락하시고 당신의 삶을 영적 파선(破船)에서 구해 내시는지도 압니다. 그러나 죽음을 맞는 순간에 이 모든 게 무슨 의미가 있을까요? 그때 그리스도의 가치는 어디 있나요? 그리스도인이 된다는 말이 목숨을 버려야 한다는 뜻이라면, 어떻게 죽음이 우리가 그리스도를 소중히 여기도록 도와줄까요? 죽음은 그리스도를 높일 수 있는 생명 자체를 우리에게서 앗아 가지 않나요?"

그래서 바울은 빌립보서 1장 20절 끝에서 자신의 간절한 바람은 **"살든지 죽든지** 내 몸에서 그리스도가 존귀하게 되게 하려" 하는 것이라고 덧붙인다. 죽음은 우리의 주요 목표를 좌절시킬 만큼 강한 위협이다. 죽음은 우리가 가장 소중히 여기는 보화를 빼앗겠다고 위협할 만큼 무섭다. 그러나 바울은 그리스도를 가장 귀하게 여겼으며,

그의 목표는 그리스도를 높이는 것이었다. 그래서 그는 죽음을 이 목표를 좌질시키는 장애물이 아니라, 이 목표를 성취할 기회로 보았다.

삶과 죽음! 둘은 완전히 반대 같고, 서로 원수지간으로 보인다. 그러나 바울에게, 그의 믿음을 공유하는 모든 사람들에게, 삶과 죽음 사이에는 일치하는 부분이 있다. 동일한 큰 열정이 삶과 죽음 양쪽에서 성취되기 때문이다. 다시 말해, 우리가 살든지 죽든지 그리스도께서 우리 몸에서 높임을 받으시기 때문이다.

빌립보서 1장 21절에서 바울은 자신이 살든지 죽든지 그리스도께서 자신의 몸에서 존귀하게 되기를 얼마나 간절히 바라는지 압축해서 설명한다. "이는 내게 사는 것이 그리스도니 죽는 것도 유익함이라."

그런 후 22-26절에서, 그리스도께서 우리의 삶과 죽음을 통해 어떻게 높아지시는지 우리가 보다 세밀하게 볼 수 있도록 이 구절의 전반부와 후반부를 설명한다. 먼저 후반부를 살펴보자.

바울이 발견한 베드로의 비밀

"내게 … 죽는 것도 유익함이라."

궁금한 것이 있다. 과연 바울은 예루살렘에서 베드로를 만났을 때 죽음에 관해 이야기를 나누었을까? 베드로는 요한복음 21장에 기록된 경험을 바울에게 말했을까? 예수님은 부활하신 후 베드로에게 말씀하셨다. "내가 진실로 진실로 네게 이르노니 네가 젊어서는 스스로 띠 띠고 원하는 곳으로 다녔거니와 늙어서는 네 팔을 벌리리니 남이 네게 띠 띠우고 원하지 아니하는 곳으로 데려가리라"(요 21:18).

요한은 자신의 복음서에서 이런 설명을 덧붙인다. "이 말씀을 하심은 **베드로가 어떠한 죽음으로 하나님께 영광을 돌릴 것을** 가리키심이러라…"(요 21:19).

하나님은 베드로가 죽음을 통해 하나님을 크게 드러내리라고 말씀하셨다. 나는 베드로와 바울이 교제의 악수를 나누며 서로 눈을 마주쳤을 때, 이 한 가지 열정을 함께 나누었다고 믿는다. 바로 죽음을 통해, 하나님의 영광의 이글거리는 중심이신 십자가에 달리신 그리스도를 높이려는 열정이다.

그렇다면 우리는 어떻게 죽음으로 그리스도를 높일 수 있는가? 죽음을 통해 그리스도의 탁월한 가치를 드러내려면 어떻게 해야 하는가? 바울이 빌립보서 1장에서 제시하는 해답은 먼저 20절과 21절을 잇는 접속사에 있다. 20절과 21절은 "이는"(for, because)이라는 접속사로 연결된다. 이 접속사를 죽음에 관한 말로 요약해 보라. "나의 간절한 기대와 소망을 따라 … 살든지 죽든지 내 몸에서 그리스도가 존귀하게 되게 하려 하나니 이는(왜냐하면) … 죽는 것도 유익함이라." 우리가 죽음을 유익으로 경험하면 죽음으로 그리스도를 높이는 것이다.

왜 죽음이 유익한가?

23절은 왜 죽음이 바울에게 유익한지 보여 준다. "…차라리 세상을 떠나서[죽어서] 그리스도와 함께 있는 것이 훨씬 더 좋은 일이라…."

죽으면 그리스도와 더 친밀해진다. 우리는 이 세상을 떠나 그리스도와 함께하며, 바울은 이것이 유익이라고 말한다. 우리가 죽음을 이렇게 경험할 때, 바울은 우리가 그리스도를 높인다고 말한다. 우리가 죽음에서 그리스도를 유익으로 경험할 때, 그리스도께서 높아지신다. 이것은 현세를 사는 것보다 "훨씬 더 좋은 일"이다.

정말인가? 모든 학교 친구들보다 더 좋은가? 사랑에 빠지는 것보다 더 좋은가? 자녀를 안아 주는 것보다 더 좋은가? 직업적 성공보다 더 좋은가? 은퇴와 손자들보다 더 좋은가? 그렇다. 천 배는 더 좋다.

나는 현재 시무하는 교회에 지원해 설교했을 때, 이 구절을 본문으로 선택했다. 그때가 1980년 1월 27일이었다. 나는 내 삶의 유일한 열정을 성경을 통해 사람들에게 보여 주고 싶었다. 그것은 살든지 죽든지 모든 일에서 그리스도를 높이려는 열정이었다.

그때도 이 부분에서 한 가지 질문을 던졌다. 죽음이 삶보다 좋은가? 세상을 떠나서 그리스도와 함께하기가 이 세상에 머물기보다 좋은가? 나는 사람들에게 이렇게 말했다.

만일 제가 그렇다고 믿지 못한다면, 108명의 교인이 80세가 넘었고 이분들 외에 171명이 65세가 넘은 베들레헴 침례교회는 말할 필요도 없고 어디서라도 목사 역할을 감히 바랄 수 있겠습니까? 그러나 저는 그렇다고 믿으며, 이 교회에 출석하는 모든 백발의 교인들에게 그리스도의 사도의 권위로 말합니다. 가장 좋은 것은 아직 오지 않았습니다! 풍족한 연금이나 호화 콘도미니

엄을 말하는 게 아닙니다. 그리스도를 말하는 것입니다.[4]

나는 목회를 시작하고 1년 반 동안 평균 3주마다 장례식을 집례했다. 그 후에는 더 자주 했다. 젊은 목사에게는 진지하고 아름다운 시기였다. 그 시절, 친구를 차례로 보내며 **작별인사**를 할 때, 내 마음은 많은 가정들과 깊이 연결되었다. 우리는 그들이 **잘 떠났다**고 믿었다.

잘 죽는 법을 배우면, 잘 살 수 있다

지금까지 빌립보서 1장에서 죽음이 그리스도를 소중히 여기는 수단이라고 배웠다. 우리가 순종의 갈보리 길에서 그리스도와 함께 고난받거나 죽으면, 그분을 따르느라 치른 희생은 단지 그분을 소중히 여긴 **결과**가 아니라 그분을 소중히 여기는 **수단**이기도 하다.

죽음은 우리의 보화가 어디 있는지 보여 준다. 우리가 어떻게 죽는지 보면, 우리의 마음에서 그리스도가 얼마나 소중한지 드러난다. 내가 죽음을 맞이할 때 그리스도로 만족할 수 있고, 내가 그분을 얻기에 죽음을 유익으로 경험한다면, 나의 죽음을 통해 그리스도께서 높아지신다.

달리 표현하면 이렇다. 그리스도를 노래하는 찬양의 본질은 그리스도를 소중히 여기는 것이다. 나의 죽음에서 그리스도께서 생명보다 더 소중히 여김을 받으신다면, 그리스도께서 나의 죽음을 통해 찬양을 받으시는 것이다.

예수님은 이렇게 말씀하셨다. "아버지나 어머니를 나보다 더 사랑하는 자는 내게 합당하지 아니하고 아들이나 딸을 나보다 더 사랑하는 자도 내게 합당하지 아니하며"(마 10:37).

우리는 그리스도 외에 전부를 **빼앗길** 때가 오면 이런 말로 그리스도를 높일 것이다. "나는 그분 안에서 전부를, 그 이상을 가졌습니다. 죽는 것도 유익합니다."

우리가 이렇게 죽는 법을 배웠다면 살 준비가 된 것이다. 이렇게 죽는 법을 배우지 못하면 삶을 허비한다. 대부분의 사람들은 이 땅에서 유한한 삶을 살다가 세상을 떠나 그리스도와 함께하게 된다. 우리 가운데 가장 나이가 많은 사람들도 반드시 물어야 한다. "우리가 그리스도를 사랑한다면, 오늘 오후, 오늘 저녁, 이번 주에 어떻게 나의 행동을 통해 그리스도께서 높아지실 수 있는가?"

이제 빌립보서 1장 21절의 전반부를 살펴볼 차례다. "이는 내게 사는 것이 그리스도니…."

사는 것이 그리스도니

"사는 것이 그리스도니"라는 말은 무슨 뜻인가? 바울은 22절에서 설명을 시작한다. "만일 육신으로 사는 이것이 내 일의 열매일진대…."

이것은 이상한 설명이다. "사는 것이 그리스도니"라는 말이 "사는 이것이 내 일의 열매일진대"가 된다. 바울의 일이 맺는 열매는 무엇인가? 어떻게 "사는 것이 그리스도"인가? 해답은 24-26절에 나온다.

22절에서 바울은 "만일 육신으로 사는 이것이 내 일의 열매일진대 무엇을 택해야 할는지 나는 알지 못하노라"고 말했다. 24절에서는 "내가 육신으로 있는 것이 너희를 위하여 더 유익하리라"고 말한다. 바울의 삶이 맺는 열매는 자신만을 위한 게 아니라 빌립보 신자들에게 매우 필요한 게 분명하다. 따라서 "내게 사는 것이 그리스도니"라는 말이 이제 '내가 사는 것은 너희 모두에게 필요한 열매를 맺기 위해서다'가 된다.

그다음으로 25절은 교회가 이 열매를 필요로 하며, 바울의 삶이 이 열매를 맺는다고 말한다. "내가 살 것과 너희 믿음의 진보와 기쁨을 위하여 너희 무리와 함께 거할 이것을 확실히 아노니."

그러므로 바울은 "내게 사는 것이 그리스도니"라는 말의 의미를 조금씩 더 분명하게 밝힌다.

첫째, 내 삶을 열매를 맺는 데 바쳤다(22절 참조). 둘째, 내 삶을 너희들에게 매우 필요한 열매를 맺는 데 바쳤다(24절 참조). 셋째, 내 삶을 너희의 믿음이 자라고 너희가 더욱 기뻐하도록 돕는 데 바쳤다(25절 참조)라는 의미다.

이제 핵심 질문이 드러난다.

왜 바울의 마음에서는 "내게 사는 것이 그리스도니"라는 말과 '내 삶을 너희의 믿음이 자라고 너희가 더욱 기뻐하도록 돕는 데 바쳤다'라는 말이 하나인가? 나는 사실상 두 가지 말이 이 문맥에서 바울에게는 동의어였다고 생각한다.

너희 믿음의 진보와 기쁨을 위한 삶

이것을 이해하려면 믿음에 대한 정의가 필요하다. 일반적으로 믿음이란 당신의 필요를 채워 줄 의지, 능력, 신뢰성이 입증된 사람에 대한 신뢰와 확신을 의미한다. 그러나 예수 그리스도께서 믿음의 대상이 되실 때는 이러한 정의가 맞지 않는다. 예수님 자신이 우리의 필요이기 때문이다.

만약 우리가 그리스도께서 우리에게 선물만 주시는 분이라고 믿을 뿐, 그분 자신을 완전한 만족을 주는 선물로 주시리라고 믿지 않는다면, 우리는 그분을 우리의 보화로 높이며 신뢰하는 것이 아니다. 우리는 단순히 선물을 높이고 있을 뿐이다. 이런 경우 우리가 진정으로 원하는 대상은 예수님이 아니라 선물이다. 그러므로 성경이 말하는 예수님을 믿는다는 말은 그분이 우리에게 가장 필요한 것, 즉 그분 자신을 주시리라고 믿는다는 뜻이다. 이는 그리스도를 그 무엇보다 소중히 여기는 것이 믿음의 본질이어야 한다는 뜻이다.

이제 바울이 품었던 두 가지 삶의 목표가 왜 사실은 하나인지 살펴보자. 빌립보서 1장 20절에 따르면 그의 목표는 **삶에서 그리스도를 높이는 것**이며, 25절에 따르면 **빌립보 성도들의 믿음이 자라고 그들이 더욱 기뻐하게 하는 것**이다. 바울은 바로 이 때문에 하나님이 자신을 살려두신다고 믿는다. "너희 믿음의 진보와 기쁨"을 위해 수고하기, 이것이 바울의 삶이 된다.

정리하자면, 이제 우리는 믿음이란 본질적으로 그리스도를 소중히 여기는 것임을 확인했다. 25절의 "기쁨"이라는 단어는("너희 믿음의 진보와 기쁨을 위하여") 이렇게 그리스도를 소중히 여기는 일이 곧 기쁨이라는 사실을 암시한다. 우리가 기쁨으로 그리스도를 소중히 여기면 그리스도께서 높아지신다. 이것이 바울이 품었던 포괄적인 단 하나의 열정이다.

바울은 이렇게 말한다. "너희가 그리스도를 높이고, 그분으로 만족하며, 그분을 그 무엇보다 귀히 여기도록 하는 데 내 삶을 바쳤다. '내게 사는 것은 그리스도니'라고 했던 말이 바로 이런 뜻이다. 다시 말해, 내게 사는 것은 그리스도를 높이는 너희의 믿음이다."

그리스도인의 일상적 죽음

여기서 죽음이 그리스도를 높이는 방식과 삶이 그리스도를 높이는 방식을 분리하는 것은 큰 실수다. 그 이유는 그리스도인의 삶이 많은 죽음을 포함하기 때문이다. 바울은 "나는 날마다 죽노라"(고전 15:31)고 했다. 예수님은 "아무든지 나를 따라오려거든 자기를 부인하고 날마다 제 십자가를 지고 나를 따를 것이니라"(눅 9:23)고 말씀하셨다.

그리스도인의 일상적인 삶은 곧 일상적인 죽음이다. 내가 생각하는 죽음은 평안함과 안전과 명성과 건강과 가족과 친구와 부와 고국에 대한 죽음이다. 우리가 그리스도를 높이는 순종의 길을 간다면 어느 때 이것들을 잃을지 모른다. 바울처럼 날마다 죽으며, 예수님이 명하신 대로 날마다 자기 십자가를 진다는 말은 그리스도를 위해 이러한 상실의 삶을 받아들이고 유익으로 여긴다는 뜻이다.

우리가 죽음으로 그리스도를 높이려면, 생명의 선물보다 그리스도를 더 귀하게 여겨야 한다. 우리가 삶에서 그리스도를 높이려면, 삶이 주는 선물보다 그리스도를 더 귀하게 여겨야 한다. 이런 이유로 바울은 죽음과 삶 모두에서 그리스도와 관련해 "유익"(gain)이라는 동일한 단어를 사용했다.

그는 단순히 "죽는 것도 유익함이라"고 말했을 뿐 아니라 이렇게도 말했다. "그러나 무엇이든지 내게 유익하던 것을 내가 그리스도를 위하여 다 해로 여길뿐더러 또한 모든 것을[삶에서] 해로 여김은 내 주 그리스도 예수를 아는 지식이 가장 고상하기 때문이라 내가 그를 위하여 모든 것을 잃어버리고 배설물로 여김은 그리스도를 얻고(gain)"(빌 3:7-8).

그리스도를 높이는 고통과 즐거움

그리스도인의 모든 삶은 그리스도를 높여야 한다. 그리스도인은 즐거움뿐만 아니라 고통을 통해서도 그리스도를 높일 수 있다. 여기서는 고통에 초점을 맞추겠다. 그리스도인에게 유쾌한 일이 일어나지 않기 때문이 아니다. 또한 유쾌한 일을 하나님의 선물로 누려서는 안 되거나, 감사함으로 하나님을 영화롭게 해서는 안 되기 때문도 아니다. 우리는 당연히 그렇게 해야 한다. 성경이 그렇게 하라고 가르친다. "하나님께서 지으신 모든 것이 선하매 감사함으로 받으면 버릴 것이 없나니 하나님의 말씀과 기도로 거룩하여짐이라"(딤전 4:4-5).
"감사로 제사를 드리는 자가 나를 영화롭게 하나니"(시 50:23)라는 말씀이 참이기 때문이다. 내가 이 부분을 강조하지 않는 이유는 우리가 진리의 유쾌한 측면을 보는 경향이 있기 때문이다. 우리는 타락했으며, 편안함을 사랑하는 피조물이다. 우리는 늘 삶에서 자기 보호와 자기 안전과 자기 즐거움을 정당화하는 법을 찾는다. 나 자신도 예외가 아님을 안다. 이것이 꼭 나쁘기만 한 게 아니어서 기쁘다. 하나님은 "우리에게 모든 것을 후히 주사 누리게"(딤전 6:17) 하신다.

고난을 통해 하나님이 우리의 보화임을 보여 준다

그러나 내가 훨씬 더 확실히 아는 바는, 하나님을 기뻐하는 가장 큰 기쁨은 그분의 선물을 자신을 위해 쌓아 두는 게 아니라 나누는 데서 온다는 사실이다. 일을 해서 얻는다면 좋은 일이다. 나누기 위해 일을 해서 얻는다면 더 좋은 일이다. 하나님이 풍요의 시대에 우리에게 공급하실 때보다 상실의 시대에 우리로 만족하게 하실 때, 그분의 영광은 더 밝게 빛난다.

건강과 부와 번영의 '복음'은 그분의 선물이 발하는 아름다움 속에서 그리스도의 아름다움을 삼키고, 그분의 선물을 우상으로 만들어 버린다. 세상은 그리스도인들이 부자가 되어 하나님께 감사할 때 감동받지 않는다. 세상은 우리가 하나님만으로 만족하기에, 그리스도를 위해 우리의 부를 나누며 이를 유익으로 여길 때 감동받는다.

햇살 좋은 날에 깊은 삶의 교훈을 얻었다거나 하나님과의 아름다운 만남을 경험했다고 말하는 사람은 없었다. 사람들은 가뭄이 닥칠 때 하나님과 깊이 만난다. 하나님이 이렇게 계획하셨다. 그리스도께서는 우리가 상실 가운데 그분을 경험하는 방식을 통해 우리의 삶에서 가장 크게 높임을 받으려 하신다. 바울이 우리의 본보기다.

> 형제들아 우리가 아시아에서 당한 환난을 너희가 모르기를 원하지 아니하노니 힘에 겹도록 심한 고난을 당하여 살 소망까지 끊어지고 우리는 우리 자신이 사형 선고를 받은 줄 알았으니 이는 우리로 자기를 의지하지 말고 오직 죽은 자를 다시 살리시는 하나님만 의지하게 하심이라(고후 1:8-9).

바울에게 고난을 허락하신 목적은 그의 영혼과 우리의 영혼에게 오직 하나님만이 영원한 보화라는 사실을 아주 분명하게 보여 주기 위해서였다. 하나님 외에 삶의 전부가 사라질 때, 그로 인해 우리가 그분을 더 신뢰할 때, 그분은 영광을 받으신다.

고난을 피하려다 삶을 허비하다

그리스도인의 삶을 위한 이러한 계획은 매우 중요하다. 그러므로 우리는 눈을 열어 성경이 이 부분을 얼마나 폭넓게 말하는지 보아야 한다. 그리스도인을 자처하는 수많은 사람들이 사랑의 대가를 치르려 하지 않아 삶을 허비한다. 이들은 사랑이 언제나 대가(희생)를 치를 가치가 있음을 알지 못한다. 우리는 자신을 섬기는 도피보다는 고난을 통해 하나님의 영광을 더 많이 보고 또 맛본다. 바울은 이것을 이렇게 표현한다.

"그러므로 우리가 낙심하지 아니하노니 우리의 겉사람은 낡아지나 우리의 속사람은 날로 새로워지도다 우리가 잠시 받는 환난의 경한 것이 지극히 크고 영원한 영광의 중한 것을 우리에게 이루게 함이니"(고후 4:16-17).

"잠시"라는 말은 영원과 비교되는 한평생을 의미한다. "경한"이라는 말은 하나님 앞에서 누리는 영원한 기쁨의 무게와 비교되는 고난과 죽음을 의미한다. 그리스도를 붙잡으면 이러한 기쁨을 얻고, 그러지 못하면 이러한 기쁨을 잃는다.

하나님은 고난을 통해 우리의 소망을 더욱 견고하게 하여, 그분의 영광을 바라보도록 계획하신다. 바울은 로마서 5장 2절에서 우리가 믿음으로 은혜에 들어가며 "하나님의 영광의 소망을 기뻐한다"라고 말한다(NIV 직역, 개역개정은 "하나님의 영광을 바라고 즐거워하느니라"). 그런 후 바울은 그다음 두 절에서 이러한 소망이 어떻게 유지되고 맛을 더하는지 보여 준다. "다만 이뿐 아니라 우리가 환난 중에도 즐거워하나니 이는 환난은 인내를, 인내는 연단을, 연단은 **소망**을 이루는 줄 앎이로다"(3-4절).

고난을 통해 자라고 깊어지며 만족을 주는 이 소망은 2절에서 말한 소망, 곧 "하나님의 영광의 소망"이다. 그리고 하나님은 우리를 사랑하시기에, 우리가 그분의 영광을 더 깊이 맛보도록 필요한 모든 시련을 사용하신다.

언제 도망치고, 언제 견뎌야 하는가?

치유를 위해 기도하며, 약을 먹으며, 문단속을 하며, 폭도에게서 도망치는 것은 잘못이 아니다. 성경은 자살을 요구하지 않는다. 자살이란, 하나님이 받아 주신다는 성경의 약속을 인용하면서 성전 꼭대기에서 뛰어내리는 행위를 말한다. 하나님이 언제 어디서 순종의 길이 고난으로 이어질지 최종적으로 결정하신다. 사탄에게는 그의 자리가 있다. 사탄은 우리를 비참하게 하고 우리의 믿음을 무너뜨리려 한다. 그러나 사탄은 하나님의 주권 아래 있다. 성도를 무너뜨리려는 그의 모든 시도조차 하나님이 자신의 백성을 위한 유익과 자신의 영광을 위해 사용하신다.

그러므로 도망쳐도 옳으며, 자리를 지켜도 옳다. 어떤 사람은 도망치며, 어떤 사람은 고난을 견딘다. 언제 도망치고, 언제 견뎌야 하는가? 이것은 많은 선교사들, 도시 노동자들, 큰 기회와 갈등이 공존하는 세상 직장에서 일하는 그리스도인들에게 고통스러운 질문이다. 이 문제를 대부분의 사람들보다 더 깊이 생각한 사람이 있다. 12년을 감옥에서 지내며 『천로역정』(Pilgrim's Progress)을 쓴 존 번연이다. 그는 설교를 하지 않겠다고만 하면 풀려날 수 있었다. 아내와 아이들에게는 그가 필요했다. 그의 딸 가운데 하나는 시각장애인이었다. 이는 그에게는 몹시 고통스러운 결정이었다. "이곳에서 아내와 불쌍한 아이들과 떨어져 지내는 것은 내 뼈에서 살을 뜯어내는 고통이었다."[5]
그는 위험에 맞서거나 위험을 피할 그리스도인의 자유에 대해 이렇게 썼다.

달아나도 되는가? 당신의 마음에서처럼 현실에서도 그래도 된다. 당신의 마음이 그러길 원한다면 달아나라. 마음이 그러길 원한다면 견뎌라. 진리를 부인(否認)하지 않는다면 아무래도 좋다. 달아나는 사람은 합당한 이유가 있으며, 견디는 사람도 합당한 이유가 있다. 동일한 사람이 마음에서 들리는 하나님의 부르심과 마음에서 일어나는 그분의 역사를 따라 달아나도 괜찮고 견뎌도 괜찮다. 모세는 달아나기도 했고(출 2:15 참조) 견디기도 했다(히 11:27 참조). 다윗도 달아나기도 했고(삼상 19:12 참조) 견디기도 했다(삼상 24:8 참조). 예레미야도 달아나기도 했고(렘 37:11-12 참조) 견디기도 했다(렘 38:17 참조). 그리스도께서도 물러나기도 하셨고(눅 9:10 참조) 견디기도 하셨다(요 18:1-8 참조). 바울도 달아나기도 했고(고후 11:33 참조) 견디기도 했다(행 20:22-23 참조).
… 이 경우에는 원칙이 거의 없다. 자신이 지금 얼마나 강한지는 자신이 가장 잘 알며, 달아날지 아니면 견딜지 어느 쪽에 무게를 두느냐도 자신에게 달렸다. … 그렇다고 비열한 두려움 때문에 달아나지는 말라. 달아나는 것도 하나님께서 열어놓으신 문이며, 그 문은 섭리를 통해 열렸으며, 그분의 말씀에도 부합하니

달아나라(마 10:23 참조). … 그러므로 달아났으나 붙잡힐 때, 하나님이나 사람에게 화내지 말라. 하나님에게 화내지 말아야 하는 이유는 당신이 그분의 종이며, 당신의 삶과 전부가 그분의 것이기 때문이다. 사람에게 화내지 말아야 하는 이유는 그가 하나님의 막대기이며 당신의 유익을 위해 준비되었기 때문이다. 달아났는가? 웃어라! 잡혔는가? 웃어라! 내 말은 일이 어느 쪽으로 진행되든 기뻐하라는 뜻이다. 저울은 여전히 하나님의 손에 있기 때문이다.[6)]

하나님의 약속과 계획

지금까지 살펴본 바로 볼 때, 삶을 허비하지 않는 사람들을 위한 하나님의 **약속**과 **계획**은 분명하다. "무릇 그리스도 예수 안에서 경건하게 살고자 하는 자는 박해를 받으리라"(딤후 3:12).

박해가 멈출 때, 이 세대의 탄식소리가 남는다. "우리 곧 성령의 처음 익은 열매를 받은 우리까지도 속으로 탄식하여 양자 될 것 곧 우리 몸의 속량을 기다리느니라"(롬 8:23).

우리는 이런저런 방식으로 탄식한다. 바울이 말했듯이 우리는 "근심하는 자 같으나 항상 기뻐"한다(고후 6:10).

이것이 약속이다. 여기 계획이 있다. 예수님은 고통당하는 바울에게, 그리고 고통이 없는 삶보다 **그분을** 더 귀하게 여기는 우리 모두에게 말씀하셨다. "내 은혜가 네게 족하도다 이는 내 능력이 약한 데서 온전하여짐이라…"(고후 12:9).

그리스도인을 자처하는 많은 사람들이 이러한 계획에 화를 낼 것이다. 소리를 지를지도 모른다. "당신의 능력이 온전해지는 데는 관심이 없어요. 제가 고통 가운데 있단 말입니다! 저를 사랑하신다면 이 고통에서 건져 주셔야죠!"

하지만 바울은 이렇게 반응하지 않았다. 바울은 사랑이 무엇인지 배웠다. 사랑이란 그리스도께서 우리를 소중히 여기시거나 삶을 편안하게 해 주시는 게 아니다. 사랑이란 우리가 그분을 소중히 여기는 것을 기뻐하도록 하기 위해, 그리스도께서 스스로 큰 희생을 치르면서도 반드시 하셔야 할 일을 하시는 것이다.

그러므로 바울은 그리스도의 계획에 이렇게 반응했다. "…그러므로 도리어 크게 기뻐함으로 나의 여러 약한 것들에 대하여 자랑하리니 이는 그리스도의 능력이 내게 머물게 하려 함이라 그러므로 내가 그리스도를 위하여 약한 것들과 능욕과 궁핍과 박해와 곤고를 기뻐하노니 이는 내가 약한 그 때에 강함이라"(고후 12:9-10).

모든 기쁨은 갈보리에 있다

사람들이 사랑과 고난의 갈보리 길에서 돌아설 때, 그들의 삶이 얼마나 비극적으로 허비되는지 모른다. 그리스도 안에 있는 모든 풍성한 영광이 갈보리 길에 있다. 가장 달콤한 예수님과의 모든 교제가 거기 있다. 모든 확실한 보화가 거기 있다. 모든 황홀한 기쁨이 거기 있다. 가장 밝은 영원의 빛이 거기 있다. 가장 고귀한 동지애가 거기 있다. 가장 겸손한 모든 애정이 거기 있다. 하나님의 말씀에 대한 가장 깊은 모든 발견이 거기 있다. 가장 뜨거운 모든 기도가 거기 있다. 이 모두가 예수님이 그분의 사람들과 함께 걸으신 갈보리 길에 있다.

당신의 십자가를 지고 예수님을 따르라. 오직 이 길에서 사는 것은 그리스도며 죽음도 유익이다. 다른 모든 길에서는 삶을 헛되이 낭비하고 만다.

05

그리스도를 위해
위험을 감수하라

사나 죽으나 그리스도를 소중히 여기는 것이 당신의 포괄적이며 유일한 열정이라면, 그리고 그분을 가장 높이는 삶이 희생적인 사랑의 삶이라면, 삶은 본질적으로 위험하며, 위험한 게 당연하다. 이러한 위험을 피한다면 삶을 허비하는 것이다.

위험이란 무엇인가?

나는 위험이란 상실하거나 상처받을지 모르는 상황에 자신을 노출하는 행위라고 매우 단순하게 정의한다. 위험을 감수하면 돈을, 체면을, 심지어 건강이나 목숨까지 잃을지 모른다. 엎친 데 덮친 격으로, 위험을 감수하면 단지 자신만이 아니라 다른 사람들까지 위험해질지 모른다. 그들의 생명이 위험에 처할지 모른다. 지혜롭고 사랑이 많은 사람이라면 위험을 감수하겠는가? 자신을 상실의 위험에 노출하는 게 지혜로운가? 다른 사람들을 위험에 빠뜨리는 게 사랑인가? 생명을 잃는다는 말은 삶(생명)을 허비한다는 말과 같은가?

경우에 따라 다르다. 물론 자신의 삶을 수백 가지 죄악된 방법으로 허비하다가 죽는 경우도 있다. 이런 경우 삶을 잃는다는 말과 삶을 허비한다는 말은 같은 뜻이다. 그러나 삶을 잃는다는 말이 삶을 허비한다는 말과 늘 같은 뜻은 아니다. 위험을 감수하지 **않으면** 상실과 상처라는 결과가 나타나는 환경이라면 어떨까? 위험을 성공적으로 이겨 내면 많은 사람들이 유익을 얻고, 그러지 못하면 자신만 해를 입는다면 어떻게 하겠는가? 그리스도의 일과 다른 사람들의 유익을 위해 큰일을 이룰 수 있을 때, 편안함이나 안전을 선택한다면 사랑이 아니다.

위험을 일상으로 받아들여라

왜 위험에 노출되는가? 무지(無知)하기 때문이다. 무지가 없다면 위험도 없다. 위험이 있는 이유는 일이 어떻게 될지 모르기 때문이다. 이것은 하나님에게는 위험이 없다는 뜻이다.[1] 하나님은 그분의 선택이 결과를 낳기 전에 그 결과를 이미 아신다. 하나님이 모든 민족과 열방의 신들 위에 뛰어나신 이유가 여기 있다(사 41:23; 42:8-9; 44:6-8; 45:21; 46:8-11; 48:3 참조). 하나님은 자신의 모든 행동이 낳을 결과를 미리 아시기 때문에 거기에 맞게 계획하신다. 하나님은 전지(全知)하시므로 아예 위험을 당하지 않으신다.[2]

그러나 우리는 다르다. 무지한 우리는 내일 무슨 일이 있을지 모른다. 하나님은 내일이나 5년 후에 무슨 일을 하실지 우리에게 자세히 말씀하지 않으신다. 하나님은 우리가 자기 행동의 결과를 알지 못한

채, 불확실함 속에서 살아가고 행동하게 하신다. 그리고 하나님은 야고보서 4장 13-15절에서 이렇게 말씀하신다.

> 들으라 너희 중에 말하기를 오늘이나 내일이나 우리가 어떤 도시에 가서 거기서 일 년을 머물며 장사하여 이익을 보리라 하는 자들아 내일 일을 너희가 알지 못하는도다 너희 생명이 무엇이냐 너희는 잠깐 보이다가 없어지는 안개니라 너희가 도리어 말하기를 주의 뜻이면 우리가 살기도 하고 이것이나 저것을 하리라 할 것이거늘

어쩌면 이 페이지를 다 읽기도 전에 당신의 심장이 멎을지도 모를 일이다. 다음 주에 반대 차선을 달리던 차가 중앙선을 넘어 정면으로 충돌할지, 식당에서 먹는 음식에 치명적인 세균이 들어 있을지, 이번 주 안에 갑자기 쓰러져 온몸이 마비될지, 쇼핑센터에서 누군가의 총에 맞을지 아무도 모른다. 우리는 하나님이 아니다. 우리는 내일 일을 모른다.

안전의 신화를 타파하라

그러므로 위험은 유한한 우리 삶의 일부다. 위험을 우리 마음대로 피할 수는 없다. 내일에 대한 무지와 불확실성은 우리가 호흡하는 공기다. 우리는 내일의 계획을 세우지만, 그 모든 계획이 갑자기 몸이

아파 집에 누워 있어야 하거나 갑자기 출장을 가야 하는 등 예상치 못한 수많은 변수로 인해 수포로 돌아갈지 모른다.

　나의 한 가지 목표는 안전의 신화를 타파하고, 당신을 안전의 유혹에서 어떻게든 구해 내는 것이다. 안전은 신기루이기 때문이다. 안전이란 없다. 당신이 어느 방향으로 가든, 모르는 것과 어떻게 하지 못할 일이 있게 마련이다.

　우리는 자신을 위해서는 날마다 위험을 감수하면서도, 사랑의 갈보리 길에서 다른 사람을 위해서는 위험을 감수하려 하지 않는다. 이것이야말로 비극적인 위선이다. 우리는 미혹되어 존재하지도 않는 안전을 잃을까 봐 두려워한다. 내가 안전의 신화를 타파하고 당신을 안전의 신기루에서 벗어나도록 돕기 위해 쓰려는 방법은 간단하다. 성경으로 돌아가 그리스도의 일을 위해 위험을 감수하는 것은 옳으며, 그러지 못하면 삶을 허비하는 것임을 보여 주겠다.

위험에 담대히 맞선 성경 인물들

여호와께서 선히 여기시는 대로 행하시기를 원하노라

　사무엘하 10장의 문맥을 살펴보자. 암몬 사람들이 이스라엘의 사자(使者)들을 욕보여 다윗의 분노를 샀다. 암몬 사람들은 스스로를 보호하려고 아람 사람들을 고용해 자신들과 함께 이스라엘에 맞서 싸우게 했다. 이스라엘군의 총사령관 요압은 자신이 한편으로 암몬 군대에게 다른 한편으로 아람 군대에게 포위당했음을 깨달았다. 그래서 요압은 군대를 둘로 나눠 한 쪽은 동생 아비새에게 맡기고 다른 쪽은 직접 지휘했다.

11절에서 이들은 서로 돕겠다고 맹세했다. 이어서 12절에 멋진 말이 나온다. "너는 담대하라 우리가 우리 백성과 우리 하나님의 성읍들을 위하여 담대히 하자 여호와께서 선히 여기시는 대로 행하시기를 원하노라."

마지막 문장이 무슨 뜻인가? 요압은 하나님의 성들을 위해 전략적 결정을 내렸으나 결과가 어떻게 될지 몰랐다는 뜻이다. 그는 이 문제에 관해 하나님의 특별한 계시를 받지 않았다. 그는 거룩한 지혜를 토대로 결정을 내려야 했다. 그는 위험을 감수하거나 도망치거나 둘 중 하나를 선택해야 했다. 그는 결과가 어떻게 될지 모르는 상황에서 선택했고, 결과를 하나님께 맡겼다. 참으로 옳은 행동이었다.

죽으면 죽으리이다

에스더 왕후는 사랑의 섬김을 통해 하나님의 영광을 위해 용감하게 위험을 감수한 또 다른 인물이다. BC 5세기 포로 생활을 하던 유대인 가운데 모르드개라는 사람이 있었다. 그는 부모를 잃고 고아가 된 조카 에스더를 딸로 입양해 키웠다. 에스더는 아름답게 자랐으며 마침내 바사(페르시아) 왕 아하수에로의 왕후가 되었다. 아하수에로의 중신 가운데 하만이 모르드개와 모든 유대인 포로민을 증오했으며, 왕을 설득해 이들을 몰살하라는 명령을 내리게 했다. 왕은 왕후가 유대인이라는 사실을 몰랐다.

모르드개는 에스더에게 사람을 보내 왕에게 나아가 동족을 위해 간청하라고 했다. 그러나 에스더는 누구든지 왕의 부름을 받지 않은 채 왕에게 나아갔다가 왕이 금홀을 내밀지 않으면 죽는다는 궁중의 법을 알았다. 에스더는 동족의 생명이 위험에 처했다는 사실도 알았다. 에스더는 모르드개에게 사람을 보내 이렇게 말했다.

> 에스더가 모르드개에게 회답하여 이르되 당신은 가서 수산에 있는 유다인을 다 모으고 나를 위하여 금식하되 밤낮 삼 일을 먹지도 말고 마시지도 마소서 나도 나의 시녀와 더불어 이렇게 금식한 후에 규례를 어기고 왕에게 나아가리니 죽으면 죽으리이다 하니라(에 4:15-16).

"죽으면 죽으리이다." 무슨 뜻인가? 에스더는 자신의 행동이 어떤 결과를 초래할지 몰랐다는 뜻이다. 에스더는 하나님께 그 어떤 특별 계시도 받지 않았다. 그녀는 지혜와 동포 사랑과 하나님에 대한 신뢰를 토대로 결정을 내렸다. 위험을 감수하거나 도망치거나 둘 중 하나를 선택해야 했다.

에스더는 결과가 어떻게 나올지 알지 못했다. 그래서 결정을 내리고 결과는 하나님께 맡겼다.

우리가 왕의 신들을 섬기지도 아니하고…

구약의 예를 하나 더 살펴보자. 배경은 바벨론이다. 유대인들이 포로 생활을 하고 있다. 왕은 느부갓네살이다. 그는 금 신상을 세워 놓고 나팔을 불면 모든 백성이 그 앞에 절하라고 명령했다. 그러나 사드락, 메삭, 아벳느고는 절하지 않았다. 이들은 이스라엘의 참 하나님을 예배했다.

느부갓네살은 신상에게 절하지 않으면 풀무불에 던지겠다고 이들을 위협했다. 그러자 이들은 이렇게 대답했다.

> 사드락과 메삭과 아벳느고가 왕에게 대답하여 이르되 느부갓네살이여 우리가 이 일에 대하여 왕에게 대답할 필요가 없나이다 왕이여 우리가 섬기는 하나님이 계시다면 우리를 맹렬히 타는 풀무불 가운데에서 능히 건져내시겠고 왕의 손에서도 건져내시리이다 그렇게 하지 아니하실지라도 왕이여 우리가 왕의 신들을 섬기지도 아니하고 왕이 세우신 금 신상에게 절하지도 아니할 줄을 아옵소서 (단 3:16-18).

이들은 기꺼이 위험을 감수했다. "우리 하나님이 우리를 구해 주시리라 믿습니다. 그러나 그리 아니하실지라도, 우리는 왕의 신들을 섬기지 않겠습니다."

이들 역시 에스더와 같은 말을 한 것이다. "죽으면 죽으리이다." 또한 요압과 아비새처럼 결과를 하나님께 맡겼다. "여호와께서 선히 여기시는 대로 행하시기를 원하노라." 이처럼 하나님의 일을 위해 위험을 감수하는 것은 옳다.

나는 주 예수의 이름을 위하여 … 죽을 것도 각오하였노라

신약에도 위험을 감수한 놀라운 인물이 있다. 사도 바울이다. 그가 수년 동안 그리스도를 위해 거의 가는 곳마다 고난을 당한 후, 예루살렘으로 가는 모습을 그려 보라. 그는 성령에 매여(행 19:21 참조) 예루살렘으로 향했다. 그는 가난한 사람들을 위해 연보를 모았고, 이제 그 돈을 충실하게 전달하려 한다. 그가 가이사랴에 이르렀을 때, 아가보라는 선지자가 욥바에서 내려와 바울의 허리띠로 자신의 손발을 묶는 상징적 행동을 하며 말했다. "…성령이 말씀하시되 예루살렘에서 유대인들이 이같이 이 띠 임자를 결박하여 이방인의 손에 넘겨 주리라"(행 21:11).

신자들은 이 말을 듣자 바울에게 예루살렘에 가지 말라고 간청했다. 그러나 바울은 이렇게 대답했다. "여러분이 어찌하여 울어 내 마음을 상하게 하느냐 나는 주 예수의 이름을 위하여 결박 당할 뿐 아니라 예루살렘에서 죽을 것도 각오하였노라"(행 21:13).

그런 후, 누가는 바울의 친구들이 간청하길 그쳤다고 말한다. "그가 권함을 받지 아니하므로 우리가 주의 뜻대로 이루어지이다 하고 그쳤노라"(행 21:14).

바울은 이번 예루살렘 여행이 그리스도의 일을 위해 반드시 필요하다고 믿었다. 그는 예루살렘에서 무슨 일이 일어나며 어떤 결과가 나올지 세세히 알지 못했다. 체포되어 고통을 당할 것은 분명했다. 하지만 그다음은 알 수 없었다. 죽음인가? 투옥인가? 추방인가? 아무도 몰랐다. 그러면 사람들은 어떻게 말했는가? 한 가지만은 같은 마음이었다. "주의 뜻대로 이루어지이다."

요압이 말한 대로였다. "여호와[주]께서 선히 여기시는 대로 행하시기를 원하노라."

나의 생명조차 조금도 귀한 것으로 여기지 아니하노라

사실 바울의 모든 삶은 위험의 연속이었다. 그는 사도행전 20장 23절에서 이렇게 말했다. "오직 성령이 각 성에서 내게 증언하여 결박과 환난이 나를 기다린다 하시나." 그러나 바울은 자신에게 결박과 환난이 어떤 형태로, 언제, 누구를 통해 찾아올지에 대해서는 전혀 알 수 없었다.

지금까지 자신이 겪은 일을 토대로 그는 예루살렘에서 무슨 일이 있을지 충분히 짐작할 수 있었다. 바울은 예루살렘에서 무슨 일이 있을지 알면서도 생명의 위험을 무릅쓰기로 결심했다.

> 유대인들에게 사십에서 하나 감한 매를 다섯 번 맞았으며 세 번 태장으로 맞고 한 번 돌로 맞고 세 번 파선하고 일 주야를 깊은 바다에서 지냈으며 여러 번 여행하면서 강의 위험과 강도의 위험과 동족의 위험과 이방인의 위험과 시내의 위험과 광야의 위험과 바다의 위험과 거짓 형제 중의 위험을 당하고 또 수고하며 애쓰고 여러 번 자지 못하고 주리며 목마르고 여러 번 굶고 춥고 헐벗었노라 이 외의 일은 고사하고 아직도 날마다 내 속에 눌리는 일이 있으니 곧 모든 교회를 위하여 염려하는 것이라(고후 11:24-28).

다만 바울은 다음 주먹이 어디서 날아올지 전혀 알 수 없었다. 그는 하나님의 일을 위해 매일 생명의 위험을 감수했다. 길은 물론 강들도 안전하지 못했다. 동족 유대인도 안전하지 못했다. 이방인들도 안전하지 못했다. 도시들도 안전하지 못했다. 광야도 안전하지 못했다. 바다도 안전하지 못했다. 소위 그리스도인 형제들도 안전하지 못했다. 안전은 신기루일 뿐이었다. 그 정도로 사도 바울에게 안전이란 없었다.

그에게는 두 가지 선택이 있었다. 삶을 허비하거나 위험을 감수하며 살 거나 둘 중 하나였다. 바울은 자신의 선택을 분명하게 밝혔다. "내가 달려갈 길과 주 예수께 받은 사명 곧 하나님의 은혜의 복음을 증언하는 일을 마치려 함에는 나의 생명조차 조금도 귀한 것으로 여기지 아니하노라"(행 20:24).

바울은 오늘 어떻게 될지 전혀 몰랐다. 그러나 갈보리 길이 그를 불렀다. 그는 매일 생명의 위험을 감수했다.

사람들이 나를 박해하였은즉 너희도 박해할 것이요

바울은 위험을 감수하며 살았던 사람이 자신뿐이었다고 생각하지 않도록, 젊은 그리스도인들에게 한 가지를 분명히 한다. 그들이 여러 환난을 만나리라는 것이다.

바울은 제1차 선교여행 중에 새 교회들을 세우고 몇 달 후 그들에게 돌아가 "제자들의 마음을 굳게 하여 이 믿음에 머물러 있으라 권하고 또 **우리가 하나님의 나라에 들어가려면 많은 환난을 겪어야 할**

것이라"(행 14:22)고 했다. 그는 갓 세워진 데살로니가 교회에 편지하면서 그들이 환난 때문에 흔들릴까 염려하며 말했다. "…우리가 이것[이 여러 환난]을 위하여 세움 받은 줄을 너희가 친히 알리라"(살전 3:3).

그리스도인의 삶은 위험을 감수하라는 부르심이다. 예수님은 이 점을 분명히 하셨다. "심지어 부모와 형제와 친척과 벗이 너희를 넘겨 주어 너희 중의 몇을 죽이게 하겠고"(눅 21:16).

여기서 핵심 단어는 **몇**이다. "너희 중의 **몇**을 죽이게 하겠고." 제자들의 세상살이가 아주 불확실하리라는 뜻이다. 우리 모두가 그리스도의 일을 위해 죽지는 않을 것이다. 그러나 우리 모두가 살지도 않을 것이다. 몇은 죽을 것이다. 몇은 살 것이다. 이것이 내가 말하는 위험의 뜻이다. 이 땅에서 우리 삶이 어떻게 될지 모른 채 사는 게 하나님의 뜻이다. 그러므로 우리가 하나님의 일을 위해 위험을 감수하는 것이 하나님의 뜻이다.

예수님의 삶은 힘들었다. 그러기에 예수님은 자신을 따르는 자들의 삶도 힘들 거라고 말씀하셨다. "내가 너희에게 종이 주인보다 더 크지 못하다 한 말을 기억하라 사람들이 나를 박해하였은즉 너희도 박해할 것이요 내 말을 지켰은즉 너희 말도 지킬 것이라"(요 15:20).

그래서 베드로는 아시아의 교회들에게 박해는 당연하다고 경고했다. "사랑하는 자들아 너희를 연단하려고 오는 불 시험을 이상한 일 당하는 것 같이 이상히 여기지 말고 오히려 너희가 그리스도의 고난에 참여하는 것으로 즐거워하라 이는 그의 영광을 나타내실 때에 너희로 즐거워하고 기뻐하게 하려 함이라 너희가 그리스도의 이름으로 치욕을 당하면 복 있는 자로다 영광의 영 곧 하나님의 영이 너희 위에 계심이라"(벧전 4:12-14).

기꺼이 죽음을 무릅쓰다

교회는 처음 3백 년간 위협 속에서 성장했다. 스티븐 닐(Stephen Neill)은 『기독교 선교역사』(History of Christian Missions)에서 이렇게 썼다. "의심할 여지없이, 로마 제국의 그리스도인들은 존재할 법적 권리가 없었으며, 법으로 가장 심판 핍박을 받기 쉬웠다. … 모든 그리스도인은 조만간 생명을 내놓고 자신의 신앙을 증명해야 하리라는 것을 알았다."[3]

늘 위험이 뒤따랐다. 우리는 그리스도인이라는 이유로 죽을지도 모른다. 물론 그러지 않을 수도 있다. 그리스도인에게는 위험이 따르고, 이는 너무도 당연하다. 이런 환경에서 그리스도인이 되는 것은 옳은 일이었다.

사실 이방 세계를 깜짝 놀라게 만든 것은 그리스도인들이 위험을 감수하며 보여 준 그리스도를 높이는 사랑이었다. 로마 황제 줄리안(Julian)은 고대 이교 종교에 새로운 생명을 불어 넣길 원했으나 점점 더 많은 사람들이 기독교로 개종하는 모습을 보았다. 그는 이 '무신론자들'(로마의 신들을 안 믿고 그리스도를 믿는 자들)을 보며 느꼈던 좌절감을 이렇게 표현했다.

무신론[즉, 기독교 신앙]은 특히 낯선 사람들을 사랑으로 섬기며, 죽은 자들을 정성껏 장사지냄으로써 발전해 왔다. 유대인들 가운데는 거지가 하나도 없다. 우리에게 속한 자들이 도움을 구하면 헛고생인데도 신앙이 없는 갈릴리인들은 가난한 동족뿐 아니라 우리 중의 가난한 자들까지 보살핀다는 사실이 우리에게는 수치다.[4]

그리스도를 따르려면 희생을 감수해야 한다. 위험은 어디에나 있다. 그러나 "오직 십자가만 자랑하라"에서 봤듯이 이 위험은 그리스도의 가치를 더욱 밝게 빛내는 수단이다.

삶을 허비하는 결정

그러면 하나님의 백성이 안전의 은밀한 유혹에서 벗어나지 못하면 어떻게 되는가? 하나님의 백성이 안전의 신기루 속에서 살려고 하면 어떻게 되는가? 삶을 허비하게 된다. 이런 일이 일어났던 때를 기억하는가?

이스라엘 백성이 하나님의 능력으로 애굽을 탈출한 지 3년이 채 안 되었을 때였다. 이제 약속의 땅 어귀에 이르렀다. 하나님이 모세에게 말씀하셨다. "사람을 보내어 내가 이스라엘 자손에게 주는 가나안 땅을 정탐하게"(민 13:2) 하라.

모세는 갈렙과 여호수아를 비롯해 열두 명의 정탐꾼을 가나안 땅으로 보냈다. 40일 후, 이들은 큰 포도송이를 장대에 걸어 두 사람이 맨 채 돌아왔다. 갈렙은 백성에게 희망찬 요청을 했다. "…우리가 곧 올라가서 그 땅을 취하자 능히 이기리라"(민 13:30).

그러나 나머지 사람들은 다르게 말했다. "…우리는 능히 올라가서 그 백성을 치지 못하리라 그들은 우리보다 강하니라"(민 13:31).

갈렙은 안전의 신화를 깨지 못했다. 백성은 안전의 은밀한 유혹에 사로잡혔다. 하나님을 높이는 순종의 길 외에 삶의 피난처가 있다고 믿었다. 이들은 모세와 아론에게 불평했으며, 애굽으로, 즉 안전의 큰 신기루로 돌아가기로 결정했다.

여호수아는 백성을 몽상에서 깨우려 했다.

> …우리가 두루 다니며 정탐한 땅은 심히 아름다운 땅이라 여호와께서 우리를 기뻐하시면 우리를 그 땅으로 인도하여 들이시고 그 땅을 우리에게 주시리라 이는 과연 젖과 꿀이 흐르는 땅이니라 다만 여호와를 거역하지는 말라 또 그 땅 백성을 두려워하지 말라 그들은 우리의 먹이라 그들의 보호자는 그들에게서 떠났고 여호와는 우리와 함께 하시느니라 그들을 두려워하지 말라 하나 (민 14:7-9).

그러나 여호수아도 안전의 신화를 깨지 못했다. 백성은 안전의 몽상에 취했다. 갈렙과 여호수아를 돌로 치려 했다. 그 결과 수많은 생명을 잃었고 긴 세월을 허비했다. 가나안의 거인들과 싸우는 위험을 감수하지 않은 것은 분명히 잘못이었다. 하나님의 일을 위해 위험을 감수하지 않을 때, 우리가 얼마나 많은 것을 잃는지 모른다.

지금 당신은 어떤가?

위험을 감수하는 것은 옳다. 하지만 그 이유는, 우리가 하나님의 일을 위해 모험할 때 그분이 언제나 성공을 약속하시기 때문이 아니다. 하나님의 일을 위한 모든 노력이 성공하리라는, 적어도 단기간에 성공하리라는 약속은 없다. 헤롯왕이 아내를 버리고 동생의 아내를 취했을 때, 세례 요한은 위험을 무릅쓰고 그를 간음자라 불렀다. 이 때문에 요한은 참수를 당했다. 그가 하나님의 일과 진리를 위해 생명의 위험을 무릅쓴 것은 옳았다. 예수님은 요한을 비판하지 않으셨으며, 오히려 크게 칭찬하셨다(마 11:11 참조).

바울은 가난한 자들을 위한 사역을 마무리하려고 위험을 무릅쓰고 예루살렘으로 향했다. 그는 매를 맞았고, 2년간 감옥에 갇혔으며, 로마로 압송되어 2년 후 거기서 처형당했다. 그가 그리스도를 위해 생명의 위험을 무릅쓴 것은 옳았다. 바울처럼 생명의 위험을 무릅쓴 젊은 선교사들의 무덤이 아프리카와 아시아에 얼마나 많은지 모른다. 그들은 성령의 능력으로 안전의 유혹에서 벗어나 세계 미전도 종족 가운데서 그리스도를 높였다.

그런데 지금 당신은 어떤가? 당신은 안전의 유혹에 사로잡혀 하나님의 일을 위해 그 어떤 위험도 감수하지 않은 채 꼼짝 못하고 있는가? 아니면 성령의 능력으로 애굽의 안전과 편안함의 신기루에서 벗어났는가? 남자들이여 요압처럼 말하는가? "내가 여호와의 이름을 위해 그 일을 하리라. 여호와께서 선히 여기시는 대로 행하시기를 원하노라."

여자들이여 에스더처럼 말하는가? "내가 그리스도를 위해 그 일을 하리라. 죽으면 죽으리라."

잘못된 이유로 위험을 감수하기

그리스도인들이 감수해야 할 위험은 한 가지만이 아니다. 그중 하나는 앞장에서 언급했듯이, 삶에서 자기를 부인하는 데 집착한 나머지 하나님이 우리의 유익을 위해 주신 정당한 즐거움조차 누리지 못하게 되는 것이다.

또 다른 위험은 이보다 심각한데, 자신을 높이려는 목적으로 위험을 감수하는 삶을 선택할지도 모른다. 우리는 영웅주의에서 오는 아드레날린을 느낄지도 모른다. 우리는 게으르고 겁 많은 자들을 비난하며 우월감을 느낄지도 모른다. 우리는 위험을 하나님이 우리를 받아들이시게 하는 일종의 의(義)로 생각할지도 모른다. 이 모든 실수는, 세상에서 이루어지는 하나님의 주권적 통치와 승리를 부르는 그분의 사랑을 어린아이처럼 믿지 못하는 데서 나온다.

하나님을 위해 위험을 감수하는 모든 능력과 동기 뒤에는 영웅주의나 모험심이나 자신을 믿는 용기나 하나님의 호의를 획득해 보려는 필요 의식이 아니라, 모든 것을 공급하고 다스리며 만족시키시는 하나님의 아들 예수 그리스도에 대한 믿음이 있다. 나는 그렇다고 생각한다.

그리스도를 위해 체면을 잃을 위험을 감수하게 하는 힘은, 하나님의 사랑이 마지막에 우리의 체면을 세워 주며 우리가 옳았음을 입증해 주리라는 믿음이다. 복음을 위해 돈을 잃을 위험을 감수하게 하는 힘은, 우리의 보화가 안전한 천국에 있다는 믿음이다. 세상에서 생명을 잃을 위험을 감수하게 하는 힘은, 현세에서 생명을 잃는 자는 내세에 생명을 얻으리라는 약속을 믿는 믿음이다.

이것은 영웅주의나 자기 신뢰와 매우 다르다. 하나님이 언제나 우리를 돕고 우리의 상실을 통해 그분의 영광을 더 기뻐하게 하신다고 믿기 때문에, 우리는 체면이나 돈, 생명을 잃을 위험을 감수할 수 있다. 이때 우리의 용기 때문에 찬양받으시는 것이 아니라, 그분의 보살핌으로 인해 찬양받으신다. 이런 방식으로 위험은 우리의 용기가 아니라 하나님의 가치를 드러낸다.

용기의 동기가 잘못되지 말아야 한다. 우리는 잘못된 동기에서 위험을 감수하기 쉽다. 그리스도가 없으면, 우리 모두 율법주의자이거나 음탕한 자들이다. 우리 자신의 일을 하기 원하거나 자기 능력을 증명하려고 자기 방식으로 하나님의 일을 하려는 자들이다. 우리는 이런 방식에 노출되어 있으며, 따라서 보호가 필요하다. 하나님은 위험을 감수하는 또 다른 방법을 우리에게 허락하셨다. 위험을 감수할 때 "하나님이 공급하시는 힘으로 하는 것 같이 하라 이는 범사에 예수 그리스도로 말미암아 하나님이 영광을 받으시게 하려 함이니"(벧전 4:11).

하나님은 그분의 약속을 믿는 믿음을 통해 그분의 힘을 공급하신다. 우리가 그리스도를 소중히 여기기 위해 감수하는 모든 상실을, 하나님은 모든 만족을 주는 그분과의 교제를 통해 천 배로 갚겠다고 약속하신다.

하나님의 약속을 믿으라

이 장의 앞부분에서 예수님이 제자들에게 "너희 중의 몇을 죽이게 하겠고"라고 말씀하신 누가복음 21장 16절을 언급했다. 그러나 그 뒤에 이어지는 약속은 언급하지 않았다. "또 너희가 내 이름으로 말미암아 모든 사람에게 미움을 받을 것이나 너희 머리털 하나도 상하지 아니하리라"(눅 21:17-18).

이것은 성경에서 고통스러운 역설 가운데 하나다. "너희 중의 몇을 죽이게 하겠고 … 너희 머리털 하나도 상하지 아니하리라."

무슨 뜻인가? "가서 순종의 위험을 감수하라. 그들이 너희 중 몇을 죽이리라. 그러나 너희 머리털 하나도 상하지 아니하리라."

예수님은 우리에게 무엇을 말씀하려 하시는가? 이 구절에 대한 최고의 주석은 로마서 8장 35-39절이다.

누가 우리를 그리스도의 사랑에서 끊으리요 환난이나 곤고나 박해나 기근이나 적신이나 위험이나 칼이랴 기록된 바 우리가 종일 주를 위하여 죽임을 당하게 되며 도살 당할 양 같이 여김을 받았나이다 함과 같으니라 그러나 이 모든 일에 우리를 사랑하시는 이로 말미암아 우리가 넉넉히 이기느니라 내가 확신하노니 사망이나 생명이나 천사들이나 권세자들이나 현재 일이나 장래 일이나 능력이나 높음이나 깊음이나 다른 어떤 피조물이라도 우리를 우리 주 그리스도 예수 안에 있는 하나님의 사랑에서 끊을 수 없으리라

이 섬뜩하고 놀라운 말씀을 "너희 중의 몇을 죽이게 하겠고 … [그러나] 너희 머리털 하나도 상하지 아니하리라"는 예수님의 말씀과 비교해 보라.

예수님처럼 바울은 우리를 향한 그리스도의 사랑이 우리의 고난을 제거해 주지 않는다고 말한다. 오히려 우리가 그리스도께 붙어 있다는 바로 그 이유 때문에 고난을 당한다. 바울은 35절에서 이렇게 묻는다. "누가 우리를 그리스도의 사랑에서 끊으리요 환난이나 곤고나 박해나 기근이나 적신이나 위험이나 칼이랴."

그렇다면 바울은 자신의 질문에 어떻게 답하는가? 그는 37절에서 분명하게 '아니오!'라고 답한다. 그러나 이 질문이 암시하는 바를 놓치지 말라. 이런 일들이 우리를 그리스도의 사랑에서 끊지 못하는 이유는 그리스도를 사랑하는 사람들에게는 이런 일들이 안 일어나기 때문이 아니다. 일어난다.

바울은 "우리가 종일 주를 위하여 죽임을 당하게 되며 도살할 양 같이 여김을 받았나이다"라는 시편 44편 22절을 인용하면서 그리스도의 사람들에게도 이런 일들이 일어난다는 사실을 보여 준다. 바꾸어 말하면, 우리를 향한 그리스도의 사랑이 이러한 고난을 면하게 해 주지 않는다. 위험은 실재다. 그리스도인의 삶은 고통스럽다. 그러나 기쁨이 없지는 않다. 그렇다고 고통이 없지도 않다.

하나님은 정말 우리에게 필요한 모든 것을 공급해 주시는가?

이것이 로마서 8장 37절에 나오는 "이 모든 일에(in) 우리를 사랑하시는 이로 말미암아 우리가 넉넉히 이기느니라"는 말씀에서 ~에(in)라는 전치사가 내포하는 의미다. 우리는 고난을 피함으로써가 아니라 고난 **가운데**(in) 넉넉히 이긴다. 그러므로 바울은 "너희 중의 몇을 죽이게 하겠고"라는 예수님의 말씀에 동의한다. 순종은 위험하다. 그러나 하나님을 위해 위험을 감수하는 것은 옳다. 35절은 몇 가지 위험을 언급한다.

- 환난 – 바울이 우리가 하나님 나라에 들어가려면 반드시 통과해야 한다고 말하는 다양한 어려움과 억압(행 14:22 참조).
- 곤고 – 우리를 막대기처럼 부러뜨리려고 압박과 위협을 가하는 재난(고후 6:4; 12:10 참조).
- 박해 – 복음의 원수들이 보이는 적극적 반대(마 5:11-12 참조).

- 위험 – 몸과 영혼과 가족에 대한 온갖 위협이나 협박(고후 11:26 참조).
- 칼 – 야고보를 죽인 무기(행 12:2 참조).
- 기근이나 적신 – 음식과 의복이 없음.

"기근이나 적신"을 마지막에 둔 이유는 이것들이 가장 큰 문제를 일으키기 때문이다. 예수님은 이렇게 말씀하시지 않았는가?

그러므로 내가 너희에게 이르노니 목숨을 위하여 무엇을 먹을까 무엇을 마실까 몸을 위하여 무엇을 입을까 염려하지 말라 목숨이 음식보다 중하지 아니하며 몸이 의복보다 중하지 아니하냐 … 그러므로 염려하여 이르기를 무엇을 먹을까 무엇을 마실까 무엇을 입을까 하지 말라 … 너희 하늘 아버지께서 이 모든 것이 너희에게 있어야 할 줄을 아시느니라 그런즉 너희는 먼저 그의 나라와 그의 의를 구하라 그리하면 이 모든 것을 너희에게 더하시리라(마 6:25, 31-33).

누군가는 이렇게 물을지도 모르겠다. "도대체 어느 쪽이 맞는 거야?" 그리스도인들은 "기근이나 적신"에 처하는가 아니면 우리가 필요할 때 하나님이 "이 모든 것을" 공급하시는가? 그리스도인들은 절대로 굶주리거나 헐벗지 않는가? 세상의 위대한 성인들 중에도 굶주리거나 헐벗은 사람들이 있지 않은가? 히브리서 11장 37-38절은 어편가? "돌로 치는 것과 톱으로 켜는 것과 시험과 칼로 죽임을 당하고 양과 염소의 가죽을 입고 유리하여 궁핍과 환난과 학대를 받았으니 (이런 사람은 세상이 감당하지 못하느니라) 그들이 광야와 산과 동굴과 토굴에 유리하였느니라."

이러한 신자들이 겪은 상실과 비극은 이들의 불신앙 때문이 아니었다. 이들은 충성스러웠다. "세상이 감당하지 못하"는 사람들이었다.

내게 능력 주시는 자 안에서 내가 모든 것을 할 수 있다

그렇다면 "너희는 먼저 그의 나라와 그의 의를 구하라 그리하면 이 모든 것을 너희에게 더하시리라"(마 6:33)는 예수님의 말씀은 무슨 뜻인가? 그분의 말씀은 "너희 중의 몇을 죽이게 하겠고 … [그러나] 너희 머리털 하나도 상하지 아니하리라"(눅 21:16-18)는 말씀과 같은 뜻이다. 그분의 말씀은 우리가 그분의 뜻을 행하며 영원히 그분 안에서 가장 큰 행복을 맛보는 데 필요한 전부를 얻으리라는 뜻이다.

어느 정도의 음식과 의복이 필요한가? 무엇을 위해 필요한가? 우리는 반드시 물어야 한다. 편안하기 위해 필요한가? 아니다. 예수님은 편안함을 약속하지 않으셨다. 부끄러움을 피하기 위해 필요한가? 아니다. 예수님은 우리에게 그분의 이름을 위해 기쁨으로 부끄러움을 견디라고 요구하셨다. 살아남기 위해 필요한가? 아니다. 예수님은 우리에게 어떤 종류의 죽음이라도 면하게 하겠다고 약속하지 않으셨다. 박해와 질병이 성도들을 삼킨다. 그리스도인들이 교수대에서 죽으며, 질병으로 죽는다. 바울이 이렇게 쓴 이유가 여기 있다. "우리 곧 성령의 처음 익은 열매를 받은 우리까지도 속으로 탄식하여 양자 될 것 곧 우리 몸의 속량을 기다리느니라"(롬 8:23).

예수님의 말씀은 우리의 하늘 아버지께서 우리가 감당 못할 시험을 절대로 허락하지 않으신다는 뜻이었다(고전 10:13 참조). 당신이 하나님의 자녀로서 굶주림의 구덩이에서 믿음을 지키기 위해 한 조각의 빵이 필요하다면 그것을 얻을 것이다. 하나님은 편안함이나 삶을 위한 충분한 음식을 약속하지 않으신다. 당신이 그분을 신뢰하고 그분의 뜻을 행하기에 충분한 만큼만 약속하신다.[5]

바울은 "나의 하나님이 그리스도 예수 안에서 영광 가운데 그 풍성한 대로 너희 모든 쓸 것을 채우시리라"(빌 4:19)고 약속하기 직전에 이렇게 말했다. "나는 비천에 처할 줄도 알고 풍부에 처할 줄도 알아 모든 일 곧 배부름과 **배고픔**과 풍부와 **궁핍**에도 처할 줄 아는 일체의 비결을 배웠노라 내게 능력 주시는 자 안에서 내가 모든 것을 할 수 있느니라"(빌 4:12-13).

"모든 것"이란 말은 이런 뜻이다. "내게 능력 주시는 자 안에서 나는 배고픔을 견딜 수 있다. 내게 능력 주시는 자 안에서 나는 먹을 게 없고 입을 게 없어도 견딜 수 있다."

이것이 예수님의 약속이다. 예수님은 절대로 우리를 떠나거나 버리지 않으신다(히 13:5 참조). 우리가 주리면, 그분은 우리에게 영원하며 생명을 주는 떡이 되신다. 우리가 헐벗음으로 부끄러움을 당하면, 그분은 우리에게 완전하고 의로운 옷이 되신다. 우리가 고문당하고 고통으로 죽어 가며 울부짖으면, 그분은 우리가 그분의 이름을 저주하지 않도록 지키시며, 맞은 우리의 몸을 영원한 아름다움으로 회복시키신다.

마침내 승리하는 사랑

우리가 그리스도를 위해 모든 위험을 무릅쓸 때 얻는 근본적인 위로와 확신은 그 무엇도 우리를 그리스도의 사랑에서 끊지 못한다는 사실이다. 바울은 이렇게 묻는다. "누가 우리를 그리스도의 사랑에서 끊으리요 환난이나 곤고나 박해나 기근이나 적신이나 위험이나 칼이랴"(롬 8:35).

그는 '아니오!'라고 답한다. 바꾸어 말하면, 참 그리스도인이 겪는 그 어떤 비극도 그가 그리스도의 사랑에서 끊어졌다는 증거는 아니다. 그리스도의 사랑은 모든 비극을 이긴다. 로마서 8장 38-39절은 이것을 수정처럼 분명하게 보여 준다. "내가 확신하노니 사망이나 생명이나 천사들이나 권세자들이나 현재 일이나 장래 일이나 능력이나 높음이나 깊음이나 다른 어떤 피조물이라도 우리를 우리 주 그리스도 예수 안에 있는 하나님의 사랑에서 끊을 수 없으리라."

모든 위험의 저편에서 하나님의 사랑이 승리한다. 이것이 우리가 하나님을 위해 위험을 감수하게 하는 믿음이다. 영웅주의나 모험심이나 용감한 자기 신뢰나 하나님의 호의를 획득해 보려는 노력이 아니다. 이것은 하나님의 사랑의 승리를 믿는, 우리가 의를 위해 감수하는 모든 위험의 저편에서 하나님이 여전히 우리를 붙잡고 계심을 믿는 어린아이 같은 믿음이다. 우리는 영원히 하나님 안에서 만족할 것이다. 그 무엇도 허비되지 않을 것이다.

넉넉히 이기는 그리스도의 제자

그러나 그리스도를 위해 위험을 감수할 때, 우리를 붙들어 주시는 그 약속에는 지금까지 말한 것보다 더 깊은 의미가 있다. 바울은 "만일 하나님이 우리를 위하시면 누가 우리를 대적하리요"(롬 8:31)라고 묻는다. 그는 우리에게 '그 누구도!'라는 대답을 기대한다. 이것은 "하나님이 우리를 위하시면 누가 우리를 대적하리요"라는 말과 같다. 하지만 이 말은 너무 순진하게 들릴 수도 있다. 이는 머리가 잘렸는데 '머리카락 하나도 안 상했네'라고 말하는 것과 같다. 이처럼 과도한 표현들은 지금까지 우리가 한 말보다 더 많은 것을 말하려는 듯하다. 즉, 죽어 가는 성도들이 그리스도에게서 끊어지지 않으리라는 사실보다 더 많은 것을 내포한다.

'더 많은 것'이란 말은 "넉넉히 이기느니라"는 말에서 왔다. "이 모든 일에 우리를 사랑하시는 이로 말미암아 우리가 넉넉히 이기느니라"(롬 8:37). "넉넉히 이기느니라"는 말이 무슨 뜻인가? 당신이 하나님을 위해 위험을 감수하고 그 때문에 해를 당할 때, 어떻게 넉넉히 이길 수 있는가?

우리가 예수 그리스도의 가치를 극도로 높이는 순종의 모험을 하다가 35절이 언급하는 원수들의 공격을 받을 때, 우리가 단순히 '이기는 자'라 불리려면 어떤 일이 일어나야 하는가? 절대 예수 그리스도의 사랑에서 끊어지지 말아야 한다. 공격자의 목적은 우리를 무너뜨리며, 우리를 그리스도에게서 떼어 내며, 우리를 하나님 없는 최종 파멸로 몰아가는 것이다. 우리가 이러한 목적을 무효로 만들고, 그리스도의 사랑 안에 남으면 이기는 자가 된다. 하나님은 이렇게 되게 하겠다고 약속하셨다. 우리는 그분의 약속을 믿기 때문에 위험을 감수한다.

그러면 우리가 '넉넉히 이기는 자'라 불리려면 칼이나 기근과 싸울 때 어떤 일이 일어나야 하는가? 성경적인 한 가지 대답은 이기는 자는 원수를 물리치지만, 넉넉히 이기는 자는 원수를 복종시킨다는 것이다. 이기는 자는 원수의 목적을 무효로 만들지만, 넉넉히 이기는 자는 원수가 자신의 목적에 기여하게 만든다. 이기는 자는 적을 쓰러뜨리지만, 넉넉히 이기는 자는 적을 노예로 삼는다.

실제로 이 말이 무슨 뜻인가? 고린도후서 4장 17절에 나오는 바울의 표현을 빌려 보자. "우리가 잠시 받는 환난의 경한 것이 지극히 크고 영원한 영광의 중한 것을 우리에게 이루게[성취되게, 행하여지게, 이루어지게] 함이니."

여기서 "환난"은 우리를 공격하는 원수 가운데 하나다. 바울이 환난과 싸울 때 무슨 일이 일어났는가? 환난이 바울을 그리스도의 사랑에서 끊지 못했던 게 분명하다. 더 나아가 환난이 사로잡혔다. 환난이 노예가 되어 바울의 영원한 기쁨에 기여했다. 전에는 원수였던

"환난"이 이제는 바울을 위해 일한다. 환난이 "영원한 영광의 중한 것"을 위해 바울을 준비시킨다. 바울의 원수가 이제 바울의 노예다. 바울은 단지 원수를 이기는 데 그치지 않았다. 그는 원수를 넉넉히 이겼다.

환난은 바울의 믿음의 머리를 자르려고 칼을 들었다. 그러나 믿음의 손이 환난의 팔을 잡아채 오히려 바울의 세상적인 부분을 잘라내게 했다. 환난이 경건과 겸손과 사랑의 종이 되었다. 사탄은 악한 목적으로 환난을 사용하려 했으나, 하나님은 환난을 오히려 선으로 바꾸셨다. 원수는 바울의 노예가 되어, 그 싸움이 없었더라면 결코 얻지 못했을 더 큰 영광을 위해 일했다. 그렇게 바울은 물론 그리스도의 모든 제자들도 넉넉히 이긴다.

영원한 기쁨으로 이끄는 유일한 길

이것이 그리스도를 위해 위험을 감수하는 힘을 주는 약속이다. 이것은 영웅주의의 충동이나 모험심, 자기 신뢰의 용기나 하나님의 호의를 획득해 보려는 필요 의식이 아니다. 이는 그리스도에 대한 단순한 신뢰, 곧 우리가 하나님을 소중히 여기는 것을 영원히 기뻐하도록 하나님이 그리스도 안에서 필요한 모든 일을 하시리라는 믿음이다.

결국 우리에게 복을 주려고 준비된 모든 선과 우리를 대적하려고 늘어선 모든 악은 우리가 십자가만 자랑하고, 그리스도만 높이며, 우리의 창조주만 영화롭게 하도록 돕는다. 이러한 약속에 대한 믿음이 우리를 자유롭게 하여 우리로 위험을 감수하게 하며, 삶을 허비하느니 잃는 게 나음을 경험을 통해 깨닫게 한다.

그러므로 그리스도를 위해 위험을 감수하는 것은 옳다. 원수와 싸우며 "여호와께서 선히 여기시는 대로 행하시기를 원하노라"(삼하 10:12)고 말하는 것은 옳다. 하나님의 백성을 섬기며 "죽으면 죽으리이다"라고 말하는 것은 옳다. 환난의 풀무불 앞에서 이 세상의 신들에게 절하기를 거부하는 것은 옳다. 이것이 충만한 기쁨과 영원한 즐거움으로 인도하는 길이다. 하지만 안전하고 위험이 없는 다른 길을 간다면, 그 끝에서 얼굴을 감싸 쥐고 '헛살았어!'라고 한탄할 것이다.

DON'T
WASTE
YOUR LIFE

06

다른 사람들이
하나님을
기뻐하게 하라

DON'T WASTE YOUR LIFE

당신이 용서를 모르는 사람이라면 다른 사람들이 하나님을 기쁘하게 하려고 생명의 위험을 무릅쓰지 못한다. 당신이 다른 사람들의 잘못과 실패와 허물을 캐는 데 집착하고 그들을 거칠게 대한다면, 그들의 기쁨을 위해 위험을 무릅쓰지 않을 것이다. 우리는 이러한 집착을, 즉 모든 인간 속에 있는 보편적 집착을 버려야 한다. 우리가 사람들을 미워하거나 그들에게 원한을 품거나 그들의 잘못이나 결점에 불쾌해하면, 그들이 하나님을 기쁘게 하려고 위험을 감수하지 않을 것이다. 따라서 우리는 반드시 용서하는 사람이 되어야 한다.

물론 모든 상황이 쉽지는 않다. 하지만 어려운 문제에 먼저 반대부터 하고 보는 일은 없어야 한다. 내가 지금 말하는 것은, 우리가 어떤 일을 할 때 필요한 기준이 아니라 마음가짐이다.

나는 지금 꾸짖거나 훈계하거나 싸우지 못하는 나약한 은혜를 말하는 게 아니다. 내가 하려는 말은 이것이다. 우리는 자비를 베푸는 쪽인가? 우리는 은혜 베풀기에 소홀한가? 우리에게는 용서하는 마음이 있는가? 이것이 없다면, 우리는 도움이 필요한 사람들을 외면하며 삶을 허비하게 된다.

용서는 하나님으로부터 온다

성경은 우리에게 용서하는 사람이 되라고 한다. 단지 우리가 용서받았다는 사실 때문이 아니라 더 깊은 이유가 있다. 우리가 용서하는 사람이 되어야 하는 이유는, 우리가 용서받을 자격이 없을 때 하나님께 용서받았기 때문이다. 성경은 이렇게 말한다. "서로 친절하게 하며 불쌍히 여기며 서로 용서하기를 **하나님이 그리스도 안에서 너희를 용서하심과 같이** 하라"(엡 4:32).

그러나 이러한 동기의 근간은 하나님의 용서가 아니라 하나님의 용서가 주는 그 무엇이다. 용서는 우리에게 하나님을 준다.

왜 우리는 하나님의 용서를 소중히 여기는가? 이 질문에 대한 대답 중에는 하나님을 욕되게 하는 것들이 있다. 하나님을 사랑하지 않으면서도 용서가 주는 유익을 사랑할 수 있기 때문이다. 우리는 이렇게 말할 수도 있다.

"내가 하나님의 용서를 소중히 여기는 이유는 비참한 양심의 가책이 싫기 때문입니다."

"지옥의 고통을 생각만 해도 싫기 때문입니다."

"천국에 가서 사랑하는 사람들을 만나고 병이 없는 새 몸을 갖고 싶기 때문입니다."

용서를 소중히 여기는 이러한 이유에 하나님은 어디 계신가? 이 모든 이유들 속에서, 하나님은 진정한 삶의 보화로 계신다.

그렇다면 방금 언급한 기쁨은 참으로 하나님 자체를 소중히 여기는 수단이다. 자유롭고 깨끗한 양심은 우리가 하나님을 더 많이 보고 그분을 즐거워하게 한다. 우리는 그리스도의 보혈로 지옥에서 벗어났으며, 이것은 자비로운 거룩에 대한 하나님의 헌신과 우리의 행복을 위한 하나님의 갈망을 더 분명히 보여 준다. 사랑하는 사람들을 보게 되는 선물은 사랑의 관계를 창조하신 하나님의 경이로움을 강조한다. 우리는 새 몸을 입게 되는데, 이것은 우리와 영화롭게 되신 그리스도의 하나 됨을 더 깊게 한다. 그러나 이 모든 선물에 정작 하나님이 없다면, 우리는 용서가 무엇을 위한 것인지 모른다.

용서란 본질적으로 하나님이 우리와 그분의 교제를 가로막는 큰 장애물을 제거하시는 방법이다. 하나님은 아들의 죽음을 통해 우리 죄를 지워 버리고 그 죗값을 치르심으로, 우리가 그분을 보고 알며 영원히 즐거워하도록 길을 여셨다. 하나님을 보고 또 맛보는 것이 용서의 목적이다. 영혼을 만족시키는 교제를 우리 아버지와 나누게 하는 것이 십자가의 목적이다. 우리가 순전히 다른 이유들 때문에 용서받기를 좋아한다면, 용서받지 못하며 삶을 허비하게 된다.

그렇다면 우리가 용서하는 사람이 되어야 하는 근본적인 이유(동기)는 무엇인가? "서로 용서하기를 하나님이 그리스도 안에서 너희를 용서하심과 같이 하라."

우리는 "하나님이 … 너희를[우리를] 용서하심과 같이" 용서해야 한다. 하나님은 그분과의 교제가 주는 무한한 기쁨이 우리의 기쁨이 되도록 우리를 용서하셨다. 하나님이 용서의 목적이다. 하나님은 용서의 근거이며 수단이기도 하다. 용서는 하나님**으로부터** 온다. 용서는 하나님의 아들을 **통해** 성취되었다. 용서는 사람들이 자기 죄를 깊은 바다에 던지고 하나님**께** 돌아오게 한다. 그러므로 우리가 용서하는 사람이 되어야 하는 이유는 자유롭고 기쁘게 하나님과 한 집에 사는 기쁨에 있다. 하나님은 스스로 큰 희생을 치르면서 우리에게 가장 필요한 것을 주셨다. 우리가 영원히 즐거워하도록 자신을 주셨다. 하나님의 용서는 한 가지 이유 때문에 중요하다. 용서는 우리에게 하나님을 준다.[1]

용서와 영원한 기쁨

용서하시는 하나님 안에서 누리는 기쁨이 우리가 용서하는 사람이 되게 한다. 우리는 단순히 용서를 받은 게 아니라, 용서를 받음으로써 하나님 안에서 누리는 기쁨을 받았다. 우리가 이것을 알고 경험하지 못하면, '가장 큰 선'이 무엇인지 알지 못하게 된다. (가장 큰 선이란, 하나님 안에서 완전히 만족스러운 기쁨을 누리는 것이다.) 그 결과, 하나님 중심의 동기가 아닌 사람을 위해 선을 행하려는 일종의 박애주의로 바뀔 수 있다.

그러나 우리가 용서를 하나님 안에서 누리는 값없고 과분한 기쁨의 선물로 경험한다면, 이 기쁨으로 인해 사랑을 품고 죄와 고통의 세상에 들어가게 된다. 이러한 세상에서 우리의 목적은 다른 사람들이 예수 그리스도를 통해 하나님 안에서 용서와 영원한 기쁨을 찾게 하는 것이다.

하나님을 기뻐하는 기쁨은 즐거운 마음으로 사람들에게 자비를 베풀 때 흘러넘친다. 자비로운 하나님을 기뻐한다면 자비로운 사람이 되지 않을 수 없기 때문이다. 하나님을 기뻐하는 사람은 그분을 닮아가는 것을 경멸할 수 없다. 자기 아들을 아끼지 않으시고 자격 없는 죄인들을 위해 내어주신 하나님을 기뻐한다면 악을 악으로 갚지 못한다. 이러한 하나님을 기뻐한다면 자비를 베푸는 것을 좋아하게 마련이다(미 6:8 참조). 노하기를 더디 하시는 하나님을 기뻐한다면 절대로 조급해하지 못한다.

하나님을 기뻐한다면 하나님을 높이기 위해 싸울 것이다. "우리에게 자비하심으로써 그 은혜의 지극히 풍성함을"(엡 2:7) 영원토록 보여 주시는 하나님을 기뻐한다면, 후히 나누길 기뻐하며 베풀 기회를 찾는다.

베풂의 목적과 본질

로버트 머리 맥체인(Robert Murray M'Cheyne)은 스코틀랜드 목사로 1843년 29세에 죽었다. 그는 그리스도인의 자비와 베풂이야말로 참된 그리스도인의 증거라고 했다. 그는 교구의 가난한 사람들을 사랑했고, 그들에게 자비를 베풀 방법을 찾지 않는 사람들을 보며 두려워했다.

저는 가난한 사람들도 걱정하지만 여러분을 더 걱정합니다. 그리스도께서 그 큰 날에 여러분에게 뭐라고 말씀하실지 모르겠습니다. … 제 설교를 듣는 많은 사람들이 베풀기를 좋아하지 않기에 스스로 그리스도인이 아님을 잘 알지 않을까 두렵습니다. 전혀 인색하지 않고 자유롭게 많이 베풀려면 새 마음이 필요합니다. 옛 마음은 돈을 생명보다 더 소중히 여깁니다. 친구들이여! 여러분의 돈을 즐기세요. 돈을 가장 소중히 여기세요. 하나도 나누지 마세요. 빨리 돈을 즐기세요. 분명히 말하건대, 여러분은 영원히 거지가 될 겁니다.[2]

그리스도인이 기쁜 마음으로 행하는 베풂의 본질과 목적은 무엇인가? 다른 사람들에게 영원하며 끝없이 커지는 기쁨[3]을, 하나님 안에서 누리는 기쁨을 주려는 노력, 곧 창의성과 희생이 필요한 만큼 수반되는 노력이다. "그리스도의 아름다움이 곧 나의 기쁨이 되다"에서 보았듯이, 우리가 하나님 안에서 가장 만족할 때 하나님은 우리 안에서 가장 큰 영광을 받으신다. 그렇다면 하나님의 영광을 위한 삶이란, 다른 사람들이 하나님을 기뻐하는 것을 기뻐하며 살아가는 삶이어야 한다. 우리가 기뻐하고 다른 사람들이 기뻐하게 만들 때 하나님은 영광을 받으신다.

하나님을 기뻐하는 기쁨이 가장 크고 지속적인 행복이다. 그러므로 이 기쁨에 대한 추구도 사랑이다. 하나님을 기뻐하는 기쁨은 인간을 만족시키는 동시에 하나님을 영화롭게 한다. 그러므로 우리는 사람들을 사랑하는 동기와 하나님을 영화롭게 하는 동기 가운데 한쪽을 선택할 필요가 전혀 없다.[4] 다른 사람들이 하나님을 기쁘게 하려고 자신의 생명을 희생하면서까지 우리는 **그들을** 사랑하고 **하나님을** 높인다. 이것이 허비하는 삶의 반대다.

우리는 다른 사람들이 하나님을 기쁘게 하지 못한다

그렇다면 다른 사람들이 하나님을 기쁘게 하려면 어떻게 해야 하는가? 이 문제는 다음 장에서 살펴보겠다. 그러나 먼저 분명히 해야 할 게 두 가지 있다. 첫째로 분명히 해야 할 사실은 이것이다. 우리는 그 누구도 하나님을 기쁘게 하지 못한다. 하나님을 기뻐하는 기쁨은 성령의 열매다(갈 5:22 참조). 성경을 이것을 가리켜 "성령의 기쁨"(살전 1:6)이라 부른다. 이것은 하나님의 일이다. "소망의 하나님이 모든 기쁨과 평강을 … 너희에게 충만하게 … 하시기를 원하노라"(롬 15:13).

이것이 하나님의 은혜의 결과다. "형제들아 하나님께서 마게도냐 교회들에게 주신 은혜를 우리가 너희에게 알리노니 환난의 많은 시련 가운데서 그들의 넘치는 **기쁨**과 극심한 가난이 그들의 풍성한 연보를 넘치도록 하게 하였느니라"(고후 8:1-2).

하나님이 은혜로 우리의 눈을 열어 복음에서 그리스도의 영광을 보게 하실 때, 우리 마음에서 하나님을 기뻐하는 기쁨이 깨어난다(고후 4:4 참조).

하나님을 기뻐하는 기쁨은 궁극적으로 하나님의 선물이다. 그럼에도 하나님은 사람들이 그 기쁨을 온전히 누리도록 여러 방법을 사용하신다. 바울은 자신의 온 사역을 가리켜 다른 사람들의 기쁨을 위한 수고였다고 했다. "우리가 너희 믿음을 주관하려는 것이 아니요 오직 **너희 기쁨을 돕는 자**가 되려 함이니…"(고후 1:24).

바울은 빌립보 교회에게 하나님이 자신을 살려 두시는 이유는 "너희 믿음의 진보와 **기쁨**을 위하여"(빌 1:25)라고 했다. 예수님은 자신의 말씀이 하나님께서 그분의 제자들에게 기쁨을 주기 위해 사용하실 수단이라고 하셨다. "내가 이것을 너희에게 이름은 내 **기쁨**이 너희 안에 있어 너희 기쁨을 충만하게 하려 함이라"(요 15:11).

예수님은 기도도 기쁨의 수단이라고 말씀하셨다. "지금까지는 너희가 내 이름으로 아무것도 구하지 아니하였으나 **구하라** 그리하면 받으리니 너희 **기쁨**이 충만하리라"(요 16:24).

이러한 수단과 방법은 끝이 없다. 그러나 여기서 핵심은 하나님이 단호한 은혜로 우리의 노력에 복을 주시면, 사람들이 하나님을 기뻐하게 하도록 우리가 할 수 있는 일이 있음을 보여 주는 것이다.

다른 사람들이 하나님을 기뻐하게 하는 것은 엄청난 일이다

둘째로 분명히 해야 할 사실은 이것이다. 하나님을 기뻐하는 것은 주변적인 종교 체험이 아니다. 내가 사람들이 하나님을 기뻐하게 한다고 말할 때 염두에 두는 게 있다. 바로 하나님이 처음부터 끝까지 행하신 모든 구원 사역이다. 내 말은 기쁨이 구원의 전부라는 뜻이 아니다. 하나님을 기뻐하는 것은 모든 구원 사역의 목적이며, 구원받았다는 말의 경험적 본질이라는 뜻이다. 하나님을 기뻐하는 기쁨이 없다면 구원도 없다.

그러므로 나는 어떤 사람이 하나님을 기뻐하게 한다고 말할 때, "영원 전부터 그리스도 예수 안에서 우리에게 주신"(딤후 1:9) **하나님의 계획과 은혜**를 포함시킨다. 죽음과 부활을 통해 모든 것을 충족시킨 **그리스도의 구속 사역**을 포함시킨다(롬 3:24-26 참조). 우리에게 새로운 본성을 주는 **거듭남**이라는 하나님의 사역을 포함시킨다(요 3:3-7; 벧전 1:3, 23 참조). 죄에서 하나님에게로 돌아서서 도움을 구하는 **회개**라는 하나님이 주신 마음의 변화를 포함시킨다(딤후 2:25; 행 3:19; 26:20 참조).

예수 그리스도를 믿는 **믿음**, 곧 그분을 구주와 주님 그리고 삶에서 가장 귀한 보화로 받아들이는 믿음을 포함시킨다(빌 3:7-9 참조). 그리스도를 닮아 가는 성화(聖化)라는 점진적 변화를 포함시킨다(롬 6:22; 8:29 참조). 주는 것을 받는 것보다 더 큰 복으로 여기는 모든 **사랑의 삶**을 포함시킨다(행 20:35 참조). 그리고 현세에서 하나님의 통치를 통해 부분적으로 이루어지며 내세에서 하나님의 목적이 성취될 때 완전히 이루어질 몸과 마음과 관계와 사회가 **완전히 새롭게 되는 일**을 포함시킨다(행 3:21; 롬 8:23 참조).

그러므로 내가 하나님을 기뻐하는 기쁨을 말할 때 의미하는 바는 이것이다. 하나님의 영원한 명령에 뿌리를 두며, 그리스도의 피로 샀으며, 하나님의 성령으로 인해 거듭난 마음에서 솟아나며, 회개와 믿음 가운데 깨어나며, 성화와 그리스도 닮기의 본질을 이루며, 사랑의 삶을 살게 하며, 하나님의 형상을 따라 세상을 구속하려는 열정을 일으키는 기쁨이다. 하나님을 기뻐하는 기쁨은 하나님이 그분의 영광을 위해 그분의 백성의 삶에서 계획하고, 그리스도의 피로 값을 치르시며 이루신 압도적인 실재이다.

그렇다면 우리는 무엇을 해야 할까?

두 가지를 분명히 했으니 다시 묻겠다. 사람들이 하나님을 기뻐하게 하려면 어떻게 해야 하는가? 모든 일에서 하나님을 지고하심을 나타내려는 열정과 그리스도를 높이려는 정열과 오직 십자가만 자랑하려는 일편단심을 안고 우리가 가야 할 위험과 희생의 길은 어디인가? 다음 몇 장에서 살펴보겠다.

DON'T
WASTE
YOUR LIFE

07

하나님이
생명보다 귀함을
드러내라

DON'T WASTE YOUR LIFE

다른 사람들이 하나님을 영원히 기뻐하게 하려면, 그분이 생명보다 귀함을 우리의 삶으로 보여 주어야 한다. "주의 인자하심이 생명보다 나으므로 내 입술이 주를 찬양할 것이라"(시 63:3).

이를 위해 나눔과 자비를 통해 그리스도를 높이는 삶이 이기적인 삶보다 만족스럽다고 확신하며 희생하는 삶을 선택해야 한다. 자신의 안전과 편안함을 지키려고 위험을 피한다면 삶을 허비하게 된다. 이번 장의 내용은 이런 일이 일어나지 않게 하는 삶에 관한 것이다.

예수님을 배반하지 않는 방법

그리스도는 완전히 만족스러운 보화이며, 기근이나 헐벗음 속에서도 우리의 모든 필요를 채워 주겠다고 약속하신다. 그러므로 우리가 세상과 동일한 가치관을 가진 듯이 산다면 그분을 배반하는 것이다. 나는 지금 우리의 돈을 어떻게 쓰고 우리의 소유에 대해 어떻게 느껴야 하는지를 주로 염두에 두고 있다. 그리스도의 말씀이 귓전을 떠나지 않는다. "그러므로 염려하여 이르기를 무엇을 먹을까 무엇을 마실까 무엇을 입을까 하지 말라 이는 다 이방인들이 구하는 것이라 너희 하늘 아버지께서 이 모든 것이 너희에게 있어야 할 줄을 아시느니라"(마 6:31-32).

우리가 물질을 얻고 지키는 데 삶을 바치는 것처럼 보인다면, 우리는 세상과 같아 보이며 그리스도를 위대하게 드러내지도 못한다. 그분은 마지막에 지옥행을 면하는 데는 쓸모가 있을지 모르나, 지금 우리가 어떤 삶을 살고 무엇을 사랑하느냐에는 별다른 영향을 주지 못하는 하찮은 종교적 관심사로 보일 것이다. 또한 그분은 완전히 만족스러운 보화로 보이지 않을 것이다. 이렇게 되면 우리는 다른 사람들이 하나님을 기뻐하게 하지도 못할 것이다.

우리는 세상에서 거류민과 나그네이며(벧전 2:11 참조), 우리의 시민권은 하늘에 있으며(빌 3:20 참조), 그 무엇도 우리를 그리스도의 사랑에서 끊지 못하며(롬 8:35 참조), 하나님의 인자가 생명보다 나으며(시 63:3 참조), 모든 환난은 우리에게 크고 영원한 영광을 가져다준다(고후 4:17 참조).

그렇다면 우리는 두려움을 바람에 날려 버리고 "먼저 그의 나라와 그의 의를 구"할(마 6:33) 것이다. 우리는 그리스도와 비교해 모든 것을 배설물로 여길 것이다(빌 3:7-8 참조). 우리는 "너희[우리의] 소유를 빼앗기는 것도 기쁘게 당"할(히 10:34) 것이다. 우리는 "도리어 하나님의 백성과 함께 고난 받기를 잠시 죄악의 낙을 누리는 것보다 더 좋아하고 그리스도를 위하여 받는 수모를 애굽의 모든 보화보다 더 큰 재물로 여"길(히 11:25-26) 것이다.

왜 사람들은 우리의 소망에 관해 묻지 않는가?

우리가 여기에 더 가깝게 살아간다면, 세상은 예수님이 완전히 만족스러운 보화인지 진지하게 생각해 보게 될 것이다. 그리고 예수님은 그렇게 보일 것이다. 마지막으로 누군가 당신에게 '당신 속에 있는 소망의 이유'를 물었던 게 언제였는가? 베드로는 우리가 여기에 답할 준비를 항상 해야 한다고 했다. "너희 마음에 그리스도를 주로 삼아 거룩하게 하고 너희 속에 있는 소망에 관한 이유를 묻는 자에게는 대답할 것을 항상 준비하되 온유와 두려움으로 하고"(벧전 3:15).

왜 사람들은 우리의 소망에 관해 묻지 않는가? 아마도 우리가 그들과 똑같은 소망을 가졌다고 생각하기 때문일 것이다. 우리는 희생적 사랑을 위해, 이생의 상은 필요 없다는 아름다운 확신을 갖고 다른 사람들을 섬기며 갈보리 길을 오르고 있는 것 같지 않다.

하지만 우리는 그렇게 살아가야 한다. 그렇게 할 수 있는 이유는 하늘에서 큰 상이 우리를 기다리고 있기 때문이다(마 5:12 참조). "…의인들의 부활시에 네가 갚음을 받겠음이라"(눅 14:14). 이것을 보다 깊이 믿는다면, 사람들은 하나님의 가치를 보며 그분을 기뻐할 것이다.

그리스도의 신뢰성은 우리가 돈을 어떻게 사용하느냐에 달려 있다

돈과 생활방식의 문제는 성경에서 주변적인 주제가 아니다. 세상 사람들이 그리스도를 믿느냐 마느냐가 여기에 달렸다. "그리스도께서 하신 말씀의 15퍼센트가 이 주제와 관련이 있다. 천국과 지옥에 관한 가르침을 합친 것보다 많다."[1]

그분의 가르침 전체에 되풀이되는 후렴구에 귀를 기울여라.

- …네게 아직도 한 가지 부족한 것이 있으니 가서 네게 있는 것을 다 팔아 가난한 자들에게 주라 그리하면 하늘에서 보화가 네게 있으리라 그리고 와서 나를 따르라(막 10:21).

- …너희 가난한 자는 복이 있나니 하나님의 나라가 너희 것임이요 … 그러나 화 있을진저 너희 부요한 자여 너희는 너희의 위로를 이미 받았도다(눅 6:20, 24).

- 너희 중의 누구든지 자기의 모든 소유를 버리지 아니하면 능히 내 제자가 되지 못하리라(눅 14:33).

- 낙타가 바늘귀로 들어가는 것이 부자가 하나님의 나라에 들어가는 것보다 쉬우니라 하시니(눅 18:25).

- …사람의 생명이 그 소유의 넉넉한 데 있지 아니하니라(눅 12:15).

- 너희는 먼저 그의 나라와 그의 의를 구하라 그리하면 이 모든

것을 너희에게 더하시리라(마 6:33).

- 너희 소유를 팔아 구제하여 낡아지지 아니하는 배낭을 만들라 곧 하늘에 둔 바 다함이 없는 보물이니…(눅 12:33).

- 삭개오가 서서 주께 여짜오되 주여 보시옵소서 내 소유의 절반을 가난한 자들에게 주겠사오며… 예수께서 이르시되 오늘 구원이 이 집에 이르렀으니…(눅 19:8-9).

- 천국은 마치 밭에 감추인 보화와 같으니 사람이 이를 발견한 후 숨겨 두고 기뻐하며 돌아가서 자기의 소유를 다 팔아 그 밭을 사느니라(마 13:44).

- [예수께서] 또 어떤 가난한 과부가 두 렙돈 넣는 것을 보시고 이르시되 내가 참으로 너희에게 말하노니 이 가난한 과부가 다른 모든 사람보다 많이 넣었도다(눅 21:2-3).

- 하나님은 이르시되 어리석은 자여 오늘 밤에 네 영혼을 도로 찾으리니 그러면 네 준비한 것이 누구의 것이 되겠느냐 하셨으니 자기를 위하여 재물을 쌓아 두고 하나님께 대하여 부요하지 못한 자가 이와 같으니라(눅 12:20-21).

- 예수께서 이르시되 여우도 굴이 있고 공중의 새도 집이 있으되 인자는 머리 둘 곳이 없도다 … 나를 따르라…(눅 9:58-59).

믿음으로 감수하는 위험

예수님이 전시(戰時) 생활방식과 모험과 같은 드림을 철저히 요구하실 때는 언제나 가차없다. 내가 '모험과 같은'이라고 말한 이유는 어느 과부의 이야기 때문이다. 과부는 가지고 있는 마지막 동전을 성전 헌금함에 넣었다. 대부분의 사람들은 그녀가 어리석었다거나 좀 더 부드럽게 표현하자면 신중하지 못했다고 말할 것이다. 그러나 예수님은 이 과부를 조금도 비난하지 않으셨다.

한 가난한 과부는 와서 두 렙돈 곧 한 고드란트를 넣는지라 예수께서 제자들을 불러다가 이르시되 내가 진실로 너희에게 이르노니 이 가난한 과부는 헌금함에 넣는 모든 사람보다 많이 넣었도다 그들은 다 그 풍족한 중에서 넣었거니와 이 과부는 그 가난한 중에서 자기의 모든 소유 곧 생활비 전부를 넣었느니라 하시니라(막 12:42-44).

핵심은 모든 사람이 전부를 드려야 한다는 게 아니다. 예수님은 하나님의 영광을 위해 충만한 믿음으로 위험을 감수하는 모습을 좋아하신다. 나로서는 돈 쓰는 법에 관해 예수님이 제시하신 규정 외에 더 제시할 게 없다. 단지 우리가 예수님에게 집중하며, 그분의 말씀을 듣고 정신을 차려 물질을 허비하지 않게 되길 바랄 뿐이다.

돈을 사용하여 하나님이 우리의 기쁨임을 보여 주라

예수님은 신약 곳곳에서 돈과 소유에 대해 강하게 말씀하신다. 사도행전에는 이와 관련된 이야기가 나온다. "또 재산과 소유를 팔아 각 사람의 필요를 따라 나눠 주며"(행 2:45). 사도 바울도 여기에 관해 말했다. "환난의 많은 시련 가운데서 그들의 넘치는 기쁨과 극심한 가난이 그들의 풍성한 연보를 넘치도록 하게 하였느니라 … 하나님은 즐겨 내는 자를 사랑하시느니라"(고후 8:2; 9:7). 예수님의 형제 야고보도 여기에 관해 말했다. "…꽃이 떨어져 그 모양의 아름다움이 없어지나니 부한 자도 그 행하는 일에 이와 같이 쇠잔하리라"(약 1:11).

이 문제를 곳곳에서 다루는 이유는 이 문제가 교회의 증언에 매우 중요하기 때문이다. 사람들이 하나님을 기뻐하게 하기를 우리가 원한다면, 소유가 아니라 하나님이 우리의 기쁨으로 보이도록 살아야 한다. 우리는 사람들이, 특히 가장 궁핍한 사람들이 하나님을 기뻐하게 하는 데 우리의 소유를 사용해야 한다.

'전시 생활방식'이 필요하다

때로 나는 '전시 생활방식'이나 '전시 사고방식'이라는 표현을 사용한다. 물론 좀 편향된 표현이기는 하지만 내게는 이 표현이 도움이 된다. 이 표현은 내게 세상에서 그리스도와 사탄 간에, 진리와 거짓 간에, 신앙과 불신앙 간에 전쟁이 계속되고 있다고 말한다. 그리고 전장에서 갖추고 사용해야 할 무기가 있는데, 그 무기는 칼이나 총이나 폭탄이 아니라 복음과 기도와 자기희생적 사랑이라고 말한다(고후 10:3-5 참조). 이 전쟁에는 역사상 그 어느 전쟁보다 많은 게 걸려 있다. 영원하고 무한한 게 걸려 있다. 천국이냐 지옥이냐, 영원한 기쁨이냐 영원한 고통이냐가 걸려 있다(마 25:46 참조).

나는 이 메시지를 듣고 또 들어야 한다. 왜냐하면 나는 비가 아래로 떨어지고 불이 위로 타오르듯 분명하게 평시 사고방식에 빠지기 때문이다. 나는 본성적으로 세상이 사랑하는 장난감을 사랑한다. 거기에 익숙해지고, 다른 사람들이 사랑하는 것을 사랑하기 시작한다. 세상을 '고향'이라 부르기 시작한다. 나는 사치품을 '필수품'이라 말하며, 불신자들과 똑같이 돈을 쓴다. 나는 전쟁을 잊기 시작한다. 죽어 가는 사람들을 별로 생각하지 않는다. 선교와 미전도 종족이 내 머릿속에서 사라진다.

은혜의 승리를 더 이상 꿈꾸지 않는다. 하나님이 하실 수 있는 일이 아니라, 인간이 할 수 있는 일을 먼저 구하는 세속적 사고방식에 빠진다. 이는 참으로 무서운 질병이다. 그러므로 나는 내게 전시 사고방식을 거듭 촉구하는 사람들을 보내신 하나님께 감사한다.

예를 들면, 랄프 윈터(Ralph Winter)를 보내신 하나님께 감사한다. 그는 전시 생활방식에 관해 힘이 넘치는 글을 썼을 뿐 아니라 선교사와 교수로 살았으며 미국 월드미션 센터(U.S. Center for World Mission)를 설립했고, 세계의 미전도 종족들을 위해 지칠 줄 모르고 일했다. 그는 우리의 소유를 어떻게 사용하는지와 관련해 전시 사고와 평시 사고가 어떻게 다른지 생생하게 설명했다.

캘리포니아 롱비치 항에 영구히 정박 중인 퀸 매리호(Queen Mary)는 과거를 보여 주는 매혹적인 박물관이다. 이 배는 평시에는 호화 여객선으로 사용되었고 제2차 세계대전 중에는 군수송선으로 사용되었으며, 지금은 풋볼 경기장 3배 길이의 박물관으로 사용되는데, 평시 생활방식과 전시 생활방식의 차이를 대조적으로 잘 보여 준다.

한쪽에는 평시의 모습을 보여 주기 위해 재현된 식당이 있다. 식탁에는 상류문화의 부자 고객들에게 맞도록 번쩍이는 나이프와 포크와 스푼이 놓여 있다. 다른 쪽에서는 이와 극명한 대조를 이루는 전시의 내핍 생활을 보여 주는 증거들이 진열되어 있다. 금속 식판이 열다섯 개의 크고 작은 접시를 대신한다. 2층 침대가 아니라 8층 침대는 왜 평시에는 3천 명이던 정원이 전시에는 1만 5천 명으로 늘어나는지 설명해 준다. 평시라면 선원들에게는 이러한 변화가 아주 불쾌했을 것이다. 물론 이러한 변화는 국가 비상사태를 위한 것이었다. 국가의 생존이 여기에 달렸다. 오늘날 대위임의 본질은 수많은 사람들의 생존이 이 위임의 성취에 달렸다는 것이다.[2)]

매일 대중매체와 오락을 통해 밀려오는 평시 사고방식의 유혹에 내 마음은 쉽게 흔들린다. 그래서 나는 이런 이미지들과 경고들이 계속 필요하다. 우리는 전쟁 중이다. 주가가 오르든 내리든 간에, 테러리스트들이 공격을 하든 숨든 간에, 우리가 건강하든 아프든 간에, 우리는 전쟁 중이다. 즐거움과 고통 모두 독을 품고 교만이나 절망이라는 질병을 통해 우리를 죽이려 한다. "깨어 있으라"[3)]는 거듭되는 성경의 경고가 전시 이미지에 들어맞는다. 내게는 이 경고가 매일 필요하다.

따라서 단순한 생활방식보다는 전시 생활방식을 생각하는 게 더 유익하다. 단순함은 세상의 위험한 곳에서 자비를 베푸는 궂은일과는 무관한 낭만적인 느낌과 미적인 호소력이 있다. 단순함은 전시에는 복합 무기와 군대 훈련에 상당히 많은 지출을 해야 한다는 사실을 간과하기도 한다. 이것들은 단순해 보이지 않으며 매우 값비싸 보이지만 온 나라가 이것들을 위해 희생한다. 단순함은 내향적으로 보이며 누구에게도 유익을 주지 못할 것이다. 전시 생활방식은 우리가 재물을 사용하고 나 자신까지 내어줄 크고 가치 있는 일이 있음을 암시한다(고후 12:15 참조).

자신의 생명을 내어주는 일

'자신을 내어준다'(being spent, 고후 12:15, NRSV)라는 말이 무겁게 들릴 수도 있다. 기억하라! 다른 사람들이 하나님을 기뻐하게 하려고 우리 자신을 내어주는 것은 생명을 주는 일이다. 예수님은 이렇게 가르치셨다. "누구든지 자기 목숨을 구원하고자 하면 잃을 것이요 누구든지 나와 복음을 위하여 자기 목숨을 잃으면 구원하리라"(막 8:35).

이 말씀은 천국으로 향하는 개개인에게 적용되며, 멸망으로 향하는 문화에 적용된다. 랄프 윈터가 다시 한번 설명한다.

> 과거에도 이런 사회가 있었는지 모르지만, 오늘의 미국은 '자기 구원'(save yourself) 사회다. 후진 사회들은 결핵, 영양실조, 폐렴, 기생충, 장티푸스, 콜레라, 발진디푸스 등 수많은 질병으로 고통 당한다. 풍족한 미국은 비만, 동맥경화, 심장병, 뇌졸중, 폐암, 성병, 간경화, 마약중독, 알코올중독, 이혼, 아동학대, 자살, 살인 등 사실상 일련의 새로운 질병을 만들어 냈다. 선택하라. 수고를 덜어 주는 기계들이 오히려 몸을 죽이는 도구가 되었다. 우리의 풍족함이 활동성과 핵가족의 고립을 낳았으며, 그 결과 이혼법정과 교도소와 정신병원이 차고 넘친다. 우리는 자신을 구원하려다 오히려 자신을 거의 잃어버렸다.[4]

가장 궁핍한 사람들이 하나님을 기뻐하게 하는 데 우리의 소유를 사용하는 행위는 여러 면에서 우리 자신을 구원한다. 그리스도가 우리의 보화임을 확인해 주며, 따라서 우리가 천국길을 벗어나지 않도록 지켜 준다. 또한 그리스도를 기뻐하지 않으며 궁핍한 사람들을 사랑하지 않은 채, 자신만 만족시키려는 자멸적인 욕구에 휩쓸리는 우리 사회를 변화시킨다. 우리 자신을 이러한 비극에서 구해 내려면, 전시 생활방식의 중요성을 진지하게 생각해 보아야 한다.

삶의 가장 작은 자리에서 벌어지는 전쟁

그의 생애 말년에 랄프 윈터는 또 하나의 전시 깃발을 흔들었다. 하나님은 여러분이 사역이라고 전혀 생각지 못했던 사역의 방향으로 몇몇을 보내시는 데 그 깃발을 사용하실 것이다. 윈터는 죄와 사탄의 영향으로, 하나님의 선한 피조물이 가장 무섭게 유린되는 미생물학적 수준에 대해 이야기한다.

무섭게도 사탄은 거역하는 자유를 이용하여 미생물학적 수준의 파괴적인 세균과 바이러스를 만들어 냈다. 오늘날 세상 사람들 가운데 3분의 1이 이러한 세균과 바이러스 때문에 죽는다. 성경이 단순히 '염병'(전염병, 독한 질병)이라 부르는 것이 짐승과 인간을 똑같이 공격한다. 그러나 우리의 대중신학은 이것을 사탄의 역사로 분명하게 인식하지 못하며, 따라서 하나님은 우리가 그분에게 받은 사명의 일환으로 이것과 맞서 싸우길 기대하신다는 사실도 알지 못한다.

그러나 하나님께서 그분이 지으신 모든 피조물의 모든 고난과 모든 왜곡에 주목하신다는 사실을 전하지 않는다면, 우리는 널리 미치는 하나님의 사랑과 관심, 즉 그분의 본성 자체를 철저히 잘못 전하고 있는 것이다.

10년간 계속된 베트남 전쟁에서 미국인이 매일 평균 10명씩 죽었다. 미국 정부는 미국인을 구해 내려고 전투에 천문학적인 돈을 쏟아부었다.

그러나 바로 지금 10명이 아니라 1,500명의 미국인이 매일 암으로 죽는다. 그러나 정부는 여기에 겨우 푼돈밖에 쓰지 않는다. 그 가운데 80퍼센트는 에이즈 연구에, 나머지 20퍼센트는 암 연구에 쓰는데, 그마저도 거의 전액을 예방이 아니라 치료제 개발에 쓴다. 내가 알기로 연방 암연구소가 진행 중인 40개의 프로젝트 모두 예방이 아니라 화학치료와 방사선치료에 초점을 맞추고 있다.

이것은 동시에 150개의 베트남 전쟁을 치르는 것과 같다. 물론 사망자만 보았을 때 이야기다. 그러나 우리는 마치 전혀 전쟁이 없는 듯 행동한다. 어떻게 하면 미국이 모든 여성의 3분의 1과 모든 남성의 절반이 죽기 전에 암에 걸리게 된다는 사실에 정신을 차리겠는가?[5]

이것은 이 책의 의도와 완전히 일치한다. 수천의 그리스도인들이 윈터 박사의 이러한 도전에 반응해 질병 및 고통과 싸우기 위해 의료선교뿐 아니라 과학과 연구에 삶을 바침으로써 그리스도의 아름다움과 능력을 드러낸다. 원수와 이런 싸움을 하려면 우리는 어떤 희생을 해야 하는가?

머리핀 하나가 소중했던 때

우리는 군인들이 제2차 세계대전 때 치른 희생을 보았다. 그러나 자신의 우선순위를 바꾼 사람들은 군인만이 아니었다. 온 나라가 그렇게 했으며, 오늘날 모든 교회도 그렇게 할 수 있다.

제2차 세계대전 중에는 온 나라가 … 하룻밤 사이에 대공황기의 무기력에서 벗어난 것 같았다. 모든 사람이 앞을 다투어 도왔다. 전쟁을 위해서는 고무와 휘발유와 금속이 필요했다. 노스웨스턴 대학에서는 여학생들이 농구 경기를 중단하고 심판과 10명의 선수들이 잃어버린 머리핀을 찾아 바닥을 훑었다. 미국인들은 엄격한 배급 프로그램을 지지했으며 남자아이들은 다양한 수집 '운동'에 자원했다.
곧 통조림 식품과 고기, 그리고 버터와 우유 공급이 제한되었다. 신발이 부족해졌고 종이와 비단도 그랬다. 사람들은 '승리의 정원'(victory garden, 텃밭)을 가꾸며 기름을 아끼려고 시속 60킬로미터의 '승리 속도'로 차를 몰았다. 이것이 대중적 슬로건이 되었다. "끝까지 써라, 헤질 때까지 입어라, 있는 대로 살든지 아니면 없이 살아라." 공습 사이렌이 울리고 등화관제가 실시되면 철저하게 따랐다. 미국은 기꺼이 희생했다.[6]

이러한 이미지들은 내게 매우 강한 인상을 남긴다. 그리고 이것들은 내가 자유와 번영의 유익을 감사하게 해 준다. 무엇보다도 이것들은 나의 경솔한 삶을 꾸짖으며, 편안함과 세상적인 성공보다 나은 일에, 하나님을 높이며 영원한 일에 내 삶을 바치라고 요구한다.

전시 이야기가 지나치다고 느껴질 때

앞에서 말했듯이 전시 생활방식이나 전시 사고방식이 편향적이라는 점을 인정한다. 언젠가 설교 때 이런 용어를 사용했더니 어떤 사람이 내게 편지로 이렇게 물었다. "목사님은 전시 생활의 이미지를 강조하실 때, 삶에서 전쟁과는 무관한 예술이나 여가 생활을 위한 여지는 남겨 두시나요? 그리스도인의 삶에는 전쟁보다 평화로운 다른 이미지들이 있지 않나요?"

나는 그다음 설교에서 이렇게 대답했다.

물론 당연히 있습니다. 그리스도인의 삶에는 보다 평화로운 이미지들이 있습니다. "여호와는 나의 목자시니 내게 부족함이 없으리로다 그가 나를 푸른 풀밭에 누이시며 쉴 만한 물 가로 인도하시는도다"(시 23:1-2).
이것은 폭탄이 떨어지고 피가 흐르는 이미지와는 매우 다릅니다. "수고하고 무거운 짐 진 자들아 다 내게로 오라 내가 너희를 쉬게 하리라"(마 11:28).
"너희가 노년에 이르기까지 내가 그리하겠고 백발이 되기까지 내가 너희를 품을 것이라 내가 지었은즉 내가 업을 것이요 내가 품고 구하여 내리라"(사 46:4).

그렇습니다. 그리스도인이 인간 문화의 전 영역에서 유익을 얻고, 그 문화를 평가하며 변화시킬 적절한 때와 장소가 있습니다. 사실 우리가 현대 서구문화의 일원으로 살아가지 않기란 실질적으로 불가능합니다. 그러므로 우리가 정확한 진단과 성경적 평가와 신중한 변화의 견지에서 생각하지 않으면, 우리는 결국 문화에 함몰되고, 자신이 그리스도인이라기보다 미국인처럼 살아가고 있다는 사실조차 깨닫지 못하게 될 것입니다.

그러므로 모든 수단을 동원해 성경의 모든 이미지를(단지 전쟁만이 아니라) 사용하여 여러분의 삶을 빚으십시오. 그리고 여러분의 문화를, 철저히 기독교적이며, 하나님 중심적이며, 그리스도를 보화로 여기며, 베풂과 나눔을 지향하는 문화로 만드십시오.

그러나 내가 느끼기에, 번영하는 서구사회에서 교회가 직면한 위험은 지나친 열심으로 잃어버린 자들에게 너무 깊은 관심을 갖고, 복음을 위해 모험적으로 투자하며, 가난한 자들에게 과도한 자비를 베푸느라 자신의 삶을 망치는 사람들이 지나치게 많다는 게 아니다.

잘못된 열정으로 스스로 소진하고 자기 가정을 깨는 모든 부주의한 성도에게 감히 말하겠다. 얼마나 많은 사람들이 예수님을 완전히 만족스러우며 모든 권세를 가진 사랑의 왕으로 보지 않고, 기분 좋은 덤으로 취급하면서 세상과 짝하고 있는가.

단순 회피의 파멸적 윤리

이러한 평시 사고방식의 특징 가운데 하나는 내가 말하는 회피 윤리다. 전시에는 대부분이 삶을 어떻게 살아갈지 평시와는 다른 질문을 한다. 내가 보탬이 되려면 어떻게 해야 하는가? 승리를 위해 내가 할 수 있는 일은 무엇인가? 승리의 기쁨을 맛보기 위해 내가 치르거나 감수할 수 있는 희생은 어떤 것인가?

그러나 평시에 우리는 이렇게 묻는다. 좀 더 편하게 살려면 어떻게 해야 하는가? 좀 더 재미있게 살려면 어떻게 해야 하는가? 어려움을 피하고 죄를 피하려면 어떻게 해야 하는가?

사람들이 하나님을 기쁘게 하기 위해 대가를 치르고 위험을 감수하려면 회피 윤리를 넘어서야 한다. 회피 윤리를 따르는 삶으로는 절대로 사람들이 그리스도의 아름다움을 느끼게 하지 못한다. 무섭고 어려운 일과 금지된 행동을 피한다면 누구도 감동시키지 못한다. 회피 윤리 자체가 그리스도를 높이거나 하나님을 영화롭게 하지 않는다. 그리스도인들이 피하는 행동은 불신자들도 피하는 경우가 많다. 예수님은 우리에게 이보다 훨씬 더 철저하라고 요구하신다.

잘못된 질문, 올바른 질문

회피 윤리에 만족하는 사람들은 일반적으로 행동에 대해 잘못된 질문을 한다. 이들은 묻는다. 뭐가 잘못됐다는 거야? 이 영화가 뭐가 잘못됐다는 거야? 이 음악이? 이 게임이? 이 친구들이? 이 휴식 방법이? 이 투자가? 이 식당이? 이 가게에서 하는 쇼핑이? 별장을 갖고 주말마다 별장에 가는 게 뭐가 잘못됐다는 거야?

이러한 질문은 대개 그리스도를 완전히 만족스러운 분으로 높이고 사람들이 하나님을 기뻐하게 하는 생활방식을 낳지 못한다. 이런 질문은 회피 윤리를 부추길 뿐이다.

가능한 행동에 대해 우리가 물어야 할 더 나은 질문이 있다. 이것이 내가 그리스도를 더 귀하게 여기도록 어떻게 도와줄까? 이것이 내가 그리스도를 보화로 여긴다는 사실을 나타내도록 어떻게 도와줄까? 이것이 내가 그리스도를 알거나 나타내도록 어떻게 도와줄까?

성경은 이렇게 말한다. "그런즉 너희가 먹든지 마시든지 무엇을 하든지 다 하나님의 영광을 위하여 하라"(고전 10:31).

그러므로 우리가 해야 할 질문은 부정적이지 않고 주로 긍정적이다. 어떻게 하면 이 행동을 통해 하나님을 영광스러운 분으로 나타낼 수 있을까? 어떻게 하면 이 행동을 통해 하나님을 소중히 여기는 것을 기뻐할 수 있을까?

가족과 좋은 시간을 보낸다면 삶을 허비하지 않는가?

그리스도인의 삶이 단지 나쁜 짓을 피하고 가족을 부양하는 것이라고 믿는 사람들이 얼마나 삶을 허비했는지 모른다. 간음도, 도둑질도, 살인도, 횡령도 안 하고, 사기도 안 친다. 그저 힘들게 열심히 일하고 밤에는 텔레비전 프로나 영화를 보며 주말에는 재미있는 일을 한다. 교회를 중심으로 수많은 사람들이 이렇게 살아간다. 이렇게 생활하며 삶을 허비하는 것이다. 하지만 우리는 훨씬 더 많은 것을 위해 창조되었다.

옛말에 이런 말이 있다. "죽음을 앞둔 순간에 '회사에서 시간을 더 보냈어야 하는데'라고 애통해하는 사람은 없다."

핵심은 대체로 우리가 죽음을 앞둔 순간에 관계가 중요해지는 반면, 돈은 지속적인 행복에 아무런 쓸모가 없다는 본 모습을 갑자기 드러낸다는 사실이다. 우리 어머니가 1974년에 살해됐을 때, 나는 베델 칼리지의 학과장에게 편지를 보내 돈을 더 벌기 위해 다음 학기에 강의를 늘려 달라고 했던 요청을 철회했다. 아내와 아이와 함께 어머니의 무덤 앞에 서면 세상이 다르게 보인다.

그러나 회사에서 시간을 덜 보내는 데 관한 언급은 오해를 살 만하다. 그러므로 여기에 한마디 덧붙여야겠다. 죽은 지 5분 후에 우주의 주인께 이렇게 말하고 싶은 사람은 없을 것이다. "주님, 저는 가족을 너무나 사랑했기 때문에 매일 밤 가족과 함께 게임을 하고 건전한 텔레비전 프로를 시청했습니다."

그러면 주님은 이렇게 말씀하실 것 같다.

"너는 네 삶의 자리에서 나를 보화로 드러내지 못했다. 너는 자신과 가족을 부양하는 것 외에 다른 일을 했어야 했다. 그리고 너는 텔레비전이 네 가족이나 네 영혼을 살찌우는 좋은 방법이 아니라는 사실을 진작 알았어야 했다."

생각, 마음, 지성을 무너뜨리는 삶의 허비

60년 동안 텔레비전은 아마도 현대 시대의 가장 거대한 삶의 허비였을 것이다. 내가 글을 쓰는 지금, 인터넷 스트리밍 서비스는 기존 텔레비전을 거의 쓸모없게 만들었다. 소셜 미디어와 온라인 게임, 끝없이 쏟아지는 뉴스는 끊임없는 매력으로 우리를 유혹한다. 텔레비전과 달리 인터넷에서는 거의 모든 종류의 엔터테인먼트를 항상 즐길 수 있다. 인터넷의 경우는 좀 더 선택적일 수 있지만, 우주의 심판자께서 지켜보는 가운데 더 나쁜 쪽을 선택할 위험도 있다.

오늘날에도 광고는 여전히 사라지지 않았다. 그리고 당신이 무엇을 보든, 그 안에는 탐욕과 욕망의 씨앗이 뿌려진다. 그러나 더 근본적인 문제는 무의미함이다. 하찮은 것들로 매일 마음을 채우면, 우리의 생각은 무뎌지고, 영혼은 점점 메말라 간다.

당신의 지성은 하나님을 알고 사랑하도록 창조되었다. 그러나 가볍고 자극적인 콘텐츠는 이 위대한 부르심을 위한 능력을 무너뜨린다. 또한 그 내용은 사소하고 얄팍해서, 가치 있는 생각을 할 수 있는 지적 능력이 시들고, 깊은 감정을 느낄 수 있는 마음의 능력도 말라 간다. 닐 포스트만(Neil Postman)은 그 이유를 보여 준다.

> 지금 미국에서는 텔레비전이 모든 진지한 공무(公務)를 쓰레기로 바꿔 버리고 있다. … 텔레비전은 진지하고 순차적이며 합리적이고 복잡한 설명을 경멸한다. 텔레비전은 그 대신에 하나의 화

법을 제시하는데, 여기서는 모든 것이 쉽고, 단순하고, 구체적이고, 무엇보다도 흥미롭다. 그 결과 미국은 세계에서 스스로를 즐겁게 하다가 죽음을 맞을 위험이 있는 최초의 문화다.[7]

하나님의 무게가 없어진 시대

우리는 텔레비전이 창조한 세상에 살고 있다. 그로 인해 우리는 자신에게 일어난 변화를 인식하지 못할 정도로 무감각해진다. 유일한 희망은 이전 시대의 사람들이 어떠했는지 읽는 것이다. 전기(傳記)는 문화적 근시와 연대기적 속물근성을 치료하는 중요한 해독제다. 우리는 그 어떤 위대한 진리도 공손하고 깊이 있게 다루는 능력을 거의 잃어버렸다. 데이비드 웰스(David Wells)가 말하듯이 심지어 교회에서까지 "무게가 없어지고" 말았다.

하나님이 무게가 없어졌다는 말이 우리 시대를 규정하는 특징 가운데 하나다. 내 말은 하나님이 가볍다는 뜻이 아니라 중요하지 않게 되었다는 뜻이다. 하나님은 세상에 계시지만 눈에 띄지 않을 정도로 하찮아지셨다. 하나님은 인간의 삶에서 자신의 위치를 잃으셨다. 자신은 하나님이 계심을 믿는다고 분명히 밝히는 사람들도 하나님이 텔레비전보다 재미없다고 여기며, 그분의 계명이 풍요와 영향력을 바라는 자신의 욕구보다 권위가 떨어지며, 하나님의 심판이 저녁 뉴스만큼 경외심을 일으키지 못하며,

그분의 진리가 광고주들의 '감언이설'만큼 설득력이 강하지 못하다고 생각한다.

무게가 없어졌다는 말은 바로 이런 뜻이다. 우리는 하나님을 세속화된 우리 삶의 가장자리로 밀어낸 후 그분을 이런 처지에 두었다. … 무게가 없다는 말은 하나님에 대해 아무것도 말하지 않으며, 온통 우리 자신에 대해, 우리의 처지에 대해, 우리의 현실에서 하나님을 배재하려는 우리의 심리적 성향에 대해 말할 뿐이다.[8]

수단과 팬티스타킹 분류하기

우리는 진리의 복잡함과 단순함의 깊이를 보고 또 맛보는 능력을 많이 잃었다. 더글라스 그루두이스(Douglas Groothuis)가 이러한 우리의 약점과 텔레비전의 관계를 설명했다.

말에 대한 텔레비전 이미지의 승리는 깊이 없는 포스트모더니즘의 감성에 기여했다. … 사람들은 윌리엄 셰익스피어나 C. S. 루이스의 책에 나오는 인물이나 블레이즈 파스칼의 비유나 '그러나 우리의 운명은 마른 갈비뼈 사이로 기어다닌다. 자신의 형이상학적 온기를 유지하려고'와 같은 T. S. 엘리어트의 시 한 구절을 생각할 때처럼 텔레비전 프로그램을 그렇게 깊이 생각하지 못한다.

텔레비전에서는 그 누구도 이런 시구를 진지하게 내뱉지 못한다. 그렇다면 '나쁜 텔레비전'이다. 지나치게 추상적이고, 지나치게 시적이며, 지나치게 깊지만 재미는 없다. [그뿐 아니라] 이미지들이 합리적인 전후 문맥도 없이 나타나고 사라지고 다시 나타난다. 아프리카 수단의 노예에 관한 정신이 번쩍 드는 뉴스에 생생한 디즈니랜드 광고와 어느 여자라도 거부 못할 팬티스타킹 광고 등이 과하게 이어진다.[9]

그러므로 사람들은 사무실에서 시간을 보내지 않고 집에 와서 가족들과 텔레비전을 보며 함께 시간을 보냈다는 잘 다듬어진 방어 논리로, 자신의 삶을 허비했다는 고발을 피하려 할지 모른다. 예수님은 이런 사람들에게 필히 적용될 수 있는 말씀으로 제자들을 꾸짖으셨다. '너희가 남보다 더하는 것이 무엇이냐? 죄인들도 열심히 일은 하며, 중한 죄는 피하고, 밤에는 텔레비전을 보며, 주말에는 즐겁게 놀지 아니하느냐'(눅 6:32-34; 마 5:47 참조).

작은 대의를 위한 영감을 주는 희생

전시가 되면 죄인들은 그리스도와는 비교도 안 되는 일을 위해 놀랄 만한 희생을 자주 한다. 세상에서 가장 큰일은 사람들을 지옥에서 구해 내며, 그들의 세상적 필요를 채워 주며, 그들이 하나님을 기뻐하게 하며, 그리스도께서 사실 그대로 보화로 보이도록 하는 친절하고 진지한 기쁨으로 이렇게 하는 것이다. 세상에서 이보다 더 큰일이 나 더 큰 왕을 위해 치러진 전쟁은 없었다.

그러나 사람들이 이러한 더 작은 대의를 위해 얼마나 위험을 감수하고 희생했는지 모른다. 1944년 2월 19일, 이오지마 전투가 시작되었다. 이오지마는 크기가 20제곱미터에 불과한 황폐한 섬으로 도쿄에서 남쪽으로 1,000여 킬로미터 떨어져 있는데, 당시 22,000명의 일본군이 죽기까지 싸울 각오로 지키고 있었다(실제로 이들은 이 섬을 지키려고 싸우다가 죽었다).

일본군은 이 섬에서 두 개의 활주로를 지켰다. 일본이 진주만을 공격한 이후 미국은 일본의 공격을 견제하고 소중한 자유를 지키려는 전략적 노력에 이 활주로가 꼭 필요했다. 이것은 중요한 일이었으며, 미국은 이 일을 위해 놀랄 만큼 용감한 희생을 치렀다.

가혹한 통계는 존슨 대령의 2연대가 치른 희생을 보여 준다. 1,400명의 병사들이(다수는 아직 십 대였다) D데이에 상륙했다. 전투가 계속되면서 288명이 보충되어 모두 1,688명이 상륙했다. 이 가운데 1,511명이 전사하거나 부상을 입었다. 겨우 177명만이 자기 발로 섬을 나왔다. 이들 177명 가운데 91명은 최소한 한 번은 부상을 입고 전투에 재투입된 병사들이었다.

5사단을 섬에 투입하기 위해 수송선 22척이 동원되었으며 수송선마다 만원이었다. 그러나 생존자들은 8척에 널찍하게 나눠 타고 섬을 빠져나왔다.

미군은 일본군을 21,000명가량 죽였으나 그 과정에서 26,000명이 넘는 사상자를 냈다. 이것은 태평양 전쟁에서 공격자가 방어자보다 많은 사상자를 낸 유일한 전투였다.

해병대는 제2차 세계대전 때 43개월간 싸웠다. 그러나 이오지마에서 한 달 동안 발생한 전사자가 전체 전사자의 3분의 1이었다. 이들은 태평양에서 가장 큰 공동묘지를 남겼다. 거의 6,800개에 이르는 무덤을 이오지마에 남겼다. 십자가와 별이 산더미를 이루었다.

수천에 이르는 가정들이 시신에게 작별을 고하지도 못했을 것이다. 그저 해병대원 누구누구가 "임무수행 중 전사했고" 어느 구역에 묻혔는데 무덤 번호는 몇 번이라는 통지만 받았다. 마이크는 3구역 5열 694번 자리에, 할론은 4구역 6열 912번 자리에, 프랭클린은 8구역 7열 2189번 자리에 묻혔다.

나는 그곳에 묻힌 마이크와 할론과 프랭클린을 생각할 때면 누군가 공동묘지 바깥에 새겨 놓은 글귀가 생각난다.

"그대들이 집으로 돌아가거든 우리를 대신해서 말해 주오
그대들의 내일을 위해 우리의 오늘을 바쳤다고."[10]

주님, 내 삶을 허비하지 않게 하소서

나는 이오지마에서 보여 준 용기와 희생에 큰 감동을 받았다. 이오

지마 전투의 역사를 읽는 동안 내 속의 전부가 외쳤다. "주님, 내 삶을 허비하지 않게 하소서! 이르든 늦든, 내가 마지막 순간에 가족과 교회와 도시와 세상의 미전도 종족들에게 이렇게 말할 수 있게 하소서. '여러분의 내일을 위해 저의 오늘을 바쳤습니다. 단지 여러분이 이 땅에서 맞을 내일을 위해서가 아니라 여러분이 하나님을 영원히 기뻐할 수많은 내일을 위해 저의 오늘을 바쳤습니다.'"

제2차 세계대전 때 이오지마에서 죽어 간 병사들 하나하나를 깊이 생각할수록 헛되지 않은 삶을 살고 잘 죽어야겠다는 열정이 더 뜨거워진다.

아침에는 비가 내리더니 오후에 전투가 그치자 해병대원들이 사상자들을 옮기기에 바빴다. 다른 생명을 구하려고 애쓰다가 죽은 위생병도 많았다. 채터누가 출신의 윌리엄 후퍼스는 켈리라는 위생병 옆에 웅크리고 있었다. 켈리는 참호 위로 머리를 내민 채 저격수를 찾기 위해 쌍안경으로 적진을 살폈다. 아주 짧은 순간이었다. 그때 저격수가 방아쇠를 당겼고 총알은 그의 목을 관통했다. 약사 조수 출신인 후퍼스는 친구를 구하려고 필사적이었다. "나는 지혈을 하려고 한 손에 겸자를 들고 다른 손으로 동맥을 찾았습니다."

후퍼스가 그때를 회상하며 말했다. "켈리의 목에서 피가 솟구치고 있었습니다. 그는 말을 못한 채 나를 보고 있었습니다. 켈리는 내가 그의 생명을 구하려고 발버둥치고 있다는 걸 알았습니다. 나는 별짓을 다 했습니다. 소용이 없었습니다. 그래도 노력했습니다. 지혈이 제대로 되지 않았습니다. 동맥을 찾지 못했습니다. 정말 최선을 다했습니다. 그러는 동안 켈리는 나를 쳐다보기만 했습니다. 켈리는 내 얼굴을 정면으로 바라보았습니다. 출혈이 점점 줄어들 때, 켈리는 마치 '괜찮아!'라고 말하듯이 마지막으로 내 팔을 두드린 후 숨을 거두었습니다."[11]

가슴 아픈 이 순간에, 나는 후퍼스가 되고 켈리가 되고 싶다. 고통당하며 죽어 가는 사람들에게 이렇게 말해 줄 수 있으면 좋겠다. "나는 최선을 다했습니다. 정말 열심히 노력했습니다."

나는 죽을 때 나를 지켜보는 사람들에게 이렇게 말할 수 있으면 좋겠다. "괜찮아요! 사는 것이 그리스도니 죽는 것도 유익해요."

무의미한 일에 몰두하지 말라

약한 삶의 안개가 걷히고 내가 세상에서 해야 할 진짜 일이 무엇인지 알게 되는 이러한 순간에, 나는 그렇게 많은 사람들이 사소한 일에 삶을 허비한 사실에, 나 자신도 삶의 많은 부분을 허비한 사실에 슬픔을 이기지 못한다.

스포츠의 규모를 생각해 보라. 일간신문의 한 섹션을 다 차지한다. 그러나 하나님에 관한 섹션은 없다. 당신이 집과 정원을 더 편안하고 인상적으로 꾸미기 위해 사용하는 무수한 재료를 생각해 보라. 당신이 필요 이상으로 차를 사는 데 쏟아부은 돈을 생각해 보라. 오락과 레저활동과 소위 재미있는 일들에 쏟아부은 시간과 에너지와 대화를 생각해 보라. 그리고 여기에 이미 현실과는 거리가 아주 멀어진 게임을 인위적으로 재현하는 컴퓨터를 더하라. 그것은 마치 팽창하여 무(無)가 되어 가는 무의미한 다층적인 공상세계 같다.

옷과 함께 삶을 허비하지 말라

옷에 대해서도 생각해 보라. 너무나 많은 젊은이들이 무엇을 입으며 어떻게 보이느냐에 집착한다. 크리스천 젊은이들까지도 '그게 뭐가 잘못인가요?'라고 물을 뿐 더 나은 질문을, 말하자면 이런 질문을 할 능력이 없어 보인다.

이 옷이 내가 그리스도를 높이는 데 도움이 될까? 이 옷이 그리스도가 내 삶의 보화임을 사람들에게 분명히 나타낼까? 이 옷이 하나님의 형상으로 창조된 존재로서 섬기도록 부르심을 받은 나의 인격을 분명하게 나타낼까? 이 옷이 나의 여러 가지 성향이나 게으름을 분명하게 나타낼까?

나는 옷에 얽매이지 않는다. 옷을 어떻게 입을 것인지에 대한 선택은 단순히 외적인 문제가 아니라, 그리스도를 높이는 방식이어야 한다. 패션에 집착하거나 반패션(anti-fashion)을 추구하는 것 모두 문제일 수 있다. 우리는 그리스도인으로서 자신을 어떻게 표현할 것인가에 대한 책임 있는 태도를 가져야 한다. 미니애폴리스 "스타 트리뷴"

의 칼럼에 답장을 보낸 한 청소년의 이야기를 살펴보자.

> 십 대인 저는 어떤 옷을 입는지가 점점 더 중요해져요. 솔직히 저조차도 제가 입는 옷 중 일부가 불쾌하다고 생각해요. 칼럼에는 십 대 아이들이 충분히 주관을 가지고 멋지고 감각적으로 옷을 입을 수 있다는 내용이 담겨 있는데, 그게 어떻게 가능한지 보여 주시면 한번 노력해 볼게요.
> 대부분의 친구들은 유행하는 옷에 익숙하지 않은 경우가 많지만, 어쨌든 우리는 그것을 입어요. 자신의 개성을 드러내려는 시도가 항상 가치 있는 것은 아니에요. 사회는 우리에게 남들과 다르면서도 주류가 되라고 말해요.
> 자신과 부모님, 또래 친구들을 기쁘게 하려면 어떻게 옷을 입어야 할까요? 그럴 수 없어요. 하지만 십 대들은 결국 어울리기 위해 자신의 가치관을 타협하게 돼요. 고등학교, 심지어 중학교까지 괴롭힘 없이 지내려면 또래 친구들을 기쁘게 하는 옷을 입어야 해요. 우리는 이 나라의 떠오르는 리더이며, 우리의 현실을 똑바로 보고 변화해야 해요.[12]

그리스도를 위한 젊은 급진주의자들은 어디에 있는가?

이오지마 해변에 서서 용기와 희생의 시간들을 떠올리며 그들이 젊었다는 사실을 기억할 때, 나는 오늘날 대부분의 사람들이 사소한 일에 몰두하며 산다는 사실을 용납하지 못하겠다. 그들 가운데 하나는 정말로 어렸다. 나는 그의 이야기를 읽었으며, 이 땅의 모든 청년들에게 말하고 싶었다. 멋진 걸 보고 싶은가? 농구의 트리플 더블보다 천 배는 더 감동적인 것을 보고 싶은가? 그렇다면 재클린 루카스의 말에 귀를 기울여라.

그는 14세에 유창한 말을 앞세워 해병대에 들어갔으며 근육질 몸매를 내세워 동료 신병들을 속였다. … 그러나 하와이에서 트럭 운전병으로 배치 받자 실망했다. 그는 싸우고 싶었다. 그래서 수송선에 몰래 몸을 싣고 호놀룰루를 빠져 나왔으며 배에서는 인정 많은 해병대원들이 건네주는 음식으로 허기를 채웠다.

그는 D데이에 총도 없이 [이오지마에] 상륙했다. 해변에 떨어진 총을 주워 돌격했다.

D데이 다음날, 잭과 세 전우가 참호 속을 기어 가고 있을 때, 일본군 8명이 갑자기 나타났다. 잭은 그 가운데 한 명의 머리를 쐈다. 그 순간 총이 말을 듣지 않았다. 잭이 총과 씨름하고 있을 때 발 앞에 수류탄이 떨어졌다. 그는 전우들에게 소리를 치며 경고하면서 수류탄을 재빨리 부드러운 재 속으로 밀어 넣었다. 그 즉시, 한 발이 더 굴러들어왔다. 17세의 잭 루카스는 두 발의 수류탄을 몸으로 덮었다. 순간 이런 생각이 들었다. '루크, 너 이제 죽는 거야!'

병원선 사마리탄호의 군의관들은 도저히 믿을 수 없었다. "죽기에는 너무 어리고 너무 강한 것 같습니다." 한 군의관이 말했다. 그는 스물한 번의 재건 수술을 받았으며 미국 역사상 가장 어린 나이에 명예훈장(Medal of Honor, 미국에서 군인에게 수여하는 최고의 훈장—역자주)을 받았다. 그는 고등학교 1학년으로 이 훈장을 받은 유일한 인물이다.[13]

이 글을 읽으면서 고등학생들이 **멋지다**(cool)라고 생각하는 모든 것들을 떠올려 보았다. '오 하나님, 누가 이들에게 무엇을 위해 살아야 할지 보여 주겠습니까? 이들은 멋지게 보이거나 말하거나 걸으려 애쓰면서 무의미한 것에 빠져 하루하루를 허비합니다. 그들은 멋진 것이 무엇인지 전혀 모릅니다.'

멋진 게 무엇인지 분명히 하기 위해 한 가지 이야기를 더 들어 보자. 전투기 조종사로 이오지마 전투에 참전했던 레이 돌린스의 이야기다.

첫 번째 수륙양용 장갑차들이 해변으로 향했다. 해병대 전투기들이 저공 기총소사를 끝내는 중이었다. 마지막 조종사가 코르세어 전투기 조종관을 당기기 시작했을 때, 일본군이 기관총으로 달려가더니 그 전투기를 벌집으로 만들었다. 조종사 레이 돌린스 소령은 상륙하는 해병대원들을 피해 바다에 추락하려고 고도를 필사적으로 유지했다. 그러나 그의 전투기는 너무 심한 타격을 입었다. 케이스 웰스 대위는 수륙양용 장갑차에서 이 광경을 보고 있었다. … "조종관을 잡은 그의 모습이 보였습니다. 그의 전투기는 해병대원들을 가득 태운 장갑차들을 향해 돌진 중이었습니다. 마지막 순간, 그는 전투기를 뒤집더니 두 탱크부대 사이를 지나 바다에 추락했습니다. 순간 물보라가 하늘로 솟구쳤습니다."

군함에서 무선 교신 중이던 군인들은 돌린스가 추락하는 광경만 본 게 아니었다. 그의 마지막 교신도 들었다. 멋진 풍자였다.

"얼마나 아름다운 아침인가
얼마나 아름다운 낮인가
모든 게 잘 되어 간다는
끔찍한 느낌이 드네."[14]

물론 우리는 진정한 위대함을 말할 때 **멋지다**라는 단어를 사용하지 않는다. 이 단어로는 부족하다. 이것이 핵심이다. 이 단어는 너무 보잘것없다. 그런데 수많은 젊은이들이 이것을 위해 산다. 누가 절박한 심정과 눈물로 이들 앞에 서는가? 누가 이들에게 삶을 허비하지 말라고 호소하는가? 누가 이들을 붙들고, 급진적이고 실제적이며 값진 그리스도로 충만한 삶을 이들에게 보여 주겠는가? 그로 인해 이들이 소셜 미디어 피드와 유명인에 대한 무의미한 대화가 얼마나 공허하고 하찮은지 느끼게 할 수 있겠는가? 누가 이들의 영혼 속에서 잠자는 삶을 허비하지 않으려는 갈망을 깨워 주겠는가?

내 마음의 간구

모든 세대가 텔레비전을 끄고, 오래 걸으며, 민주주의보다 만 배는 더 중요한 대의를 위해 싸우고 훈장을 받을 꿈을 꾼다면! 우리가 꿈을 꾸고 기도하면 하나님이 응답하지 않으시겠는가? 하나님이 기쁨으로 가득한 사랑과 자비와 희생의 삶, 그리스도를 높이며 사람들이 하나님을 기뻐하게 하는 삶을 우리에게 허락하지 않으시겠는가?

나 자신을 위해 기도하듯이 당신을 위해 간구한다. 예수님과 함께 갈보리 길을 오르라. "그런즉 우리도 그의 치욕을 짊어지고 영문 밖으로 그에게 나아가자 우리가 여기에는 영구한 도성이 없으므로 장차 올 것을 찾나니"(히 13:13-14).

사람들이 우리의 희생적 사랑을, 기쁨으로 빛나는 사랑을 볼 때 이렇게 말하지 않겠는가?

"그리스도는 위대해!"

08

일터에서도 그리스도와 함께하라

앞장에서 살펴본 전시 생활로의 부름을 읽고, 그리스도인들은 직장을 그만두고 전쟁에 나가야 한다고, 말하자면 선교사나 목사나 전임 구제 사역자가 되어야 한다고 추론하는 것은 잘못이다. 이는 전쟁이 어디서 벌어지는지를 근본적으로 오해한 데서 비롯된 결과다. 물론 전투는 세계의 미전도 종족들 가운데서 영적으로 이루어진다. 만왕의 왕께서 자신의 이타적 군대를 평화의 복음으로 무장시켜 이곳으로 보내 그분을 기뻐하는 사람들을 모으신다. 이것이 최전방 선교라는 영광스러운 일이다. 이 책을 읽는 독자들 가운데 이러한 소명을 받아 선교의 최전방으로 달려가는 사람들이 많이 나오길 기도한다.

그리스도인의 전쟁

단, 내가 전시 사고방식이나 전시 생활방식을 말할 때 염두에 두는 전쟁은 지리적 전선(戰線)을 따라 치러지는 게 아니다. 전쟁은 먼저 모든 사람의 마음에서, 특히 그리스도께서 완전히 승리하실 그리스도인들의 마음에서 선과 악의 경계선을 따라 전개된다.

전쟁은 모든 가정에서 죄와 의의 경계선을 따라 전개된다. 전쟁은 모든 학교에서 진리와 거짓의 경계선을 따라 전개되며, 모든 입법기관에서 공의와 불의 사이에, 모든 사무실에서 청렴과 부패 사이에, 모든 인종 집단에서 사랑과 증오 사이에, 모든 스포츠에서 교만과 겸손 사이에, 모든 예술에서 아름다움과 추함 사이에, 모든 교회에서 바른 교리와 잘못된 교리 사이에, 근무 시간에 게으름과 부지런함 사이에서 전개된다. 이 전선들 가운데 그 어디서든 진리와 믿음과 사랑을 위해 싸우는 것은 낭비가 아니다.

비록 전쟁의 승패가 물리적 영향을 미치기는 하지만 일차적으로 전쟁은 공간적이거나 물리적이지 않다. 그러므로 그리스도인이 세상 직업에 종사하는 자리가 전쟁터다. 물리쳐야 할 영적 적군이 있으며, 하나님의 영광을 위해 탈환해야 할 아름다운 도덕적 고지(高地)가 있다. **어디서** 일하느냐에 따라 당신의 삶이 허비되는 게 아니다. **어떻게, 왜** 일하느냐에 따라 당신의 삶이 허비된다.

세상 직업은 하나님의 일을 위한 전략이다

세상 직업이 영적이지 않다거나 교회 직업이나 선교 직업 등에 비해 열등하다고 생각하지 않기를 바란다. 내가 말하는 '세상 직업'은 단순히 교회와는 관련이 없는 직업이라는 뜻일 뿐이다. 예수님이 요한복음 17장 15-16절의 기도에서 가르치셨듯이 세상 **속에**(in) 있지만 세상에 **속하지**(of) 않은 게 있다. "내가 비옵는 것은 그들을 **세상에**

서(out of the world, 세상 밖으로) 데려가시기를 위함이 아니요 다만 악에 빠지지 않게 보전하시기를 위함이니이다 내가 세상에 속하지 아니함 같이 **그들도 세상에 속하지 아니하였사옵나이다.**"

그러므로 예수님의 의도는 제자들이 세상에 남지만(내가 말하는 세상 직업이란 말이 이런 뜻이다) "세상에 속하지" 않는 것이다(우리가 전쟁 중이라는 말이 이런 뜻이다).

마르틴 루터는 모든 그리스도인이 제사장이라는 성경의 가르침을 회복시켰으며, 성직자와 평신도를 나누는 영적 경계선을 허물었다. 그는 교회의 소명과 세상의 소명이 있다는 데 동의했다. 그러나 그가 이 둘을 구분할 때 그 어떤 우월한 '영적 신분'을 근거로 삼지 않았다.

교황, 주교, 사제, 수사는 '영적 신분'으로 보는 반면에 왕, 영주, 예술가와 농부는 '세속 신분'으로 봐야 한다는 말은 새빨간 거짓말이다. 이것은 세련된 거짓말이며 위선이다. … 모든 그리스도인은 진정으로 '영적 신분'이며, 그들 사이에는 하는 일 외에는 아무 차이도 없다. … 좀 더 분명히 말하면 이렇다. 한 무리의 경건한 평신도들이 광야에 버려졌다. 그들 가운데 주교가 임명한 사제가 하나도 없으며, 따라서 그들이 기혼이든 미혼이든 상관없이 한 사람을 선택해 침례와 미사 인도와 사죄 선언과 말씀 강독을 맡겼다면, 그 사람은 모든 주교와 교황이 그를 임명한 것과 다름없이 진정한 사제다. … 평신도와 사제, 왕과 주교, 사람들이 흔히 말하는 '영적인 것들'과 '세속적인 것들' 사이에는 직무와 하는 일 외에는 실제로 아무 차이도 없다. … 구두수선공, 대장장이, 농부는 각자 자신의 일과 직무가 있으나 모두 똑같이 구별된 사제요 주교이며, 모두 자신의 일이나 직무를 통해 다른 사람들을 이롭게 하며 섬겨야 한다. 이런 방식으로 한 몸을 이루는 모든 지체가 서로를 섬길 때 공동체의 육적, 영적 행복을 위해 많은 일을 할 수 있다.[1]

성경은 그분의 백성이 온갖 종류의 세상 직업을 통해 빛과 소금처럼 흩어지는 게 하나님의 뜻이라고 분명히 말한다. 그리스도인들이 그리스도인들끼리만 모여 살고 그리스도인들끼리만 일한다면 세상에서 하나님의 목적이 온전히 이루어지지 못한다.

그렇다고 교단이나 선교단체나 선교 전초기지가 잘못이라는 뜻이 아니다. 이것들은 예외라는 뜻이다. 그리스도인의 절대 다수는 세상 속에서 살며 불신자들 속에서 일해야 한다. 루터가 말하듯이, 이것이 이들의 '직무'이며 '소명'이다.

가는 사람과 보내는 사람의 협력

모든 사람이 선교사나 목사가 될 필요는 없다. 가는 사람들과 보내는 사람들 사이에 협력이 이루어져야 한다. 바울은 교회 목회자들에 관해 "곡식을 밟아 떠는 소의 입에 망을 씌우지 말라"(딤전 5:18)고 했다. 이는 목회자에게 급여를 지불하라는 뜻이다. 또한 이 말은 누군가는 가난한 소에게 줄 여물을 땀 흘려 모아야 한다는 뜻이기도 하다. 이것은 신약에 등장하는 선교사들의 사역에서도 나타난다. "율법 교사 세나와 및 아볼로를 급히 먼저 보내어 그들로 부족함이 없게 하고"(딛 3:13).

즉, 모두가 바울과 함께 목회에 뛰어들 필요는 없다. 어떤 사람들은 뒤에 남아 일하며, 가는 사람들을 후원해야 한다. 이와 마찬가지로 바울은 로마 교회를 후원 기지로 삼아 스페인으로 가려고 계획했다. "이는 지나가는 길에 너희를 보고 먼저 너희와 사귐으로 얼마간 기쁨을 가진 후에 너희가 그리로 보내주기를 바람이라"(롬 15:24).

그는 로마 교회 성도들의 후원을 기쁘게 받을 생각이었다. 그가 데살로니가의 신자들에게 이렇게 말한 이유도 여기 있다. "…너희 손으로 일하기를 힘쓰라 이는 … 아무 궁핍함이 없게[그 누구도 의지하지 않게] 하려 함이라"(살전 4:11-12).

사실 바울은 데살로니가의 게으른 참견꾼들에게 크게 화가 나 둘째 편지에 이렇게 썼다.

> …우리가 너희 가운데서 무질서하게[idle, 게으르게] 행하지 아니하며 누구에게서든지 음식을 값없이 먹지 않고 오직 수고하고 애써 주야로 일함은 너희 아무에게도 폐를 끼치지 아니하려 함이니 … 누구든지 일하기 싫어하거든 먹지도 말게 하라 하였더니 우리가 들은즉 너희 가운데 게으르게 행하여 도무지 일하지 아니하고 일을 만들기만 하는 자들이 있다 하니(살후 3:7-11).

이와 마찬가지로 바울은 에베소 교회 성도들에게 이렇게 말했다. "도둑질하는 자는 다시 도둑질하지 말고 돌이켜 가난한 자에게 구제할 수 있도록 자기 손으로 수고하여 선한 일을 하라"(엡 4:28).

일터에서 '하나님과 함께' 일하라

그리스도인이 되라는 부르심은 세상 직업을 버리라는 부르심이 아니다. 이것이 고린도전서 7장 17-24절의 분명한 핵심이다. 바울은 여기서 자신의 가르침을 이렇게 요약한다. "형제들아 너희는 각각 부르심을 받은 그대로 하나님과 함께 거하라"(24절).

바울은 하나님의 섭리를 깊이 신뢰했다. 그는 하나님께서 불신자들이 회심한 후, 하나님의 영광을 드러내는 데 중요한 영향을 미치게 될 삶의 자리를 주권적으로 그들에게 '나눠 주셨거나' 그 자리로 '부르셨다'고 보았다. "오직 주께서 각 사람에게 **나눠 주신** 대로 하나님이 각 사람을 **부르신** 그대로 행하라…"(17절).

바울의 말은 그리스도인이라면 직업을 바꾸지 말아야 한다는 뜻이 아니다. 만약 그렇게 해석한다면, 아주 어린 사람들(목수였으나 30세에 전임 사역자가 된 예수님과는 다른, 눅 3:23) 외에는 그 누구도 목사나 선교사가 되지 못한다. 바울의 말은 회심하면 직업을 바꿔야 한다는 결론을 내리지 말라는 뜻이다. 오히려 우리는 하나님이 나를 이 직장에 두셨으니 이곳에서 그분의 가치를 드러내겠다고 생각해야 한다. 24절이 말하듯이 "각각 부르심을 받은 그대로 하나님과 **함께** 거하라."

그러므로 대부분의 그리스도인들이 자신에게 물어야 할 시급한 질문은 이것이다. 나의 세상 직업에서 하나님의 영광이 드러나도록 살려면 어떻게 해야 하는가? 나는 지금까지 이 책에서 말한 모든 내용을 토대로 이렇게 생각한다. 세상 직업에 종사하든, 교회 일을 하든, 선교를 하든 간에 삶의 목적은 동일하다. 즐겁게 그리스도를 높이기, 우리가 하는 모든 일을 통해 하나님의 위대함을 드러내기, 이것이 우리의 목적이다. 오직 십자가만 자랑하기에 우리의 목적은 우리가 일하는 방식을 통해 그리스도를 소중히 여기길 기뻐하는 것이다. 그렇다면 어떻게 하는가? 성경은 적어도 여섯 가지 대답을 제시한다.

**1 _ 우리는 종일 일하는 중에 하나님과 즐겁게 교제함으로써
세상 직업을 통해 하나님을 소중히 여길 수 있다.**

바꾸어 말하면, 우리는 하나님의 음성에 귀를 기울이고, 그분에게 말하며, 우리의 모든 짐을 그분에게 맡기며, 그분의 인도와 보살핌을 경험할 때, 우리를 위해 거기 계시는 하나님의 존재를 기뻐한다. 이 진리는 고린도전서 7장 24절에 나타난다. 회심한 후에도 직장을 그대로 유지하고 하나님의 임재를 누려라. "형제들아 너희는 각각 부르심을 받은 그대로 하나님과 함께 거하라."

"하나님과 함께"라는 부분이 중요하다. 그리스도인들은 아무 생각 없이 출근해서는 안 된다. 그리스도인들은 "하나님과 함께" 출근해야 한다. 그리스도인들은 아무 생각 없이 일해서는 안 된다. 그리스도인들은 "하나님과 함께" 일해야 한다. 하나님이 우리와 함께하신다.

더 개인적인 약속

이것은 교회 전체에게 하신 전체적인 약속들과는 다르다. 하나님은 교회 전체에게 이렇게 약속하신다. "…내가 그들 가운데 거하며 두루 행하여 나는 그들의 하나님이 되고 그들은 나의 백성이 되리라"(고후 6:16).

당신의 세상 직업과 연관된 당신을 위한 약속은 다르다. 성도들은 흩어져 세상 직장에서 일한다. 교회에 모여 일하지 않는다. 그러므로 "하나님과 함께 거하라"는 명령은 당신이 자신의 직업에서 개인적이며 개별적으로 하나님과 교제하게 되리라는 약속이다.

하나님께 감사하길 그치지 마라

하나님의 임재와 교제를 누리는 한 가지 방법은 하나님의 은혜로 지금 하는 일을 포함해 무슨 일이든 할 수 있음을 알고 감사하는 것이다. "…만민에게 생명과 호흡과 만물을 친히 주시는 이심이라"(행 17:25).

모든 시력과 청력과 촉각, 손과 발로 부리는 모든 기술, 관찰하고 조직하고 평가하는 모든 정신 활동, 특정한 직업에서 두각을 나타내게 하는 모든 기술은 하나님의 선물이다. 이 사실을 알면 하나님께 끊임없는 감사 기도를 드릴 수 있다. "주 나의 하나님이여 내가 전심으로 주를 찬송하고 영원토록 주의 이름에 영광을 돌리오리니"(시 86:12).

때로 하나님의 경이로움이 우리가 일하는 동안 우리 속에서 일어나며, 우리는 속삭이듯 그분을 찬양한다. "내 영혼아 여호와를 송축

하라 여호와 나의 하나님이여 주는 심히 위대하시며 존귀와 권위로 옷 입으셨나이다"(시 104:1).

여기에 덧붙여 미래의 모든 삶과 모든 도움을 하나님께 의지할 때, 당신의 감사는 매 순간 믿음으로 이어진다. 이것이 미래의 은혜에 대한 믿음이다. 이것을 하나님께 드리는 기도로 표현할 수 있다. "여호와여 그러하여도 나는 주께 의지하고 말하기를 주는 내 하나님이시라 하였나이다"(시 31:14).

이렇게 표현할 수도 있다. "주의 인자는 그침이 없고 주의 자비는 끝이 없으며 아침마다(오후마다) 새로우니 주의 성실하심이 크나이다!"(애 3:22-23 의역).

약속을 일터에 적용하라

당신이 매일 일터에 적용할 수 있는 하나님의 약속이 이러한 감사와 찬양과 신뢰를 뒷받침한다. 하나님은 종일 이런 방법으로 당신에게 말씀하신다. 하나님은 당신을 격려하신다. "두려워하지 말라 내가 너와 함께 함이라 놀라지 말라 나는 네 하나님이 됨이라 내가 너를 굳세게 하리라 참으로 너를 도와 주리라 참으로 나의 의로운 오른손으로 너를 붙들리라"(사 41:10).

하나님은 지치지 쉬운 오후에도, 그분이 함께하심으로 당신이 마주할 일들이 그리 벅차지 않음을 상기시키신다. "나는 여호와요 모든 육체의 하나님이라 내게 할 수 없는 일이 있겠느냐"(렘 32:27).

하나님은 염려하지 말고 무엇이든 필요하면 그분께 구하라고 말씀하시며(빌 4:6), "네 모든 염려를 내게 맡겨라 내가 너를 돌보리라"(벧전 5:7 의역)고 말씀하신다. 그리고 하나님은 종일 당신을 인도하겠다고 약속하신다. "내가 네 갈 길을 가르쳐 보이고 너를 주목하여 훈계하리로다"(시 32:8).

이런 방법으로 우리는 하나님과 교제하며, 그분의 말씀을 통해 그분에게 귀를 기울이며, 그분에게 감사하고, 그분을 찬양하며, 우리의 모든 필요를 그분께 아뢴다. 당신이 이런 방법으로 세상 직업에서 "하나님과 함께"하면 하나님이 높임을 받으신다.

이것은 허비하는 삶이 아니다. 하나님은 신뢰와 기쁨의 대상이 되길 기뻐하신다. 이것은 하나님의 가치를 보여 준다. 이러한 과분한 축복은 우리를 대신하신 그리스도의 죽음이 없으면, 어느 하나도 우리의 축복이 될 수 없다. 우리가 이 사실을 자신에게 상기시킬 때, 하나님을 기뻐하는 우리의 심장이 십자가를 자랑하게 된다.

2 _ 우리는 창의성과 근면을 바탕으로 하나님을 기뻐하고 신뢰하며 높이는 계획을 세움으로써 세상 직업을 통해 하나님을 소중히 여길 수 있다.

인간이 비버, 벌새, 거미, 개미와 어떻게 다른지 물어보면 도움이 된다. 인간이 어떻게 자기 일을 통해 하나님을 높이는지 그 본질을 파악하는 데 도움이 된다. 이러한 피조물들은 매우 부지런히 일하며, 매우 복잡하고 놀라운 것들을 만들어 낸다. 그러므로 하나님을 높이는 우리의 일에는 이러한 창의성과 근면성 외에 또 다른 무엇이 있어야 한다. 그렇지 않다면 우리의 일을 통해 동물과 다를 바 없이 하나님을 영화롭게 한다고 말해야 할 것이다.

하나님의 영광을 위해 일하는 하나님의 대리인들

무엇이 다른가? 창세기에 나오는 인간 창조에 관한 첫 기록을 생각해 보라. "하나님이 자기 형상 곧 하나님의 형상대로 사람을 창조하시되 남자와 여자를 창조하시고 하나님이 그들에게 복을 주시며 하나님이 그들에게 이르시되 생육하고 번성하여 땅에 충만하라, 땅을 **정복하라**, 바다의 물고기와 하늘의 새와 땅에 움직이는 모든 생물을 **다스리라** 하시니라"(창 1:27-28).

우리는 하나님의 형상으로 창조되었다. 따라서 땅을 **정복하고 다스릴** 특권과 의무가 있다. 우리는 사람들이 하나님의 가치에 주목하며 그분을 예배하게 하는 방식으로 부지런히 하나님의 피조물을 이해하고 빚고 계획하고 사용해야 하는 것이다.

하나님의 형상으로 창조되었다는 말은 최소한 우리가 하나님의 형상을 나타내야 한다는 뜻이다. 우리는 하나님이 어떤 모습인지 나타내야 한다. 우리의 목적은 자신(형상)이 위대해 보이도록 하는 게 아니라, 하나님(창조자)이 위대해 보이도록 하는 것이어야 한다. 사람들은 유명한 사람들을 높이려고 그들의 형상을 만든다. 하나님이 우리를 그분의 형상으로 지으신 목적은 우리가 하는 바를 통해 사람들이 그분을 보고 누리며 높이도록 하기 위해서다.

그런데 하나님은 인간이 하는 바를 가리켜 일이라고 말씀하셨다.

인간이 땅을 정복하고 다스린다. 이는 피조물에 대한 주권을 행사하며, 하나님의 진리와 아름다움을 나타내는 형태와 질서와 계획을 세상에 부여한다는 의미를 내포한다. 하나님은 인간을 자신의 대리 통치자로 지으시고, 세상을 정복하는 하나님 같은 권리와 능력을 그에게 부여하신다. 선한 목적, 특히 창조자를 높이는 목적을 따라 세상을 사용하고 빛게 하기 위해서다.

그러므로 죄가 세상에 들어오기 전으로 돌아가 보면, 세상일(secular work, 세속적인 일)에는 부정적 의미가 전혀 없었다. 창세기 2장 2절에 따르면, 하나님이 친히 창조라는 **자신의 일**을 마치고 안식하셨다. 일은 선하며, 하나님을 닮았다는 뜻이다. 이러한 하나님의 일의 절정이 인간, 곧 세상을 다스리고 빛으며 계획하는 일을 하도록 하나님의 형상으로 창조된 피조물이다.

그러므로 일이 내포하는 의미의 중심은 **창조성**(creativity, 창의성)이다. 당신이 하나님이라면, 당신의 일은 무(無)에서 창조하는 것이다. 당신이 하나님이 아니라 하나님을 닮은 인간이라면, 당신의 일은 하나님이 지으신 것을 받아서 빛고 이용하여 그분을 더 크게 드러내는 것이다.

우리가 비버와 다른 점

비버의 경우를 예로 들어 보자. 비버는 자신의 환경을 정복하며, 집이라는 좋은 목적을 위해 댐을 만든다. 비버는 자기 일을 즐기는 것 같다. 비버의 부지런함과 기술도 하나님의 지혜의 영광을 나타낸다.

빛나고 아름다운 모든 것을

크고 작은 모든 피조물을

지혜롭고 놀라운 모든 것을

주 하나님이 이 모두를 지으셨네.[2)]

그리고 하나님은 이 모두에게 영광을 받으신다. "여호와 앞에서 큰 물은 박수할지어다 산악이 함께 즐겁게 노래할지어다 … 하늘이 하나님의 영광을 선포하고…"(시 98:8; 19:1).

그렇다면 일하는 인간은 일하는 비버와 어떻게 다른가? 벌이나 벌새나 개미와 어떻게 다른가? 모두 열심히 일한다. 이들은 환경을 지배하며, 좋은 목적에 맞게 놀라운 구조로 바꾼다. 차이라면 인간은 도덕적 자의식이 있으며 하나님을 높이려는 동기나 그러지 않으려는 동기를 토대로 자기 일에 관한 선택을 한다는 점이다.

비버나 벌이나 벌새나 개미는 의식적으로 하나님을 의지하지는 않는다. 비버는 하나님이 세우신 질서나 아름다움의 패턴을 생각하지 않으며, 하나님이 탁월하시기 때문에 탁월함을 추구하려는 도덕적 선택도 하지 않는다. 비버는 하나님의 귀중함과 목적을 생각하지 않으며, 하나님 때문에 자신이 아닌 다른 비버를 위해 댐을 만들려는 결정도 하지 않는다.

그러나 인간에게는 이 모든 잠재력이 있다. 우리는 하나님의 형상으로 창조되었기 때문이다. 우리는 이런 방식으로 하나님의 형상을 나타내도록 창조되었다. 땅을 정복하라는 하나님의 명령은 비버처럼 하라는 뜻이 아니다. 자신의 창조자의 영광을 위해 자발적으로 자기 일을 하는 도덕적 자의식을 갖춘 인간처럼 하라는 뜻이다.

하나님이 그분의 형상을 지닌 우리를 보내 일하게 하실 때, 우리가 파는 배수구는 곧아야 하며, 우리가 잇는 배관은 새지 않아야 한다. 우리가 만드는 캐비닛은 모서리가 부드러워야 하며, 우리가 쓰는 수술칼은 깨끗해야 한다. 또한 우리가 만든 문서는 정확하고 호소력이 있어야 하며, 우리가 요리한 음식은 영양가가 많고 맛있어야 한다. 하나님은 질서와 아름다움과 능력의 하나님이시기 때문이다.

그러나 고양이도 깨끗하고, 개미도 부지런하고, 거미도 질서 정연하고 아름다운 집을 짓는다. 그리고 이들 모두 하나님께 의존한다. 그러므로 우리가 인간으로서 하는 일은 하나님의 능력을 의식적으로 의지하고, 탁월함에 대한 하나님의 패턴을 의식적으로 추구하며, 하나님의 영광을 의식적으로 나타내려는 목적으로 이루어져야 한다.

일 잘하고 잠 잘 자기

직업에 상관없이 이렇게 일하면, 하루를 마무리할 때 달콤한 평안을 느낄 수 있다. 우리는 하루를 허비하지 않았다. 하나님은 우리를 게으르도록 창조하지 않으셨다. 그러므로 창조적 생산성을 포기하는 사람들은, 하나님을 의지하고 세상을 빚으며 하나님을 나타내려는 목적이 가득한 일을 하는 기쁨을 잃어버린다. "노동자는 먹는 것이 많든지 적든지 잠을 달게 자거니와 부자는 그 부요함 때문에 자지 못하느니라"(전 5:12).

조나단 에드워즈는 세상 의무를 게을리 하는 개인적 경건은 위선이라고 했다. 그는 아내(그 사람)를 예로 들어 이와 반대되는 경우를 설명했다.

그 사람이 언젠가 이렇게 말했다. "낮에는 하나님을 위해 일하고 밤에는 그분의 미소 아래 누우니 얼마나 좋은지 몰라요!"
그 사람의 고귀한 체험과 신앙 감정은 독서와 기도를 비롯한 경건 훈련을 위한 시간을 내려고 꼭 필요한 세상적인 일을 소홀히 하는 법이 없다. 오히려 세상적인 일을 하나님을 섬기는 일의 한 부분으로 여기고 열심히 한다. 그러기에 그 사람은 일을 다 하고 나면 "이 일이 기도만큼 좋았어요!"라고 말한다.[3]

진정한 개인적 경건은 세상 직업을 깎아내리기보다 오히려 세상 직업의 목적을 촉진한다. 하나님과 교제라는 토양에서는 게으름이 자라지 않는다. 그러므로 게으름이나 하찮은 여가 생활로 삶을 허비하는 사람들이 일하는 사람들만큼 행복한 경우는 거의 없다. 진정으로 행복한 은퇴자들은 인간의 유익과 하나님의 영광을 위해 활동적이며 생산적인 삶을 살려고 한다. 그들은 창의적이고 유익하며 하나님을 높이는 길을 꾸준히 모색해 온 사람들이다.
우리는 일을 찾고 계속할 수 있도록 서로 도와야 한다. 실업(失業)이라는 더 큰 문제에 진심으로 관심을 기울여야 한다. 실업이 경제 문제이기는 하지만 일차적으로는 신학적 문제다.

인간은 하나님의 형상으로 창조되었으며, 창조적이고 유익하며 즐겁고 하나님을 높이는 일에 적합한 창조자의 솜씨를 부여받았다. 그러므로 지나친 게으름은 죄책감과 무력감을 초래한다.

그러기에 우리가 세상일을 통해 하나님을 소중히 여기는 방법은 우리의 창의성과 근면을 토대로 하나님을 기뻐하고 신뢰하며 높이는 계획을 따라 일하는 것이다. 하나님은 일하도록 우리를 창조하셨다. 우리가 의식적으로 그분의 능력을 의지하며 그분의 탁월함을 따라 의식적으로 세상을 빚음으로써, 그분 안에서 만족하며 그분이 우리 안에서 영광을 받으시게 하기 위해서다. 우리처럼 자격 없는 죄인이 하나님을 높이는 이 모든 창의성과 기쁨을 누리는 이유는 오직 그리스도의 죽음 때문이다. 우리가 이 사실 기억할 때 우리의 모든 노동은 십자가를 자랑하는 시간이 된다.

3 _ 사람들이 선포된 복음을 통해 듣도록 우리의 세상일이 그리스도의 영광스러운 모습을 확증하고 강화할 때, 우리는 세상일을 통해 하나님을 소중히 여기고 있다.

세상일의 가치를 과장하는 것은 무의미하다. 세상일은 복음이 아니다. 세상 자체는 그 누구도 구원하지 못한다. 사실 예수 그리스도를 말하지 않으면, 세상일은 그리스도의 영광에 대한 경외심을 일깨우지 못한다. 신약이 우리의 일을 복음의 장식품이라고 적절히 표현하는 이유도 여기 있다.

바울은 노예들에게 이렇게 말한다. "종들은 자기 상전들에게 범사에 순종하여 기쁘게 하고 거슬러 말하지 말며 훔치지 말고 오히려 모든 참된 신실성을 나타내게 하라 이는 범사에 **우리 구주 하나님의 교훈을 빛나게 하려 함이라**"(딛 2:9-10).

여기서 핵심은 노예제 찬성이 아니다. 바울은 회심한 노예 오네시모를 가리켜 "이 후로는 종과[노예와] 같이 대하지 아니하고 … 사랑받는 형제로 둘 자라"(몬 1:16)고 함으로써 간접적으로 노예제를 반대한다. 핵심은 우리가 일하는 방식이 하나님의 교훈을 '빛나게 한다'라는 것이다.

다시 말해, 우리의 일은 아름다운 여인이 아니라 목걸이다. 아름다운 여인은 복음, 즉 "우리 구주 하나님의 교훈"이다. 그러므로 우리의 세상일이 갖는 한 가지 중요한 의미는 우리가 일하는 방식에 따라 불신자들에게 전하는 복음의 매력이 증가하거나 감소한다는 것이다. 물론 대전제는 그들이 우리가 그리스도인임을 안다는 것이다.

우리의 일이 '빛나게 할' 대상이 없다면 본문 전체의 핵심이 무너지고 만다. 사람들이 우리가 그리스도인이라는 사실을 모르더라도 우리의 일이 하나님을 영화롭게 하리라고 생각한다면, 마치 상품에 대한 언급이 전혀 없는 광고의 효과를 칭찬하는 것과 같다. 사람들이 좋은 인상을 받을 수는 있겠지만, 정작 무엇을 사야 할지 모른다.

믿음의 걸림돌 제거

바울은 다른 곳에서 우리의 일이 복음과의 관계에서 수행하는 적절한 역할을 표현한다. 데살로니가전서 4장 11-12절에서, 바울은 교회에게 말한다. "조용히 자기 일을 하고 너희 손으로 일하기를 힘쓰라 **이는 외인에 대하여 단정히 행하고 또한 아무 궁핍함이 없게 하려 함이라.**"

핵심은 우리의 일이 누군가를 구원한다는 게 아니라, 우리가 살면서 일을 잘하면 장애물이 제거된다는 것이다. 다시 말해 선하고 정직한 일이 우리를 구원하는 하나님의 복음은 아니라는 뜻이다. 그러나 부정직한 크리스천 자동차 판매원은 복음의 오점이며, 그리스도의 아름다움에 이르는 길에 장애물을 놓는다.

나태함은 범죄보다 큰 걸림돌이 될 수 있다. 당신은 직장에서 어려움이 생기면 찾아갈 사람으로는 보이지만, 복잡하고 전문적인 문제는 맡기기 어려운 사람으로 인식되고 있지는 않은가? 하지만 굳이 둘 중 하나로 나눌 필요는 없다. 성경은 이렇게 말한다. "무슨 일을 하든지 마음을 다하여 주께 하듯 하고 사람에게 하듯 하지 말라"(골 3:23; 엡 6:7 참조).

그러므로 우리가 세상일을 통해 하나님을 소중히 여기는 방법은 복음의 길에 장애물을 놓지 않으며, 완전한 만족을 주는 그리스도의 아름다움에 주목하게 할 만큼 높은 기준의 탁월함과 깊은 청렴함과 분명한 선의(善意)로 일하는 것이다. 우리의 일로 복음을 빛나게 할 때, 우리의 삶은 허비되지 않는다. 장식품 자체(하나님을 의지하고, 하나님을 나타내며, 하나님을 높이는 우리의 일)는 그리스도의 피로 우리를 위해 산 것이며, 우리가 빛내는(장식하는) 아름다움 자체는 그리스도의 십자가 복음임을 기억할 때, 우리의 보잘것없는 장식은 십자가를 빛낸다.

4 _ 우리는 일할 때 경제적 보상보다 유익함에 초점을 맞춘 채 다른 사람들을 의지하지 않을 만큼 돈을 벎으로써 우리의 세상일을 통해 하나님을 소중히 여긴다.

태초에 하나님은 만족스러운 일이 우리의 필요를 공급하도록 계획하셨다. 하나님은 태초에 일하셨으며(창 2:2 참조), 하나님이 자신의 형상으로 창조하신 인간도 일했을 것이다. 죄가 세상에 들어오기 전, 일은 헛되거나 실망을 주지 않았을 것이다. 일은 모든 필요를 채우는 하나님의 풍성한 공급과 아름답게 연결되었을 것이다. 일은 땅을 황폐하게 하지 않으면서 인간의 물질적 필요를 채웠을 것이다(창 1:28 참조).

태초에 인간의 농장은 쟁기질을 하고 씨를 뿌려야 하는 거친 땅이 아니라 유실수로 가득한 정원이었다. "여호와 하나님이 그 땅에서 보기에 아름답고 먹기에 좋은 나무가 나게 하시니…"(창 2:9). 그뿐 아니라 "강이 에덴에서 흘러 나와 동산을 적"셨다(창 2:10).

오늘, 우리를 덮은 저주

처음에 하나님은 부족한 게 없는 낙원에 "땅을 갈 사람도 없었"다고(창 2:5) 하셨다. 그 후 하나님이 흙으로 사람을 지으셨고 아담은 창조세계의 청지기로 아버지와 함께 일하는 아들이 되었다. 일의 본질은 생존이 아니었다. 하나님이 친히 생존을 책임지셨다. 인간은 음식과 의복 걱정 없이, 일로부터 자유했던 게 아니라 일 **안에서** 자유하며 창조적이었다.

죄가 세상에 들어온 후 바뀐 게 있다면, 인간이 일을 해야 했다는 게 아니라 일이 힘들어졌고 타락한 인간이 헛된 수고와 실망을 겪게 되었다는 것이다. 하나님이 아담에게 말씀하셨다.

> 아담에게 이르시되 네가 네 아내의 말을 듣고 내가 네게 먹지 말라 한 나무의 열매를 먹었은즉 땅은 너로 말미암아 저주를 받고 너는 네 평생에 수고하여야 그 소산을 먹으리라 땅이 네게 가시덤불과 엉겅퀴를 낼 것이라 네가 먹을 것은 밭의 채소인즉 네가 흙으로 돌아갈 때까지 얼굴에 땀을 흘려야 먹을 것을 먹으리니 네가 그것에서 취함을 입었음이라 너는 흙이니 흙으로 돌아갈 것이니라 하시니라(창 3:17-19).

아담과 하와가 자신을 의지하고 하나님 아버지의 인도와 공급을 거부하기로 했을 때, 하나님은 이들이 자신들의 선택에 매이게 하셨다. 하나님은 이때부터 이들이 수고하고 땀 흘려야 먹으리라고 하셨다. 그래서 아담과 하와는 일이 행복인 에덴동산에서 고통스러운 수고의 땅으로 쫓겨났다.

오늘 우리를 덮은 저주는 우리가 반드시 일을 해야 한다는 사실이 아니다. 우리가 일하는 동안 약함과 실망과 재난과 염려와 싸워야 한다는 사실이다. 이 모든 것이 더 무겁게 느껴지는 이유는 무엇인가? 이제 우리가 이렇게 수고해야 살아갈 수 있기 때문이다. "너는 네 평생에 수고하여야 그 소산을 먹으리라 … 얼굴에 땀을 흘려야 먹을 것을 먹으리니."

그리스도께서 친히 저주를 감당하셨고, 우리는 자유를 얻었다

그러나 그리스도께서 자기 백성에게서 저주를 걷어 내려고 오지 않으셨는가? 그렇다. "그리스도께서 우리를 위하여 저주를 받은 바 되사 율법의 저주에서 우리를 속량하셨으니 기록된 바 나무에 달린 자마다 저주 아래에 있는 자라 하였음이라"(갈 3:13).

그렇더라도 저주가 단번에 완전히 제거되지는 않는다. 하나님은 우리를 단계적으로 구원하신다. 그리스도께서 죄 때문에 죽으시고 부활하셨을 때 악에게 결정타를 날리셨다. 그러나 아직 모든 원수가 그분의 발아래 다 굴복하지는 않았다. 예를 들면, 죽음은 우리가 여전히 경험하는 저주의 일부다. 그리스도께서 그분의 백성을 위해 죽음을 이기셨으나, 그 승리가 지금은 부분적이다. 우리는 여전히 죽는다. 그러나 사망의 "쏘는 것", 죽음의 절망이 제거되었다. 우리가 그리스도 안에서 죄사함을 받았으며 그리스도께서 부활하셨기 때문이다(고전 15:54-55 참조).

이와 비슷하게 우리는 여전히 자신의 필요를 공급하기 위해 열심히 일해야 한다. 그리스도께서 말씀하셨다. "목숨을 위하여 무엇을 먹을까 무엇을 마실까 몸을 위하여 무엇을 입을까 염려하지 말라 … 너희 하늘 아버지께서 이 모든 것이 너희에게 있어야 할 줄을 아시느니라 그런즉 너희는 먼저 그의 나라와 그의 의를 구하라 그리하면 이 모든 것을 너희에게 더하시리라"(마 6:25, 32-33).

그분은 "수고하고 무거운 짐 진 자들아 다 내게로 오라 내가 너희를 쉬게 하리라"(마 11:28)고 말씀하신다. 그분은 "견실하며 흔들리지 말고 항상 주의 일에 더욱 힘쓰는 자들이 되라 이는 너희 수고가 주 안에서 헛되지 않은 줄 앎이라"(고전 15:58)고 말씀하신다. 하나님은 그분의 자녀들이 일을 하면서 실망과 헛수고와 침울한 연약함에 짓눌리길 원하지 않으신다. 하나님은 이러한 저주를 지금 이 시대에도 우리에게서 걷어 내려 하신다.

낙원은 아직 오지 않았다

그러나 죽음이 이 세대의 마지막까지 현실로 남듯이, 우리는 타락한 이 세대에서 일을 힘들게 만드는 수많은 장애물과 싸우며 일해야 한다. 아직은 우리가 낙원으로 돌아가 하나님의 정원에서 열매를 얻을 때가 아니다.

데살로니가의 성도들은 이 부분에서 실수했다. 어떤 사람들은 그리스도께서 이제 곧 오시리라고 생각했기 때문에 일을 그만두고 게으르게 살았다. 그래서 바울은 이들에게 이렇게 썼다. "우리가 너희와 함께 있을 때에도 너희에게 명하기를 누구든지 일하기 싫어하거든 먹지도 말게 하라 하였더니 우리가 들은즉 너희 가운데 게으르게 행하여 도무지 일하지 아니하고 일을 만들기만 하는 자들이 있다 하니 이런 자들에게 우리가 명하고 주 예수 그리스도 안에서 권하기를 조용히 일하여 자기 양식을 먹으라 하노라"(살후 3:10-12).

일할 능력이 있으면서도 게으르게 살고 다른 사람이 흘린 땀의 열매를 먹으려는 사람들은 하나님의 계획을 거스르는 사람들이다. 할 수 있다면 자기 일을 하며 살아야 한다.

그렇다면 그리스도인들은 '자기 일을 하면서' 어떻게 그리스도를 소중히 여기는가? 첫째, 이 세대를 향한 하나님의 계획에 자발적으로 순종함으로써 그리스도를 소중히 여긴다. 순종의 행위가 그리스도의 권위를 높인다.

둘째, 그리스도인들이 자기 일을 하지 않고 다른 사람들을 의지하는 모습을 보고, 하나님이 따를 가치가 없는 분이라는 증거로 삼는 불신자들이 있다. 그리스도인들은 이러한 걸림돌을 제거함으로써 그리스도를 소중히 여긴다. "…자기 일을 하고 … 이는 외인에 대하여 단정히 행하고 또한 아무 궁핍함이 없게 하려 함이라"(살전 4:11-12).

우리는 자기 일을 하며 살아감으로써 하나님을 높인다. 우리가 이렇게 할 때 비그리스도인들이 그리스도의 진정한 모습을 보는 길이 환하게 열리기 때문이다. 목적도 없고 비생산적인 그리스도인들은 창조적이고 목적과 능력과 자비가 넘치는 하나님과 모순된다. 이들은 삶을 허비하고 있다.

썩을 양식을 위해 일하지 말라

셋째, 우리는 경제적 이익이 아니라 우리의 생산물이나 섬김이 사회에 미치는 유익에 초점을 맞춘 채 자기 일을 하며 살아감으로써 하나님을 소중히 여긴다. 나는 지금 우리가 우리의 필요를 채울 만큼 돈을 벌어야 한다고 말하고 있다. 단, **이것이** 우리가 일하는 첫 번째 이유여서는 안 된다. 예수님이 하신 가장 충격적인 말씀 가운데 하나는 이것이다. "**썩을 양식을 위하여 일하지 말고** 영생하도록 있는 양식을 위하여 하라 이 양식은 인자가 너희에게 주리니…"(요 6:27).

썩을 양식을 위하여 일하지 말라! "썩을 양식"은 모든 일반적인 음식과 양식을 의미한다. 그러므로 이 말씀은 충격적이다. 내가 하는 말과 정확히 반대되는 것 같다. 그분의 말씀은 무슨 뜻인가?

지금까지 살펴본 바에 따르면, 예수님의 말씀은 자신의 일을 하며 자신의 떡을 먹는 게 잘못이라는 뜻이 아니다. 그분의 말씀은 우리가 썩을 양식을 위해 일할 때 그 양식을 위해 일하는 게 아니라, 그 이상을 위해 일한다는 진지한 의식이 있어야 한다는 뜻이다. 일할 때 단순히 물질에 초점을 맞추지 말라. 단순히 당신의 수입으로 살 수 있는 썩을 양식에 눈을 두지 말라. 먼저 자신에게 들어올 돈을 보며 일하지 말고 자신이 타인에게 끼칠 유익을 보며 일하라. 당신이 만드는 물품이나 하는 일로 사람들에게 유익을 주겠다는 생각으로 일하라.

그리스도께서 일의 저주를 걷어 내셨다. 그리스도께서 걱정스러운 수고를 우리의 필요를 채우겠다는 하나님의 약속에 대한 신뢰로 바꾸셨으며(빌 4:19 참조), 이로써 우리 안에서 일에 대한 다른 열정을 깨우셨다. 우리는 이제 기쁨으로 예수님의 부르심에 답한다. 먼저 하나님의 나라와 그분의 의를 구하라. 그러면 썩을 양식을 너희에게 더하시리라. 그러므로 썩을 양식을 위해 일하지 말라. 사람들을 사랑하고 하나님을 높이기 위해 수고하라. 당신의 일을 통해 사람들을 복되게 할 새로운 방법을 모색하라. 이익부터 따지는 태도를 버리고, 당신이 하는 일이나 섬김으로 어떻게 사람들을 도울 수 있을지를 먼저 생각하라.

거래를 하되 거래로부터 자유하라

어떻게 하면 썩을 양식도 이익도 목적이 되지 않으면서, 아침에 일어나 일하러 갈 수 있을까? 이것은 많은 기도와 갈망을 통해 얻는 참된 영적 발견이다. 내가 설명하는 대로 되지는 않는다. 그러나 성령님께서 나의 설명을 사용하셔서 당신이 이러한 이상을 더욱 추구하게 하시길 바란다. 바울은 고린도전서 7장 30-31절에서 우리가 매우 긴급한 시대를 살기 때문에 "무엇을 사는 사람은 그것을 소유하지 않은 것처럼 하고 세상 물건을 쓰는 사람은 다 쓰지 못하는 사람같이 하십시오."라고(현대인의 성경) 했다. 이것은 일하되 썩을 양식을 위해 일하지는 말라고 또 다른 방식으로 말하는 것이다. 가서 물건을 사라. 그러나 마치 그 물건을 소유하지 않은 것처럼 행동하라. 거래를 하되 거래로부터 자유하라. 그리고 거래의 경제적 결과가 당신의 삶은 아님을 기억하라.

당신이 일하는 목적

당신이 크리스천 증권 중개인인데 시장이 몰락하는 광경을 보았다고 하자. 썩을 양식을 위해 일하지 않는다는 말은, 당신의 진정한 삶이 위태롭지 않다는 뜻이다. 당신의 평안과 기쁨이 무너지지 않는다. 고객들을 위해 최선을 다하겠다는 당신의 결심은 변함이 없다. 그래서 당신은 고객들에게 주식을 팔고 그 돈을 하나님의 영광을 위해 다른 방식으로 사용하라고 조언할 수도 있다. 당신은 썩을 양식을 위해 일하지 않는다. 당신의 목적은 자신이 일하는 방법을 통해 그리스도께서 높아지는 모습을 보며 기뻐하는 것이다.

예수님은 이렇게 말씀하셨다. "내게는 너희가 알지 못하는 먹을 양식이 있느니라 … 나의 양식은 나를 보내신 이의 뜻을 행하며 그의 일을 온전히 이루는 이것이니라"(요 4:32-34).

그 누구도 직업의 주된 목적을 썩을 양식을 얻는 데 두어서는 안 된다. 이 부분은 주님께 맡겨라. 대신에 우리를 보내신 분의 뜻을 이루는 것을 우리의 목적으로 삼아야 한다. 그분의 뜻은 우리가 그분을 다른 무엇보다 소중히 여기며 실제로 그렇게 사는 것이다.

크리스천 증권 중개인이라면 무너지는 시장을 보며 이렇게 말할 것이다. "내가 이 직업에서 원하는 주된 양식은 아직도 거기 있어요. 나는 무엇보다도 이 믿음의 시험을 통과하며 그리스도의 선하심과 능력 안에서 깊은 안식을 누리고 싶어요. 다른 사람들이 나의 태도와 청렴함을 보며 그리스도께 영광을 돌릴 때 그분의 이름이 높아지는 모습을 보며 정말로 기뻐하고 싶어요."

이 목적을 위해, 그는 영생에 이르는 양식을 위해 일한다. 그는 일찍 일어나 기도하고 묵상하며, 하루 종일 그리스도를 마음에 모시고 일한다. 이렇게 안전한 가운데 그는 다른 사람들의 유익을 생각하며 그들을 섬긴다. 이것은 허비하는 삶이 아니라 놀라운 삶이다.

예수님은 우리에게 세상에서 거류민과 나그네로 살라고 하신다. 우리를 세상에서 데려가심으로써가 아니라 우리를 뿌리째 바꾸심으로써, 우리가 세상을 보는 눈과 그 속에서 일하는 방식을 바꾸심으로써 그렇게 살라고 요구하신다.

단지 먹고 살려고 일한다면, 즉 썩을 양식을 위해 일한다면 그것은 삶을 허비하는 어리석은 것이다. 그러나 하나님이 우리의 모든 필요를 채우시리라는 확신과 그리스도께서 과분한 모든 복을 사려고 죽으셨다는 확신으로 일한다면, 우리의 모든 노동은 사랑의 노동이 되며 오직 십자가만 자랑하는 것이 된다.

5 _ 우리는 다른 사람들이 하나님을 기뻐하게 하는 데 쓰려는 마음으로 돈을 벎으로써 우리의 세상일을 통해 하나님을 소중히 여긴다.

내가 앞장에서 말한 모든 내용은 결국 이 한 가지를 말하려는 것이다. 우리는 돈이 아니라 그리스도가 우리의 보화임을 보여 주기 위해, 돈을 과감하게 사용할 수 있어야 한다.

그러나 돈은 나무에 열리지 않는다. 일을 해야 돈을 번다. 우리는 사람들이 값을 내고 구매할 서비스나 상품을 제공한다. 그러므로 여기서 말하려는 요점은 이것이다. 우리는 일할 때 다른 사람들이 하나님을 기뻐하게 만드는 데 우리의 여윳돈을 어떻게 사용할지 꿈꿔야 한다. 물론 우리는 가진 모든 돈을 다른 사람들이 하나님을 기뻐하게 만드는 데 써야 한다. 왜냐하면 우리의 삶 전체가 바로 그 목적을 향해 있어야 하기 때문이다.

여기서 요점은 이것이다. 돈을 벌려는 목적이 우리의 필요를 채우는 데 있지 않고(우리의 필요는 우리의 생각보다 훨씬 적다) 예수님의 이름으로 다른 사람들의 필요를 채우는 데 있다면 우리의 세상일은 하나님을 크게 높이며, 세상을 향한 축복이 된다.

수고하여 약한 자들을 도우라

하나님은 우리가 스스로의 필요를 채우지 못하는 사람들의 필요를 채우기 위해 일해야 한다고 분명히 말씀하신다. 일할 수 있다면 모두 일해야 하며, 일반적으로 일을 하면 자신의 필요를 채울 수 있다. "자기의 토지를 경작하는 자는 먹을 것이 많거니와…"(잠 12:11).

그러나 늘 그렇게 할 수 있는 것은 아니다. 가뭄 때문에 농장이 피해를 입기도 한다. 땀 흘려 벌어 놓은 재산을 도둑이 훔쳐 가기도 한다. 장애 때문에 일할 능력을 상실하기도 한다. 이 모두는 죄가 세상에 불러 온 저주의 일부다. 이에 자비로운 하나님은 건강한 자들이 의지할 데 없는 자들의 필요를, 특히 어려울 때 채워 주길 원하신다.

성경의 세 구절이 이것을 분명히 보여 준다. 디모데전서 5장 8절에서 바울은 늙은 과부들에 대해 자녀들과 손자들에게 말한다. "누구든지 자기 친족 특히 자기 가족을 돌보지 아니하면 믿음을 배반한 자요 불신자보다 더 악한 자니라."

사도행전 20장 35절에서 바울은 자신의 육체노동을 언급하며 말한다. "범사에 여러분에게 모본을 보여준 바와 같이 수고하여 약한 사람들을 돕고 또 주 예수께서 친히 말씀하신 바 주는 것이 받는 것보다 복이 있다 하심을 기억하여야 할지니라."

그리고 에베소서 4장 28절에서 바울은 이렇게 말한다. "도둑질하는 자는 다시 도둑질하지 말고 돌이켜 **가난한 자에게 구제할 수 있도록** 자기 손으로 수고하여 선한 일을 하라."

가지기 위해 훔칠 수도 있다. 가지기 위해 일할 수도 있다. 혹은 주기 위해 가지려고 일할 수도 있다. 하나님의 선하심을 기뻐함으로 세 번째 선택을 할 때, 하나님은 세상에서 크게 드러나신다.

6 _ 우리는 세상일을 통해 관계 맺는 사람들에게 복음을 전하고 실제적인 도움을 주면서 이들을 소중히 여겨야 하는 하나님의 선물로 여김으로써 우리의 세상일을 통해 하나님을 소중히 여긴다.

이것을 마지막에 둔 이유는 덜 중요하기 때문이 아니다. 단지 이것을 가장 우선에 두는 사람들 중 일부는 세상일의 중요성을 간과하기 때문이다. 나 역시 이런 실수를 했다.

개인 전도는 아주 중요하다. 그래서 우리는 개인 전도가 인생에서 유일하게 중요한 일이라고 생각하기 쉽다. 그러나 성경은 단순히 복음을 말하는 것이 아니라, 복음을 빛나게 하는 삶을 강조한다.

이것이 맞다. 그러나 이제 나는 '그리스도의 좋은 소식 **말하기**'가 하나님이 당신을 현재의 직장에 두신 이유 중 하나라고 말하고 싶다. 하나님은 당신이 다른 사람들에게 복음을 전하도록 다른 사람들의 삶 속에 두셨다. 복음을 전하지 않는다면, 복음을 빛내는 우리의 모든 행위는 한 가지가 부족하게 되며, 따라서 생명을 주는 행위가 되지 못한다.

그리스도인의 소명은 자신의 입을 생명의 샘으로 만드는 것도 포함한다. "의인의 입은 생명의 샘이라…"(잠 10:11).

영생의 고리는 예수 그리스도를 믿는 믿음이다. 당신이 좋은 직원이라는 좋은 느낌이 사람을 구원하는 게 아니다. 사람들은 복음을 알아야 한다. 복음은 영생에 이르게 하는 하나님의 능력이기 때문이다(롬 1:16 참조). "믿음은 들음에서 나며 들음은 그리스도의 말씀으로 말미암았느니라"(롬 10:17).

초대교회는 "복음을 전하는" 단체였다. 이들은 복음을 전했다. 신자들은 스데반의 순교 이후 박해 때문에 예루살렘에서 쫓겨났을 때, "두루 다니며 복음의 말씀을 전"했다(행 8:4).

이들이 새로운 관계를 맺을 때마다 이들의 입술에는 복음이 있었다. 이들은 자신을 "선포자"(딤후 1:11)로 여겼다. "너희는 택하신 족속이요 왕 같은 제사장들이요 거룩한 나라요 그의 소유가 된 백성이니 이는 너희를 어두운 데서 불러 내어 그의 기이한 빛에 들어가게 하신 이의 아름다운 덕을 **선포하게 하려 하심이라**"(벧전 2:9).

이들은 거저 받았다. 그래서 거저 주었다.

이들은 한 생명의 가치에 관한 예수님의 말씀에 감동했다. "사람이 만일 온 천하를 얻고도 자기 목숨을 잃으면 무엇이 유익하리요 사람이 무엇을 주고 자기 목숨과 바꾸겠느냐"(막 8:36-37).

이들은 C. S. 루이스가 2천 년 후에 한 영혼을 그리스도께 인도하는 일과 옥스퍼드 대학의 영문학 교수라는 자신의 직업이 갖는 가치의 관계를 깊이 생각하며 했던 말의 무게를 느꼈다.

> 그리스도인은 교양 있는 이교도에 비해 문학을 조금 덜 진지하게 여긴다. … 불신자는 언제나 자신의 심미적 체험을 일종의 종교로 삼기 쉬우며 … 일반적으로 단순한 기분 전환을 위해 책을

드는 다수의 대중에 대한 자신의 우월성을 유지하고 싶어 한다. 그러나 그리스도인이 처음부터 아는 게 있다. **한 영혼의 구원이 세상의 모든 서사시와 비극의 창작과 보존보다 중요하다는 것이다.** 우월성에 관해, 그리스도인은 세상 사람들이 대부분의 우월한 사람들을 포함한다는 것을 안다.[4]

핵심은 루이스가 직장을 그만두고 전임 전도자가 되었다는 게 아니며 당신도 그래야 한다는 것도 아니다. 핵심은 그가 자기 일의 의미를 올바른 시각으로 보았으며, 그 일에 의미를 부여하는 게 한 가지가 아님을 깨달았다는 것이다. 그는 앞에서 언급한 다섯 가지 방법에 대해, 자신의 직업을 통해 복음을 전할 수 있는 관계들이 형성되었음을 덧붙이고 싶을 것이다. 언젠가 복음을 지나치게 단순화한다는 비판을 받았을 때, 루이스는 그 비판자에게 대해 이렇게 말했다.

그가 많은 질병을 지적하는 데 그치지 말고 치료책도 조언했다면 보다 유익한 비판자일 것이다. 그가 이런 일을 하려면 어떻게 해야 하는가? 자신이 사는 도시에서 자기 주변의 가게 주인들, 변호사들, 부동산 중개사들, 장의사들, 정치가들, 예술가들 등 많은 사람들을 회심시키려 애쓸 때 어떤 방법을 쓰며 어떤 성과를 거두는가?[5]

우리가 살며 일하는 자리에서 형성되는 관계에 대해 말할 게 하나

더 있다. 많은 사람들에게 선교와 자비를 향해 나아간다는 말은 자기 직업을 버린다는 뜻이 아니라. 자기 직업을 가지고 세상의 다른 지역으로, 도움이 필요하고 손길이 덜 닿는 지역으로 나아간다는 뜻이다.

그리스도인들은 자기 직업(vocation, 소명)이 무엇인지 진지하게 물을 뿐만 아니라, 어디서 그 직업을 삶으로 실천할지도 진지하게 물어야 한다. 교사들, 목수들, 컴퓨터 프로그래머들, 경영자들, 공인회계사들, 의사들, 비행기 조종사들이 자국에서만 자신의 일을 해야 한다고 생각해서는 안 된다. 그들의 직업은 그 직업이 아니면 들어가기 어려운 나라에서, 가난 때문에 복음을 접하기 어려운 곳에서 더 잘 활용될 수도 있다. 이러한 방법으로 우리의 일을 통해 형성되는 관계망은 전략적으로 중요할 뿐만 아니라 목적을 갖는다.

일터에서도 그리스도를 소중하게

결론적으로 우리가 출근해서부터 퇴근할 때까지 그리스도를 소중히 여길 때 세상일은 낭비가 아니다. 이 시대에 하나님의 뜻은 그분의 백성이 모든 적법한 직업을 통해 빛과 소금처럼 흩어지는 것이다. 하나님의 목적은 자신을 알리는 것이다. 그분을 아는 것이 생명이며 기쁨이기 때문이다.

하나님은 우리를 세상 밖으로 불러내지 않으신다. 하나님은 노동의 필요를 제거하지 않으신다. 하나님은 사회와 문화를 파괴하지 않으신다. 흩어진 자신의 백성들을 통해, 하나님은 모든 민족의 기쁨을 위해 모든 일에서 그분의 지고하심을 드러내려는 열정을 퍼트리신다. 당신이 세상처럼 일하면, 얼마나 큰 부를 얻든 간에 삶을 허비할 것이다. 그러나 당신의 일이 구속의 관계망을 형성하고 그리스도의 영광의 복음을 빛낸다면, 당신의 만족은 영원히 지속되며 당신의 기쁨 가운데 하나님이 높임을 받으실 것이다.

09

선교와 자비 가운데
그리스도의 위엄을
나타내라

하나님은 여러분 가운데 몇몇에게 다가가고 계신다. 하나님은 마치 위험하고 힘든 일 가운데서 당신을 훨씬 더 행복하게 하려는 '천국의 사냥개'(Hound of Heaven, 1893년 가톨릭 시인 프란시스 톰슨은 하나님을 이렇게 묘사했다-역자주)와 같다. 선교사들과 자비의 사역자들은 하늘에서 떨어지는 게 아니다. 이들 역시 당신과 같은 사람들이었으며, 하나님의 영광에 놀라 가던 길을 멈추었다. 때때로 그 부르심은 당신이 정확히 반대 방향으로 가고 있을 때 일어나기도 한다.

아도니람 저드슨을 버마로 부르신 하나님

미국 최초의 해외 선교사 아도니람 저드슨이 이런 경우였다. 23세의 저드슨은 1812년 2월 17일에 아내와 함께 배에 올랐다. 결혼한 지 12일 후였다. 그는 1850년 세상을 떠날 때까지, 남은 생애 전부를 고난당하나 언제나 기뻐하며 보냈다. 버마를 그리스도의 통치 아래 두고, 그 백성들이 영원히 하나님을 기뻐하게 하려는 사명을 따라 살아간 것이다. 그러나 하나님은 먼저 그의 발걸음을 돌리셔야 했다. 저드슨은 자신의 발걸음을 돌리시는 하나님의 방법에 얼마나 놀랐던지 자신을 회심시키시는 하나님의 섭리를 평생 잊지 못했다.[1]

목사의 아들로 태어난 그는 3세 때 어머니에게서 한 주 만에 읽기를 배워 여행에서 돌아온 아버지를 깜짝 놀라게 했다.[2] 6세 때 로드 아이랜드 칼리지(Rhode Island College, 후에 Brown University로 바뀌었다)에 2학년으로 들어갔고, 3년 후 1807년에는 학과 수석으로 졸업했다.

하지만 경건한 부모는 이신론자(理神論者, Deist) 제이콥 임즈(Jacob Eames)라는 동료 학생이 아도니람에게 신앙을 버리라고 유혹한다는 사실을 몰랐다.[3] 그리고 대학을 졸업할 무렵, 저드슨은 더 이상 그리스도인이 아니었다. 그는 이 사실을 숨기고 있다가, 1808년 8월 9일 스무 번째 생일에 자신은 신앙을 버렸고, 희곡을 쓰고 싶으며 뉴욕으로 떠나겠다고 말했다. 엿새 후, 저드슨은 아버지가 유산의 일부로 준 말을 타고 뉴욕으로 떠났다.

그러나 뉴욕 생활은 그가 꿈꾸던 것과 완전히 달랐다. 그는 유랑 배우들을 따라다녔는데, 나중에 이렇게 고백했다. "잠잘 곳을 찾고, 기회가 있으면 여관비를 떼먹고 도망치는 그야말로 무모한 방랑 생활이었습니다."[4]

그는 이런 생활에 진저리가 났으며, 이것이 주목할 만한 여러 섭리의 시작이었다. 하나님은 그때부터 아도니람 저드슨에게 다가가고 계셨다.

저드슨은 에프라임 삼촌을 찾아 쉐필드로 갔다가 '경건한 청년'을 만났다. 저드슨은 엄격하고 오만하지 않으면서도 기독교 신앙에 대한 확신이 있는 그 청년에게 놀랐다.[5] 그가 자신이 찾던 삼촌 대신 이 청년을 만난 것은 이상한 일이었다.

잊을 수 없는 밤

다음날 밤, 저드슨은 한 번도 와 보지 않은 어느 작은 마을에 들어가 여관을 찾았다. 여관 주인은 옆방에 심하게 아픈 사람이 있어서 수면에 방해가 될지도 모른다며 양해를 구했다. 밤새도록 옆방에 사람들이 오가는 소리, 낮은 목소리, 신음소리, 헐떡이는 소리가 들렸다. 저드슨은 옆방 사람이 죽을 준비가 안 된 것 같다고 생각했다. 그러다가 자신을 돌아보았다. 자신의 죽음을 생각하니 무서웠다. 저드슨은 자신이 어리석다고 느꼈다. 훌륭한 이신론자는 이러한 갈등을 하지 않기 때문이었다.

다음날 아침, 저드슨은 여관 주인에게 옆방 사람이 나아졌느냐고 물었다. "죽었습니다." 여관 주인이 말했다. 저드슨은 그 말에 충격을 받고 다시 물었다. "그 사람이 누군지 아세요?" "네. 프로비던스에 있는 대학 출신이라던데요. 이름은 임즈, 제이콥 임즈고요."[6]

저드슨은 그 자리에 얼어붙었다. 그 자리에서 꼼짝 못한 채 몇 시간을 죽음과 영원만 생각했다. 그의 친구 임즈가 옳다면, 이것은 의미 없는 사건이었다. 그러나 저드슨은 그렇게 믿을 수 없었다. "지옥이 그 시골 여관의 문을 열고 제이콥 임즈를, 그의 가장 소중한 친구이자 안내자를, 바로 옆방에서 낚아채 갔다. 이것은 절대로, 절대로 단순한 우연의 일치일 수 없었다."[7)]

하나님은 정말로 계셨다. 그분이 아도니람 저드슨을 뒤쫓고 계셨다. 하나님은 버마 사람들에게 보낼 사람을 이미 알고 계셨다.

미국을 떠나 그리스도를 위해 살다

저드슨이 곧바로 회심하지는 않았다. 그러나 이제는 그가 회심한 게 분명했다. 하나님은 다메섹으로 향하던 사도 바울처럼 저드슨을 뒤쫓으셨고 그는 도망갈 길이 없었다. 그는 몇 달을 갈등했다. 그러다가 1808년 10월 앤도버 신학교(Andover Seminary)에 입학했으며, 그해 12월에 자신을 하나님께 드렸다. 1809년 6월 28일, 저드슨은 아시아 선교를 위해 회중교회에 나가기 시작했다.

같은 날, 저드슨은 앤을 만나 사랑에 빠졌다. 앤 해설틴을 만난 지 한 달 후, 저드슨은 앤에게 청혼을 하기로 했다. 저드슨은 자신의 삶이 위험하고 힘들 뿐만 아니라 먼 타향살이가 되리라는 것을 알았다. 다시 미국에 돌아오리라는 기대도 하지 않았다. 실제로 그는 33년 후 단 한 번 미국에 돌아왔을 뿐, 그 후 다시는 돌아오지 않았다. 앤은 저드슨과 함께 버마로 떠났으며 거기서 죽었다. 다음은 저드슨이 앤의 아버지에게 앤을 선교사의 아내로 달라고 부탁하는 편지다.

이제 감히 여쭙겠습니다. 내년 이른 봄에 따님을 보낼 수 있으신 지요? 어쩌면 세상에서 따님을 다시 보실 수 없을지 모릅니다.

따님을 보내시면, 따님이 어려움과 고난이 따르는 선교사 생활을 해야 하는데, 그래도 보낼 수 있으신지요? 따님이 위험한 항해를 해야 하며, 남부 인도의 치명적인 기후를 견뎌야 하고, 모든 게 부족하고 궁핍한 가운데 살아야 하며, 무시와 모욕과 박해와 어쩌면 참혹한 죽음까지 견뎌야 하는데, 그래도 따님을 보낼 수 있으신지요? 천국의 집을 떠나 따님과 아버님을 위해, 죽어 가는 불멸의 영혼들을 위해, 시온과 하나님의 영광을 위해 죽으신 그분을 위해 따님을 보낼 수 있으신지요? 따님을 영광스러운 세상에서, 의의 면류관을 쓰고, 따님을 통해 영원한 형벌과 절망에서 구원받는 이방인들이 따님의 구주께 올리는 우렁찬 찬양 가운데 따님을 곧 다시 만날 소망을 품고 따님을 보낼 수 있으신지요?[8]

앤의 아버지는 결정을 딸에게 맡겼다. 앤은 가겠다고 했다.

하나님은 우리를 편안함으로 부르시지 않고 신실한 기쁨으로 부르신다. 하나님이 지금 당신에게 다가가고 계신다. 미소 짓고 눈물 흘리시며, 자신을 많이 보여 주길 원하신다. 그 대가가 얼마나 큰지도 아신다. 당신에게 다가오시는 하나님께 등을 돌리지 않길 기도한다.

사람을 불쌍히 여기는 마음과 그리스도를 위한 열정은 하나다

당신에게 죽어 가는 영혼을 불쌍히 여기는 마음이 있고 그리스도를 높이려는 열정도 있다면, 절대로 세계 선교를 외면하지 못한다. 이 책의 한 가지 목적은, 당신이 사람들을 사랑하려는 동기와 그리스도를 영화롭게 하려는 동기 가운데 한쪽을 선택하지 않아도 된다고 믿을 때 삶이 어떻게 되는지 보여 주는 것이다.

이 둘은 서로 무관하지 않다. 한쪽을 토대로 한 행동은 다른 쪽을 토대로 한 행동을 포함한다. 따라서 당신의 목적이 사람들을 사랑하는 것이라면, 그들이 영원히 하나님을 기뻐하게 하기 위해 당신의 삶을 내려놓을 것이다. 당신의 목적이 성육하신 하나님이신 그리스도를 영화롭게 하는 것이라면, 사람들이 하나님 안에서 영원히 기뻐하게 하기 위해 당신의 삶을 내려놓을 것이다.

그 이유는, 하나님을 영원히 기뻐하게 하려는 바람 없이 행하는 그 어떤 선의도 결국 친절한 얼굴을 한 정죄이기 때문이다. 사랑은 언제나 궁핍한 자들에게 가장 좋은 것을 주길 원하는데, 가장 좋은 것이란 하나님을 온전히, 영원히 기뻐하는 것이다. 그리스도를 높이려는 그 어떤 노력도 하나님을 배반하는 백성에게 그리스도가 완전히 만족스러운 보화임을 보여 주려는 목적이 없다면, 이들의 배반에 가담하는 것이다.

하나님은 그분을 소중히 여기는 곳에서만 찬양받으신다. 우리가 진정으로 그분을 보화로 여길 때, 비로소 합당한 찬양을 드리게 된다. 사람도 사랑하고 하나님도 높여야 한다. 둘 가운데 하나만 할 수는 없다. 단 하나의 열정이 있다. 죽어 가는 영혼들이 그리스도 안에서 영원히 만족하게 되고, 그로 인해 그리스도께서 영광을 받으시는 모습을 보려는 열정이다. 바로 이 열정이 우리가 '세계 선교'라고 부르는 이 거대한 사역을 가능하게 하는 추진력이다.

준비 없이 찾아온 당신에게

모든 사람이 세계의 미전도 종족들 가운데 그리스도의 영광을 나타내려는 분명하고 뜨거운 열정을 품고 지금 이 장을 읽고 있지는 않을 것이다. 우리들 대부분은 자신이 사는 지역과 자신이 속한 인종을 기준으로 생각하는 경향이 강하다. 또 매우 편협하며, 때로는 자기중심적이고 인종차별적이기까지 하다.

우리는 세계적이며 다국적이며 다민족적이며 다언어적인 하나님의 대의를 거의 생각하지 못한다. 또한 기니, 인도네시아, 탄자니아, 타일랜드, 카자흐스탄, 우즈베키스탄, 튀르키예, 슬로바키아, 중국, 시베리아, 일본, 카메룬, 미얀마, 소말리아, 흐몽족(동남아시아의 산지부족)이나 다코타족(아메리카 인디언 부족 가운데 하나)이나 미네소타의 오지브웨이족(아메리카 인디언 부족 가운데 하나)을 향한 하나님의 열정과 목적도 거의 생각하지 못한다.

그래서 나는 당신이 세상에서 정말로 중요한 소식(하나님이 정하신 세상 모든 역사의 참된 의미가 드러나게 될 완성을 향해, 세상의 민족들에게 기독교의 진리와 신앙이 전파되고 있다)에 대해 분명하고 확실한 관심을 갖고 이 장을 읽으리라고 생각하지 않는다.

나는 당신이 세상을 향한 하나님의 위대한 목적에 사로잡혀 이 페이지를 읽고 있다고 생각하지 않는다. 나는 단지 하나님이 말씀하시는 그분의 우선순위를 들려주고 싶을 뿐이다.

땅의 모든 끝이 여호와를 기억하고 돌아오며 모든 나라의 모든 족속이 주의 앞에 예배하리니 나라는 여호와의 것이요 여호와는 모든 나라의 주재심이로다(시 22:27-28).

그리고 **구약은 이렇게 기도한다.**

하나님이여 민족들이 주를 찬송하게 하시며 모든 민족들이 주를 찬송하게 하소서 온 백성은 기쁘고 즐겁게 노래할지니…(시 67:3-4).

그리고 **구약은 이렇게 명령한다.**

그의 영광을 백성들 가운데에, 그의 기이한 행적을 만민 가운데에 선포할지어다 … 모든 나라 가운데서 이르기를 여호와께서 다스리시니 … 할지로다(시 96:3, 10).

그리고 **부활하신 그리스도께서 주신 신약의 대위임**이 있다.

예수께서 나아와 말씀하여 이르시되 하늘과 땅의 모든 권세를 내게 주셨으니 그러므로 너희는 가서 모든 민족을 제자로 삼아 아버지와 아들과 성령의 이름으로 세례를 베풀고 내가 너희에게 분부한 모든 것을 가르쳐 지키게 하라 볼지어다 내가 세상 끝날까지 너희와 항상 함께 있으리라 하시니라(마 28:18-20).

그리고 **이 사명에 전적으로 헌신한 사도 바울의 위대한 삶**이 있다.

또 내가 그리스도의 이름을 부르는 곳에는 복음을 전하지 않기를 힘썼노니 이는 남의 터 위에 건축하지 아니하려 함이라 기록된 바 주의 소식을 받지 못한 자들이 볼 것이요 듣지 못한 자들이 깨달으리라 함과 같으니라(롬 15:20-21).

그리고 **하나님의 목적이 역사 속에서 이루어질 때 나타나는 최종 결과에 대한 장엄한 그림**이 있다.

그들이 새 노래를 불러 이르되 두루마리를 가지시고 그 인봉을 떼기에 합당하시도다 일찍이 죽임을 당하사 각 족속과 방언과 백성과 나라 가운데에서 사람들을 피로 사서 하나님께 드리시고 그들로 우리 하나님 앞에서 나라와 제사장들을 삼으셨으니 그들이 땅에서 왕 노릇 하리로다 하더라(계 5:9-10).

이 구절들과 그 밖의 구절들을 중심으로, 나는 선교라는 그리스도의 위대한 세계적 목적에 관해 여러 해 동안 생각하고 설교하며 글을 썼다. 여러 해 전, 우리 교회 장로들이 초임 장로들을 교육하고 새로운 장로들을 선출하는 데 지침이 될 신앙 선언문 초안을 작성했다. 이 선언문의 13항은 우리의 선교관을 간단하게 기술한다.

> 우리는 모든 민족으로 제자를 삼으라는 주 예수님의 명령이 세상 끝날까지 그분의 교회에게 구속력이 있다고 믿는다. 이 과업은 복음을 모든 족속과 방언과 민족과 나라에 선포하고, 그들에게 침례를 베풀며, 그들에게 주님의 말씀과 길을 가르치며, 그들을 모아 자기 백성 가운데서 그리스도인의 소명을 감당할 수 있는 교회를 세우는 것이다. 세계 선교의 궁극적 목적은, 하나님께서 말씀으로 예배자들을 세우시는 것이다. 이들은 기쁨이 가득한 믿음과 순종으로 하나님의 이름을 영화롭게 한다. 선교가 존재하는 이유는 예배가 존재하지 않기 때문이다. 이 세상이 끝나고 구속받은 무수한 영혼들이 하나님의 보좌 앞에 엎드릴 때, 선교는 더 이상 없을 것이다. 선교는 일시적으로 필요하다. 그러나 예배는 영원하다. 그러므로 예배는 선교의 원동력이자 목적이다.[9]

복음의 승리를 갈망하라

큰 그림은 이렇다. 그리스도께서는 세계 모든 민족 가운데 그분을 기뻐하는 사람들을 모으기 위해 이 땅에 오셔서 죽으시고 부활하셨다. 이것이 모든 그리스도인이 꾸어야 하는 꿈이다.

앞장에서 세상 직업에 관해 쓴 내용에 비추어 조심스럽게 말한다. 전시에 삶과 문화의 전체적인 틀이 무너지지 않는 게 중요하듯이, 그리스도인들이 세상 직업에서 자기 삶의 소명을 이루는 것이 중요하다. 그러나 전시에는 수많은 민간인들까지도 최전선의 소식을 듣고 싶어 한다. 승전보를 듣고 싶어 하며, 전쟁이 없는 날을 꿈꾼다.

그리스도인들도 마찬가지다. 우리는 모두 이날을 꿈꿔야 한다. 우리는 왕이신 예수님이 어디까지 진군하셨는지 듣고 싶어 해야 한다. 우리는 그리스도께서 오랫동안 어둠의 세력에 눌린 민족들 가운데 그분의 교회를 세우시는 복음의 승리를 듣고 싶어 해야 한다.

모든 민족과 족속과 방언에서 사람들이 와서 그리스도를 예배하며 그분을 만물보다 높일 것이다. 이것이 세상 역사를 향한 하나님의 계획이다. 또는 바울은 "이방인들도[모든 민족이] … 하나님께 영광을 돌리게 하려 하심이라"(롬 15:9)고 말한다. 이것이 하나님의 계획이다.

수많은 미전도 종족들이 그리스도를 모르는 한, 그리스도의 백성에게 나약한 포기나 겁먹은 후퇴나 무심한 만족이란 있을 수 없다. 모든 그리스도인은 사람들을 사랑하고 그리스도를 높이는 세계 선교에 관심을 가져야 한다.

하나님의 큰 그림

어떤 사람은 이렇게 말할지 모른다. "하지만 복음이란 내가 죄를 용서받고, 영생의 소망을 가지며, 성령이 충만하고, 예수님을 닮아 감으로써 더 나은 엄마나 아빠나 아들이나 딸이나 친구나 직원이나 시민이 되는 게 아닌가요?"

물론 맞는 말이다. 그러나 우리가 하나님과 동행할 때 여기에만 초점을 맞추면 큰 그림을 놓친다. 다시 말해, 이 모두의 더 큰 핵심을 놓치게 된다. 그러면 우리는 월드시리즈의 핵심은 선수에게 배트를 챙겨 주는 일이라고 생각하는 양키 스타디움의 배트보이와 같다.

그러므로 예수님의 이름으로 촉구한다. 깨어라! 가슴을 활짝 펴고 마음을 열고 날개를 펼쳐라. 당신의 유한한 삶 위로 날아올라 세상 역사를 향한 하나님의 세계적 목적, 절대 실패할 수 없으며 전율을 일으키는 큰 그림을 보라. 하나님은 말씀하신다.

···나의 뜻이 설 것이니 내가 나의 모든 기뻐하는 것을 이루리라
(사 46:10).

하늘에 있는 자들과 땅에 있는 자들과 땅 아래에 있는 자들로 모든 무릎을 예수의 이름에 꿇게 하시고 모든 입으로 예수 그리스도를 주라 시인하여 하나님 아버지께 영광을 돌리게 하셨느니라
(빌 2:10-11).

이 천국 복음이 모든 민족에게 증언되기 위하여 온 세상에 전파되리니 그제야 끝이 오리라(마 24:14).

화내지 말고 기쁘게 동역하라

하나님이 여러분에게 날개를 주어 날아올라 그분처럼 세상을 보게 하실 것이다. 이때 여러분 가운데 많은 사람들이 현재 상황에서 벗어나, 단순히 보내는 자가 아니라 가는 자로서 크고 역사적이며 세계적인 하나님의 목적에 직접 참여하길 기도한다.

지역 사역이나 중요한 세상 직업에 헌신된 사람들 가운데 아무도 이러한 나의 기도에 화내지 않길 바란다. 오히려 기뻐하라. 당신은 남을 자유도 있고 떠날 자유도 있다. 여러분 가운데 많은 사람들이 남을 것이다.

당신이 남는 것은, 당신이 지금 있는 곳에서 하나님의 목적을 이루는 데 중요하다. 그리고 떠나는 이들이 그 목적을 이루도록 돕는 데 중요하다. 다만 당신이 가지 않으면 다른 사람들이 간다. 그러므로 죄책감을 느끼거나 화를 낼 필요는 없다. 기쁨으로 하는 동역이 꼭 필요하다.

남는 사람들, 즉 보내는 사람들은 주목할 만한 사실을 명심해야 한다. 해외 선교는 국내의 **모든** 자비 사역에 대한 검증이다. 해외 선교는 국내의 자비 사역을 해외로 확장하는 일이기 때문이다. 미전도 종족 사이에 교회를 세운다는 말은 예수님이 가난한 자들에게 베풀라고 명하신 모든 자비를 베풀기 위한 작전 기지를 세운다는 뜻이다.

우리가 국내에서 우리의 빛을 사람들에게 비추어 "그들로 너희[우리의] 착한 행실을 보고 하늘에 계신 너희[우리의] 아버지께 영광을 돌리게 하"지(마 5:16) 않는다면, 우리가 열방에 어떤 순종을 전하겠는가? 대위임은 "내가[예수님이] 너희에게 분부한 모든 것을 가르쳐 지키게 하라"(마 28:20)는 말씀을 포함한다.

그분이 무엇을 명하셨는가? 강도를 만나 깊은 상처를 입은 사람과 그에게 "자비를 베푼" 선한 사마리아인의 이야기를 하시며, 우리 모두에게 "가서 너도 이와 같이 하라"고 말씀하셨다(눅 10:37).

선교와 자비

국내에 남은 사람들이 도움의 손길을 펼쳐야 할 곳이 많다. 우리에게 눈과 마음이 있다면 이들을 그냥 지나칠 수 없다. 이러한 도전은 해외 선교의 도전과 분리되지 않는다. 가난한 사람들에게 실질적인 자비를 베푼다면, 국내에서 그리스도의 아름다움을 드러내고 해외로 기독교 신앙을 전하려는 우리의 노력이 신뢰를 얻게 된다.

국내의 비극은 못 본 체하면서 해외 선교에만 열심을 내는 듯 행동한다면 위선자일 뿐이다. 선한 사마리아인의 이야기에 등장하는 제사장과 레위인은 뭔가 잘못되었다. 이들은 먼(distant, 고상한) 종교적 목적이 있었으나 눈앞에 보이는 고통, 자기 손을 더럽히며 보살펴야 하는 고통은 외면했기 때문이다. 우리가 가까이서 행하는 자비 사역은 먼 사역에 대한 우리의 관심이 진짜임을 확인해 준다.

해외 선교와 국내의 자비 사역은 우리가 열방으로 보내야 할 복음의 본질에서 보면 서로 연결된다. 복음의 핵심은 이것이다. "부요하신 이[그리스도]로서 너희를 위하여 가난하게 되심은 그의 가난함으로 말미암아 너희를 부요하게 하려 하심이라"(고후 8:9).

우리 자신이 맛보며 다른 사람들에게 전하는 구원은 가난한 자들에게 행하는 하나님의 자비 사역인데, 우리도 이 사역의 대상이다. 우리는 선교와 자비에 대한 하나님의 헌신에 생명을 빚졌다. 하나님은 우리를 도우러 먼 길을 오셨으며, 그분의 도움은 우리에게 필요한 모든 도움을 포함한다.

하나님은 우리를 도우시느라 손이 더러워지셨다. 사실 그분은 죽임을 당하셨다. 자비로운 고난이 우리의 구원을 **샀으며** 우리의 구원으로 인도하는 길이다. "…그리스도도 **너희를 위하여** 고난을 받으사 너희에게 본을 끼쳐 그 자취를 따라오게 하려 하셨느니라"(벧전 2:21).

선교와 자비는 분리될 수 없다. 우리가 열방에게 들고 나아가는 바로 그 복음이 국내의 가난한 자들에게 자비의 본을 보이며, 그들에 대한 자비를 명령하기 때문이다.

맥체인의 뼈아픈 비교

이러한 관계를 로버트 머리 맥체인보다 더 확실하게 설명한 사람을 보지 못했다. 이전에도 언급했듯이 맥체인은 1843년 29세의 나이로 사망한 스코틀랜드의 젊은 목사다. 그는 가난한 사람들을 위한 사역에 관한 까다로운 몇몇 질문에 대답하면서 이러한 빈민 사역과 우리를 위한 그리스도의 사역을 비교했다.

사랑하는 그리스도인들이여, 여러분 가운데 어떤 이들은 참포도나무의 가지가 되게 해달라고 밤낮으로 기도합니다. 여러분은 그리스도의 형상을 온전히 닮게 해달라고 기도합니다. 그렇다면 여러분은 그리스도처럼 베풀어야 합니다. … "그분은 부요한 분이지만, 여러분을 위해 가난하게 되셨습니다." …

반대 1. "제 돈은 제 것입니다."

대답: 그리스도께서는 이렇게 말씀하실 수도 있었습니다. "내 피는 내 것이며, 내 생명도 내 것이다." … 그러면 우리가 어떻게 되었겠습니까?

반대 2. "가난한 자들은 자격이 없습니다."

대답: 그리스도께서는 이렇게 말씀하실 수도 있었습니다. "저들은 악한 배반자들입니다. … 제가 저들을 위해 생명을 버려야 하겠습니까? 차라리 선한 천사들에게 주겠습니다." 그러나 그러지 않으셨습니다. 그분은 아흔아홉을 두고 길 잃은 하나를 찾아 나서셨고, 자격 없는 자들에게 자신의 피를 주셨습니다.

반대 3. "가난한 자들은 남용할지 모릅니다."

대답: 그리스도께서도 똑같이 말씀하실 수도 있었습니다. 그분의 말씀은 훨씬 더 큰 진리였을 것입니다. 그리스도께서는 수많은 사람들이 자신의 피를 밟으며, 대부분의 사람들이 자신의 피를 멸시하며, 많은 사람들이 자신의 피를 더 많은 죄를 짓는 핑곗거리로 삼으리라는 것을 아셨습니다. 그러나 그분은 자신의 피를 주셨습니다. 오, 사랑하는 그리스도인들이여! 여러분이 그

리스도와 같길 원한다면, 비천하고 가난한 자들에게, 감사를 모르는 자들과 자격 없는 자들에게 많이 베풀고, 자주 베풀고, 거저 베푸십시오. 그리스도께서 영광을 받으시고 행복하시며 여러분도 그렇게 될 것입니다. 저는 여러분의 돈이 아니라 여러분의 행복을 원합니다. 그분의 말씀을 기억하십시오. "주는 것이 받는 것보다 복이 있다."[10)]

복음 자체와 가난한 이웃에게 베푸는 자비 간에 동역이 있듯이, 국내에서 자비로운 교회로 **있는** 그리스도인들과 해외에서 자비로운 교회를 **세우는** 그리스도인들 사이에도 놀라운 동역이 있다. 어느 한쪽도 허비하는 삶이 아니다. 사실 두 사역의 진정성은 서로에게 달려 있다.

우리에게도 없는 것을 보낸다(나눈다)는 말은 진정성이 없다. 보화를 가졌으면서도 그것을 보내지(나누지) 않는다는 말도 진정성이 없다.

학생자원운동의 뿌리

예전에는 국내에서 사역하는 평신도들과 해외에서 사역하는 선교사들이 기쁘게 동역했다. 지금도 이런 동역이 다시 이루어질 수 있다. 20세기 초 몇십 년 동안, 학생자원운동(Student Volunteer Movement, SVM)이 미국에서 폭발적으로 일어나 선교에 엄청난 영향을 미쳤다. 이 기간에 파송된 선교사 수와 이들에 대한 평신도들의 깊고 넓은 후원은 주목할 만하다. 이것은 대단한 동역이었다.

학생자원운동(SVM)의 뿌리는 1806년 매사추세츠에서 열린 그 유명한 건초더미 기도회(Haystack Prayer Meeting)로 거슬러 올라간다. 영적 각성이 윌리엄스 대학(Williams College)을 휘저어 놓았으며, 몇몇 학생들이 후색 강(Hoosack River) 가에 일주일에 두 번씩 모여 기도했다. 이들은 다른 학생들의 영적 행복에 초점을 맞추었다. 1806년 8월, 이들은 집으로 돌아오는 길에 폭풍우를 만나 건초더미 아래로 피했는데, 여기서도 기도했다. 이때 이들은 학생들 사이에 해외 선교에 대한 관심을 일깨워 달라고 간구했다.

이들 가운데 새뮤얼 밀스(Samuel Mills)는 자신들이 선교사로 헌신해야 한다고 했다. 이 순간이 얼마나 중요했는지 알려면, 이때까지 미국에서 해외로 파송된 선교사는 하나도 없었다는 사실을 기억해야 한다. 선교회도 없었다. 교회도 위험한 바다 건너에 사는 미전도 종족들에 대한 비전이 없었다. 지금 많은 사람들이 말하듯이, 국내에도 할 일이 많았다. 그러나 이 작은 학생 기도 모임은 미전도 종족들을 향한 사랑과 하나님이 열방 가운데 영광을 받으시게 하려는 열정이 없는 미국 교회에 더 이상 만족할 수 없었다. 이들은 해외 선교사를 전혀 파송하지 않은 교회에 더 이상 만족할 수 없었다. 하나님은 이들이 이 모든 영적, 역사적, 구조적 타성을 돌파할 수 있게 하셨다.

이들은 건초더미 아래서 기도하며 선교 사역에 헌신했다. "미국교회의 해외 선교운동은 바로 이 건초더미 기도회에서 시작되었다."[11]

1808년 9월, 이들은 선교 사역에 헌신하겠다는 결심에 힘을 싣기 위해 '형제회'(Society of the Brethren)를 조직했다. 새뮤얼 밀스는 예일 대학에서, 그다음에는 앤도버 신학교에서 '형제회'의 비전을 퍼트렸다. 그는 앤도버 신학교로 옮긴 후 하나님이 그곳에서 아도니람 저드슨을 통해 하시는 일에 동참했다. 앤도버의 '형제회'는 미국 최초의 선교회(the American Board of Commissioners for Foreign Missions, 미국해외선교회)를 태동시켰으며, 이 선교회를 통해 1812년 최초의 미국인 선교사들이 해외로 파송되었다.

학생자원운동의 탄생

1846년, 로얄 윌더(Royal Wilder)는 최초의 미국 선교회를 통해 인도로 파송되었다. 1877년 건강이 좋지 않았던 그는 미국으로 돌아와 프린스턴에 정착했다. 그리고 그의 아들 로버트가 프린스턴 해외선교회(Princeton Foreign Missionary Society)를 설립했다. 이 선교회의 기도는 1866년 여름 메사추세츠 허몬 산(Hermon Mount)에서 디엘 무디(D. L. Moody)가 이끄는 중요한 집회로 이어졌다. 251명의 학생이 모였고, 사경회는 한 달간 계속되었다. 피어슨(A. T. Pierson) 목사가 세계선교회에 관한 감동적인 강연을 마친 후, 학생들 가운데 100명이 해외 선교사로 자원했다. 이 집회의 영성이 학생 세계를 사로잡았다. 1886-1887년 학기에, 로버트 윌더와 존 포먼(John Forman)은 167개 캠퍼스를 돌며 해외 선교의 비전을 퍼트렸다. 학생자원운동은 2년 후 공식적으로 조직되었고, 존 모트(John R. Mott)가 회장이 되었다.

모트의 말대로 학생자원운동의 목적은 다섯 가지였다.

학생자원운동의 목적은 다섯 가지다. 첫째, 학생들이 해외 선교를 일생의 사역으로 깊이 생각해 보도록 이끈다. 둘째, 선교 연구와 선교 활동에 자원한 학생들이 선교회의 직접적인 감독 하에 들어올 때까지 이들을 지도함으로써 이 목적을 촉진한다. 셋째, 모든 자원자들을 하나로 묶어 조직적이고 적극적인 운동을 펼치게 한다. 넷째, 자격을 잘 갖춘 자원자들을 충분히 확보하여 다양한 선교회의 요구를 충족시킨다. 다섯째, 국내에 남을 학생들에게서 해외 선교에 대한 지식과 공감과 적극적인 관심을 불러일으키고 유지하여 이들이 지지와 후원과 기도를 통해 해외 선교를 강하게 뒷받침하게 한다.[12]

"이후 30년 동안 학생자원운동은 경이적인 성장을 거듭했다."[13] 이들은 모일 때마다 '우리 세대에 세계를 복음화하자'라고 외쳤다. 1891년, 6,200명의 학생 자원자들이 '내 삶의 목적은 하나님이 허락하시면 해외 선교사가 되는 것입니다'라는 서약서에 서명했다. 이들 가운데 321명이 이미 해외 선교사로 떠났다.

학생자원운동의 절정은 1920년이었다. 이 해에 2,738명의 학생들이 서약서에 서명했으며, 4년마다 열리는 대회에 6,890명이 참석했다. "1945년까지, 서약서에 서명한 학생들 가운데 최소로 어림잡아도 20,500명이 현장으로 떠났다."[14]

선교의 불길이 퍼져 나가다

학생자원운동은 주목할 만한 부분이 많았으며, 100여 년이 지난 지금 우리에게 주는 교훈과 영감으로 가득하다. 예를 들면, 학생자원운동은 단순히 학생들뿐 아니라 교회의 평신도들에게도 불을 붙였다. 평신도선교운동(Layman's Missionary Movement)의 초대 총무였던 캠벨 화이트(J. Campbell White)는 1909년에 이렇게 기록했다. "지난 20년 동안, 선교 정신이 미국과 캐나다의 대학들에서 놀랍게 확산되었으며 … 수천 명의 건강한 남녀들이 매우 선교적인 삶을 살게 했다."[15)]

이러한 열심에 끌린 젊은 사업가가 1906년 네쉬빌에서 열린 학생자원운동 대회에 참석했다. 그는 이렇게 생각했다. '만일 북미의 평신도들이 이 학생들처럼 세상을 볼 수 있다면 힘차게 일어나 이 사업에 필요한 모든 재정을 공급할 텐데…'[16)]

1906년 11월, 뉴욕에서 열린 기업인 기도회에서 평신도선교운동이라는 단체가 조직되었다. 이 단체가 스스로 밝힌 목적은 '조사, 홍보, 조직'이었다. 다시 말해 '평신도를 통한 선교 환경 조사, 선교 정책 홍보, 세계 구원이라는 최고의 사명을 위해 전체 교회와 손잡고 선교사 및 선교회와 동역하는 평신도 조직'이 이들의 목적이다.[17)]

하나님이 주신 열정적인 리더들

하나님은 학생자원운동을 이끌 뛰어난 지도자로 로버트 윌더, 로버트 스피어(Robert Speer), 존 모트를 준비하셨듯이 평신도선교운동을 이끌 지도자들도 세우셨다. 이들은 선지자의 능력으로 수천 명의 평신도들이 온 세상을 향한 하나님의 목적에 사로잡히게 했다.

평신도선교운동의 지도자는 선교사나 목사가 아니라, 사업가였다. 가는 학생들과 보내는 사업가들 사이에 깊은 동역이 이루어졌다. 양쪽 모두에 하나님 중심의 비전에 사로잡힌 지도자들이 있기 때문이었다. 이들은 모두 삶을 허비하지 않겠다는 같은 열정으로 일했다. 캠벨 화이트가 쓴 대부분의 글에서 이러한 열정을 느낄 수 있다.

> 대부분의 사람들은 자기 삶의 영구적인 결과에 만족하지 못한다. 그리스도께서 구속하러 오신 세상을 향한 그분의 목적을 받아들이는 외에 그 무엇도 그분을 따르는 자들 속에 거하시는 그리스도의 삶을 온전히 만족시키지 못한다. 명예와 쾌락과 부는 하나님의 영원한 계획을 성취하기 위해 그분과 동역하는 한이 없고 영원한 기쁨에 비하면 껍데기와 재일뿐이다. 모든 것을 그리스도께 맡기는 사람은 삶으로부터 가장 달콤하고 가장 값진 상을 받는다.[18]

보내는 자의 선교 헌신

다시 말하지만, 이것은 앞장에서 말한 세상일의 가치와 모순되지 않는다. 핵심은 민간의 일이 그 자체로 아무리 가치 있더라도 전시에는 모두가 자신의 삶이 멀리서 벌어지며 적진을 무너뜨리는 전쟁에 기여하길 바란다는 것이다. 평신도, 목회자, 교회, 그리고 우리 모두는 마음을 열고 주변에서 도움이 필요한 사람들을 품을 때만이 아니라, 세계의 거친 미전도 지역을 품을 때 '가장 달콤하고 가장 값진상'을 받는다.

100여 년 전 사업가들은 자신의 세속적인 소명과 선교 비전을 하나로 보았다. 캠벨 화이트가 평신도선교운동의 비전을 표현한 방식은, 그리스도의 주권 아래 삶의 통일성을 이해하도록 돕는 몇 가지 범주를 사업가들에게 제공했다. 그는 이렇게 말했다.

> 이 운동은 사람들에게 가장 큰 요구를 한다. 이 운동은 인간관계 속에서 그리스도의 통치를 세우는 데 주된 목적을 두고 살라는 하나님의 요구를 전할 뿐이다. 이 운동은 사람들에게 이기심은 자살 행위지만 섬김은 영혼에 최고의 만족을 준다는 사실을 상기시킨다.[19]

당시 교회를 흔든 놀라운 영향, 오늘날은 어떤가?

화이트는 그의 세대에게 선교의 열정은 세상을 구하는 유일한 길일 뿐 아니라 교회를 구하는 유일한 길이기도 하다는 것을 보여 주었다.

세계를 복음화하려는 노력은 교회를 구하는 가장 빠르고 확실한 방법을 제시한다. 우리의 물질적 자원이 너무나 엄청나기에 우리는 하나님보다 부를 의지할 위험이 있다. "어떤 사람의 부가 점점 커진다면 그의 영혼이 점점 작아지는 것을 막는 유일한 길은 끊임없이 베푸는 것뿐이다." 교회의 부를 위한 적절한 배출구가 될 만큼 크고 중요한 사업은 세계 복음화뿐이다.[20]

지금도 그렇다. 선교는 세상의 생명을 위해서만 중요한 게 아니다. 교회의 생명을 위해서도 중요하다. 국내의 자비 사역과 미전도 종족들을 위한 선교에 자신을 쏟아붓지 않으면, 우리는 재물과 함께 멸망한다. 하나님이 이미 넉넉히 부어 주셨다. 자신을 희생하고 기쁨을 전파하는 대사들로 구성된 군대를 파병하고 지원하는 데 필요한 돈은 이미 교회에 있다. 그러나 우리는 이런 일에 돈을 쓰지 않는다. 특히 전 세계의 미전도 민족들에게 다가가는 대의에는 더욱 그렇다. 2021-2022년 그리스도인 헌금 통계를 살펴보자.

오늘날 그리스도인들은 소득의 2.5퍼센트를 헌금한다. 대공황 시기에는 3.3퍼센트를 헌금했으니, 지금보다 비율이 더 높았다. 연소득 75,000달러 이상인 가구 중 소득의 10퍼센트 이상을 헌금하는 비율은 1퍼센트에 불과하다.[21] 미국 개신교 교회에 다니는 성인의 주간 평균 헌금액은 주당 약 17달러다.[22]

미국에서 전 세계 그리스도인으로 범위를 넓혀도 수치는 크게 나아지지 않는다. 선교 지원 사역 단체인 '더 트래블링 팀'에 따르면 전 세계 교인들의 연간 소득은 53조 달러(복음주의 그리스도인의 연간 소득은 약 6조 7,200억 달러)에 달한다. 이 중 8,960억 달러가 기독교 사역 전반에 쓰이며(미국에서 크리스마스에 지출하는 금액과 비슷함), 이 금액은 다음과 같은 범주로 나눌 수 있다.

- 7,340억 달러(82퍼센트)가 교회의 국내 사역에 사용된다.
- 1,075억 달러(12퍼센트)는 국내 선교에 사용된다.
- 517억 달러(5.7퍼센트)는 복음화되지 않은 비기독교 세계('미전도' 세계와는 구별됨)에 사용된다.
- 약 8억 8천만 달러(1퍼센트 미만)가 미전도 종족을 위해 사용된다.[23]

나는 우리가 그리스도인의 헌신이나 나눔을 줄여야 한다고 말하려는 것이 아니다. 요점은 하나님께서 그리스도인들에게 수많은 선교사와 선교 사역을 지원하는 데 필요한 모든 재정적 자원을 제공하셨다는 것이다. 즉 그리스도께서 우리의 보화이심을 삶으로 보여 준다면, 선교의 돌파구를 위한 자원은 이미 충분하다.

사명을 떠나서는 그분을 온전히 알 수 없다

선교는 교회인 우리의 영혼을 위한 일이다. 열방 가운데 역사하며 승리하시는 하나님을 알기 전에는 그분의 위엄을 온전히 알 수 없다. 하나님이 자신을 위해 세상 모든 민족에서 예배자들을 모으시는 모습을 보기 전에는 그분을 합당하게 경배하고 찬양하지 못한다. 하나님이 역사 속에서 행하시는 구원 사역의 범위야말로, 승리하시는 하나님의 은혜를 바라보는 우리의 시야를 가장 넓혀 준다. 얼마나 놀라운 이야기인가.

> [내가] 여호와의 일들을 기억하며 주께서 옛적에 행하신 기이한 일을 기억하리이다 또 주의 모든 일을 작은 소리로 읊조리며 주의 행사를 낮은 소리로 되뇌이리이다(시 77:11-12).

> 그의 능하신 행동을 찬양하며 그의 지극히 위대하심을 따라 찬양할지어다(시 150:2).

> 모든 열방들아 주를 찬양하며 모든 백성들아 그를 찬송하라(롬 15:11; 시 117:1 인용).

오늘날 세상 속에서 우리는 어떤 상황에 있는가?

세계 복음화라는 도전은 지금도 매우 중요하다. 지금 우리는 세계 복음화의 범위와 성격을 어느 때보다 더 잘 알 수 있는 위치에 있다. 패트릭 존스톤(Patrick Johnstone)은 이렇게 말한다. "역사상 처음으로,

우리에게는 세계의 민족들과 그들의 복음화 정도에 대한 완전한 목록이 있다."[24]

어느 교단이나 어느 선교회가 어느 민족을 품는지 교회에게 알리기 위해 다양한 그룹들이 조사를 한다.[25] 존스톤의 책은 21세기로 넘어오는 상황을 잘 요약해 보여 준다.[26]

현재 상황을 기술하는 한 가지 방법은 12-14억이 복음을 전혀 들어 보지 못했다는 사실을 말하는 것이다.[27] 이들은 이해할 만한 방식으로 복음을 전할 수 없는 문화에 산다. 또 다른 분석가들은 비복음화 인구를 다소 높게 본다.

예를 들면, '2002년 세계선교 통계연감'(Annual Statical Table on Global Mission 2002)에서, 데이비드 바렛(David Barrett)과 토드 존슨(Tod Johnson)은 세계 비복음화 인구를 1,645,685,000명으로 보고한다. 세계 인구의 26.5퍼센트가 전도하는 토착 교회가 없는 인종이라는 뜻이다.[28] 이들의 95퍼센트 정도는 소위 10/40 창(10/40 window, 대서양과 태평양 사이의 북위 10도에서 40도에 이르는 지역) 안에 산다. 이것이 우리 시대의 큰 도전이다. 존스톤은 희망적이며 역사적인 시각으로 이것을 설명한다.

1700년대 북대서양, 1800년대 태평양, 1960년대 아프리카, 1970년대 라틴아메리카, 1980년대 동아시아, 1990년대 유라시아 등, 뒤돌아보면, 200년간 [교회가] 힘을 모아 성장할 때 나타난 주목할 만한 패턴이 있다. 지구를 한 바퀴 반을 도는 이 여정은 이제 10/40 창 지역에 대한 도전을 우리에게 준다. 중앙아시아와 남아시아와 중동은 남아 있는 주요 지역이다. [새]천년이 시작되고 … 처음 10년 동안 어디서 도약이 일어나겠는가? 무슬림이나 힌두교나 불교도 가운데서일까? 이들은 원수가 인간의 영혼을 사로잡고 있으며 뚫리지 않은 최후의 요새다. 일어나는 복음의 물결이 이 지역을 점점 더 강하게 때리고 있으며, 우리는 이러한 도약이 의미하는 바를 미리 맛보기까지 한다. 난공불락으로 보이는 이들 이데올로기의 요새들에서 일어나는 놀라운 일들을 말할 공간과 자유가 내게 주어진다면 좋겠다.[29]

들어라, 하나님께서 이 세대를 부르신다

이 세대는 부활하신 그리스도께 순종하여 세계 모든 미전도 종족을 제자로 삼으라는 소명을 받았다. 하나님이 수많은 젊은이들과 '마무리들'(finishers, 하나의 직업을 마무리하고 기독교 사역에서 두 번째 직업을 추구할 사람들)을 세워 주시길 기도한다. 이러한 하나님의 소명을 들을 때, 당신의 마음에 죄책감이 아니라 기쁨이 솟아나길 기도한다. 이 소명이 필요한 은사와 뿌리칠 수 없는 갈망과 교회의 인정과 섭리의 상징을 통해 확증되길 기도한다. 전기를 읽고, 성경을 묵상하며, 미전도 종족들을 연구하고, 열정을 달라고 기도하며, 베테랑 선교사들과 대화를 나눔으로써, 모든 갈망의 불씨에서 불길이 일어나게 하라. 소명을 피해 달아나지 말라. 소명을 추구하라.

멸망해 가는 개개인에게 마음을 둘 뿐 아니라 복음을 들어 보지 못한 전체 종족들에게도 관심을 가져라. 이것이 바울의 큰 야망이었다. "나는 그리스도의 이름을 부르지 않는 곳에 복음 전하기를 열망했습니다"(롬 15:20, 우리말 성경).

교회가 이미 세워진 곳에도 회심하지 않은 사람들이 있게 마련이다. 이들을 구원하는 것이 전방 선교의 유일한 과제가 아니다. 전방 선교는 바울이 목표했던 바를 뜻한다. 현재 선교가 불가능한 지역에 교회를 세우는 것이다. 이 일은 다른 나라에 기존 교회를 섬기러 떠나는 선교사들뿐 아니라(이것은 매우 필요하며, 특히 리더 양성을 위해 필요하다) **현재** 섬길 교회가 없는 종족들이나 지역에 들어가는 선교사들에게도 절실히 필요하다.

선교의 시대는 아직 끝나지 않았다

마치 현지인들이 그 일을 마무리할 수 있을 것처럼, 이제 해외 선교의 시대는 끝났다고 생각하지 마라. 아직도 수백 개의 종족들과 수백만의 사람들이 현지인을 통한 자문화 선교가 불가능한 상황이다. 비서구인을 통해 문화의 교차가 이루어져야 한다. 하나님은 비서구 세계에서 교회를 더 빨리 성장시키고 계시기 때문이다.[30] 놀라운 일이 될 것이다.

복음을 전하려는 사랑의 기쁨을 제한할 생각은 없다. 사실 단순하고 담대한 선교사들이, 고도의 훈련을 받았지만 머뭇거리는 서구 선교사들보다 많은 열매를 맺을 수도 있다. 무슬림 선교에 대해 패트릭 존스톤은 이렇게 말한다. "이슬람에 대해서는 겨우 기본적인 부분만 공부했으나 그리스도를 전할 열정이 있는 사람들이 최고의 선교사인 경우가 많다. 그리스도를 위한 담대함으로, 이들은 이슬람 전문가들도 두려워 못 가는 지역에서 무슬림 선교에 뛰어든다."[31]

그러나 오해하지 말라. 문화가 교차되는 것이 곧 선교다. 현지인을 통한 자문화 선교가 아니라 해외 선교가 대위임을 마무리할 것이다. "그러므로 추수하는 주인에게 청하여 추수할 일꾼들을 보내 주소서 하라"(마 9:38). 그리고 당신을 추수할 일꾼으로 써 달라고 기도하라.

이 기도가 당신을 변화시킬 것이다. 예수님이 제자들에게 이 기도를 명하신 후, 열둘을 사도로 세워 파송하셨다. 추수할 일꾼들을 보내 달라고 기도하며, 자신을 추수할 일꾼으로 써 달라고 기도하라.

우리가 기도하며 진정한 가능성과 필요를 생각할 때, 하나님이 갈망을 깨우시고 은사를 주시며 문을 여실 때가 많다. 『세계기도정보』(Operation World)라는 기도 안내서를 구해 날마다 나라들을 훑어 가며 읽고 생각하고 기도하라.[32] 다음과 같은 나라에 사는 사람들을 생각해 보라.

- 모로코 – 3,700만 명의 인구 중 약 2,000명의 그리스도인이 있으며, "20-30개의 작은 가정교회가 있다."[33]
- 북한 – "공산주의 지도자 아래 굶어 죽어 가는 극빈국"으로[34] 70여 년 동안 공개적인 전도나 교회 생활이 이루어지고 있지 않다.

- 사우디아라비아 – 이슬람의 본부로, 국민들은 기독교를 믿다가 발각되면 처형을 당한다.
- 인도 – "미전도 인구 수가 세계에서 가장 많은 나라이다. 우타르프라데시주가 단일 국가라면, 세계에서 세 번째로 많은 미전도 인구가 있을 것이다. 191개 종족이 미전도 및 미개척 상태이며 아직 복음을 듣지 못했다. 이 단일 주는 세계에서 가장 큰 선교적 도전이 될 것이다."[35]
- 튀르키예 – "기독교 인구는 1900년 22퍼센트에서 2010년 0.21퍼센트로 급감했다. 오늘날 7,300만 명의 튀르키예 무슬림 중 복음을 들어 본 사람은 거의 없다."[36]

인생을 걸 만한 일에 대해 깊이 생각하기

이처럼 몇몇 나라를 열거한 이유는 하나님을 대적하며, 자신들과 자신들의 창조자를 화해시킬 수 있는 유일한 분을 떠나 사는 사람들을 보여 주기 위해서다. 이는 그리스도를 믿지 않고 모욕하는 자들의 멸망을 의미한다. 그분은 세상의 주인이시며, 모든 인간의 충성을 받을 권리가 있다.

네덜란드 신학자이자 정치가인 아브라함 카이퍼(Abraham Kuyper)는 이를 매우 인상적으로 표현했다. "우리 인간 실존의 모든 영역에서 만물의 주권자이신 그리스도께서 '내 것이라!'고 외치지 않으시는 곳은 단 한 뼘도 없다"[37]

그리스도께서 자신의 영광을 위해 지으신 세상에 오셨으나 세상은 그분을 받아들이지 않았다. 그러나 그분은 세상의 죄를 사하기 위해 자신의 피를 값으로 치르셨다. 불신앙의 무기를 내려놓는 자는 누구든지 우주의 주권자에게 맞선 모든 죄를 사면 받는다. 오직 믿음으로, 원수들은 공의와 기쁨이 넘치는 영원한 나라의 행복한 백성이 될 것이다. 그리스도와 함께 이러한 대의(大義)를 진척시키는 것은 당신의 인생을 걸 만한 일이다.

모든 민족 중에서 찬양을 받으며 기쁨의 대상이 되시려는 하나님의 위대한 목적을 높이고 이루기 위해 반드시 선교사가 될 필요는 없다. 그러나 하나님이 구속사 가운데 승리하실 때 그분으로 가장 온전히 만족하기를 원한다면, 계속 여느 때처럼 일해서는 안 된다. 출근하고, 돈 벌고, 먹고, 자고, 놀고, 교회를 가는 데 그쳐서는 안 된다.

대신 며칠 간 성경과 노트를 들고 일상을 벗어나 기도하며, 자기 삶에서 특정한 시간과 장소가 열방이 자신을 기뻐하게 하려는 하나님의 위대한 목적에 어떻게 부합되는지 생각해 보아야 한다. 당신은 "민족들이 즐거워하며 기뻐 노래하게 하소서"(시 67:4 의역)라는 말씀에 표현된 하나님의 크고 세계적인 목적에 어떻게 동참하겠는가?

당신의 불만족에는 이유가 있다

여러분 가운데 많은 사람들은 현재 자리에서 계속 일하면서 자신의 특별한 기술과 관계가 하늘에 계신 아버지의 세계적인 목적에 부합하려면 어떻게 해야 할지 궁리해야 한다. 그러나 이 책을 읽는 사람들 중에는 달리 행동해야 하는 사람들도 있다. 여러분 가운데는 자신이 지금 하는 일에 만족하지 못하는 사람들도 많을 것이다.

캠벨 화이트가 말했듯이, 당신의 삶의 결과물이 가장 깊은 영적 야망을 만족시키지 못하고 있다. 우리는 여기서 반드시 주의해야 한다. 모든 직업은 실망스러운 부분이 있고 암울한 시기가 있다. 하지만 이러한 경험을 무조건 직장을 떠나라는 부르심으로 해석하면 안 된다.

그러나 지금의 삶에 대한 불만이 깊고, 지속적으로 반복되고 있으며, 이러한 불만이 말씀 안에서 분별하고 기도하는 가운데 오히려 분명해진다면 어떨까? 이는 하나님께서 당신을 새로운 일터로 부르고 계신 것일 수 있다.

당신은 불만을 느끼는 가운데서도 거룩하고 하나님을 기쁘게 하며 한 번뿐인 짧은 삶으로 그리스도를 높이길 갈망하는가? 그렇다면 실제로, 하나님이 당신의 깊은 영적 야망이 이루어질 수 있는 장소와 사역으로 당신을 옮겨 심기 위해 당신의 뿌리를 흔들고 계신다고 보아야 한다. 우리의 모든 합법적인 일터에서, 하나님이 알려지고 기쁨의 대상이 되실 수 있다. 단, 하나님은 당신을 한 곳에서 다른 곳으로 옮기실 때, 우리가 그분과 나누는 교제의 샘에서 가슴까지 시원한 물을 마시게 하신다.

하나님이 우리를 더 편한 삶으로 부르시는 경우는 거의 없다. 그러나 하나님은 항상 우리가 그분을 더 많이 알고, 그분의 지속적인 은혜를 더 깊이 누리도록 우리를 부르신다.

지금 여기가 맞는가?

나는 이런 방법으로 내 자신의 사역을 찬찬히 되돌아본다. 해마다 우리 교회는 '선교 주간'을 갖고, 내가 선교에 관해 설교하며 강사들도 초청해 교인들에게 도전을 준다. 교인들은 선교를 향해 한 걸음 더 나아가며, 자신을 헌신하고, 예비 선교사 양육 프로그램에 참여한다.

또한 나는 해마다 이 교회의 목사로서 내 삶을 점검한다. 하나님의 세계적 목적에 비추어, 지구상의 미전도 종족들을 뒤덮은 믿기 어려운 영적 어둠과 비극을 염두에 두고 나 자신이 하는 일을 돌아본다. 그리고 스스로에게 묻는다. 이것이 열방이 자신을 기뻐하게 하시려는 하나님의 목적을 위해 내 삶을 가장 전략적으로 투자하는 것인가?

아내에게 묻는다. "노엘, 뭔가가 미전도 종족들을 향해 최전선으로 당신을 더 가까이 잡아당기고 있는 게 느껴지나요?"

우리 교회의 사명 선언문은 세계를 향한 '전파'를 중요시한다. "우리는 예수 그리스도를 통해 모든 민족들이 기뻐하도록 모든 일에서 하나님의 지고하심을 나타내려는 열정을 **퍼트리기** 위해 존재한다."

그러므로 나는 묻는다. 지금 맡은 역할에서 이 사명을 가장 잘 성취하고 있는가? 주님이 마지막 날에 나의 사역을 설명하라고 요구하실 때, 나는 이렇게 말할 수 있겠는가? "주님, 제가 베들레헴 교회에 머문 이유는 제가 그곳에서 열방 가운데 당신의 이름을 알리며, 세상 모든 열방 가운데서 당신의 양 떼를 모으려는 당신의 목적을 성취하는 도구로서 가장 잘 사용될 수 있다고 믿었기 때문입니다."

이렇게 대답하지 못한다면, 나는 더 이상 베들레헴 교회에서 리더십을 발휘하지 못할 것이다.

이제 당신은 어떤가?

여러분 가운데 많은 사람들도 마찬가지다. 하나님이 당신을 도우시길 빈다. 하나님이 당신을 자유하게 하시길 빈다. 하나님이 당신에게 그리스도를 높이는 새로운 삶의 비전을 주시길 빈다. 당신이 미전도 종족에게 가든지 국내에 머물러 현재 위치에서 열매를 맺든지 간에 말이다. 당신의 비전이 열방이 자신을 기뻐하게 하시려는 하나님의 위대한 목적에서 의미를 얻길 빈다. 그리스도의 십자가가 당신의 유일한 자랑이 되며, 당신이 아름다운 확신을 갖고 '사는 것이 그리스도니 죽음도 유익하다'라고 말할 수 있길 빈다.

ABC# 10

나의 기도:
누구도 마지막에
'헛살았어!'라고
하지 않게 하소서

주님, 나의 기도를 들으소서. 당신의 인자가 생명보다 낫습니다. 당신은 이 사실을 우리에게 여러 방법으로 말씀하셨습니다. 당신의 종 다윗의 입술을 통해 바로 이 말씀을 하셨습니다. "주의 인자하심이 생명보다 나으므로 내 입술이 주를 찬양할 것이라"(시 63:3).

당신의 종 사도 바울이 감옥에서 외칠 때에도 그의 입술을 통해 말씀하셨습니다. "…차라리 세상을 떠나서 그리스도와 함께 있는 것이 훨씬 더 좋은 일이라"(빌 1:23).

주님, 당신이 생명보다 훨씬 더 좋습니다! 당신의 종 사도 바울은 단순히 '더 좋습니다'라고 하지 않고 '훨씬 더 좋습니다'라고 강하게 말했습니다. 당신이 생명보다 훨씬 더 좋기 때문에 당신의 사도는 죽음도 유익하다고 했습니다. "이는 내게 사는 것이 그리스도니 죽는 것도 유익함이라"(빌 1:21).

이 세상이 줄 수 있는 전부를 잃고 떠나 오직 당신과 함께하는 것이 유익입니다.

주님, 왜 당신의 사랑이 생명보다 낫습니까? 다윗은 그가 말하는 방식에서 해답을 분명하게 제시합니다. 그는 "주의 인자하심이 생명보다 나으므로 내 입술이 **주의 사랑**(인자하심)을 찬양할 것이라"고 말하지 않습니다. 그가 뭐라고 말합니까? 그는 당신의 사랑(인자하심)이 아니라 **당신을**(you) 찬양하리라고 말합니다. "주의 인자하심이 생명보다 나으므로 내 입술이 **주를**(you) 찬양할 것이라."

당신의 사랑과 관련해 가장 사랑스러운 사실은 그 사랑이 우리를 당신께로 인도하며, 우리의 눈과 가슴과 마음으로 당신의 영광의 부유함을 볼 수 있게 하는 게 아닙니까? 그 무엇도 당신 앞에 서는 즐거움을 막지 못하도록 당신의 모든 진노가 제거되며 우리의 모든 죄가 용서되었습니다. 자격 없는 우리 죄인들이 하나님을 영원히 기뻐하게 하는 것, 이것이 하나님의 사랑이며, 하나님의 뜻이며, 하나님의 일이 아닙니까? 사랑이 무한하다면, 이것 말고 무엇이 사랑일 수 있겠습니까? 우리가 사랑받는다면, 당신이야말로 우리에게 더없이 큰 상이 아니겠습니까?

하나님, 당신을 주님이라 부르는 많은 사람들이 **자기 자신을** 당신의 은혜의 상급과 영광으로 삼고 있기에 제가 두려워 떨고 있음을 당신은 아십니다. 주님, 얼마나 많은 사람들이 당신의 사랑을 **자신들의** 가치에 대한 증거로 삼는지 모릅니다! 그러면 그들의 기쁨이 **당신의** 가치와 **그들 자신의** 가치 중 어디에서 옵니까? 수십, 수백 년 동안, 세상이, 심지어 일부 목회자들까지 끊임없이 전하는 메시지가 있습니다. "사랑이란 인간을 소중히 여긴다는 뜻이다."

이런 확신이 있기에 사람들은 **당신의** 사랑이 의미하는 바를 생각할 때, 똑같이 말합니다. "하나님의 사랑이란 사람을 소중히 여긴다는 뜻이다."

이들은 이것을 증명하려고 묻습니다. "누군가 당신의 가치에 주목할 때 당신은 사랑받는다고 느끼지 않는가?"

저는 대답합니다. "전에는 저도 그랬습니다. 그때는 제게 생명이 주님보다 나았으며 그 반대는 생각지도 못했습니다. 이런 식으로 사랑을 느낀 때가 있었습니다. 그때는 저의 이름이 높아지는 것보다 더 큰 기쁨을 생각할 수 없었습니다. 그때 저는 제 자신에 깊이 빠져 있었기에 나 자신 외에 다른 누군가를 높임으로써 기쁨을 얻을 수 있다는 생각을 하지 못했습니다. 저는 사람의 칭찬을 사랑의 행위라고 말하며 상대에게 똑같이 할 준비가 되었다는 말로 이러한 갈망을 정당화하는 게 어떤 건지 알았습니다. 서로 칭송하는 우리 가운데 있는 사랑이 얼마나 만족스러워 보이는지요!"

그러나 이제 당신의 강한 은혜 덕분에! 이런 사랑이 모조품이라는 사실을 압니다. 이런 사랑의 뿌리는 오래전의 에덴으로 거슬러 올라갑니다. 우리의 사랑과 기쁨의 큰 파괴자가 하와에게 말했습니다. "너희가 그것을 먹는 날에는 너희 눈이 밝아져 하나님과 같이 되어 선악을 알 줄 하나님이 아심이니라"(창 3:5).

하나님과 같이 된다! 하와는 그 말에 '나는 이미 하나님과 같아!'라고 말했어야 했습니다. 하와는 속임수를 알아차려야 했습니다. 그러나 하와는 그러지 못했고, 오늘날에도 그러지 못하는 사람들이 얼마나 많은지 모릅니다. 하와는 참으로 하나님과 같았습니다! 당신이 하와를 그렇게, 당신의 형상을 지닌 자로 지으셨으니까요. 하와에게는 고귀한 소명과 목적이 있었습니다. 자신을 지으신 분의 위엄을 드러내며, 그분을 기뻐하며 신뢰함으로써 그분을 소중히 여기는 것이었습니다. 그러나 그때 악한 생각이 일어났습니다. '나는 다른 방법으로 그분처럼 될 수 있어. 나는 위엄을 나타내는 존재가 될 수 있어. 사랑이란 나를 소중히 여기는 거야.'

이렇게 해서 세상에 우리가 죄라고 부르는 큰 반전이 일어났습니다. 이제 사랑이 거꾸로 되었습니다. 주님, 말하려니 눈물이 나지만 그래도 부끄러움을 무릅쓰고 말씀드립니다. 당신의 사랑은 더 이상 당신이 우리의 기쁨이 되도록 당신이 반드시 해야 하는 일을 하신다는 뜻이 아닙니다. 당신의 사랑은 우리가 자신의 가치를 느낄 수 있도록 당신이 해야 하는 일을 하신다는 뜻이 되어 버렸습니다. 슬픈 교환입니다. 이 교환은 당신이 우리를 영원히 만족시키려고 계획하신 기쁨을 우리의 영혼에게서 빼앗았을 뿐만 아니라, 설상가상으로 우리 삶의 보화로서 높임을 받는 자리에서 당신을 쫓아냈습니다.

그리고 에덴의 그 캄캄한 날 이후로 당신이 하신 모든 일은 잘못을 바로잡는 데 목적이 있었습니다. 자신을 우리의 기쁨의 중심으로 삼기 위해, 세상에서 존귀한 자리를 되찾기 위해, 당신의 백성이 생명보다 귀하게 여기는 분이 되기 위해, 당신은 참으로 많은 일을 하시고 계시를 주셨습니다. 당신은 참으로 많은 방법으로 말씀하시고 보여 주셨습니다. "내가 내 영광을 위해 너희를 지었도다. 내가 찬양을 받기 위해 너희를 지었도다. 나의 존귀와 나의 이름을 위해 너희를 지었도다."

그리고 당신은 우리가 핵심을 놓치지 않도록 덧붙이셨습니다. "내 앞에 충만한 기쁨이 있고, 내 오른쪽에 영원한 즐거움이 있도다. 너희는 나를 기뻐하라! 내 안에서 즐거워하며 기뻐 뛰놀라. 나는 너희의 확실하고 큰 상급이라! 와서 맛보라. 이제 말할 수 없는 기쁨과 충만한 영광으로 즐거워하라."

얼마나 광대한 계획인지요! 우리의 기쁨이 당신의 탁월함의 메아리가 되게 하시다니! 우리의 즐거움이 지금 당신이 우리 삶의 보화이심을 나타내는 증거가 되게 하시다니! 우리 영혼의 기쁨이 우리 예배의 본질이 되게 하며, 당신의 가치를 비추는 거울이 되게 하시다니! 하나님, 우리가 당신 안에서 만족할 때 당신이 우리 안에서 가장 큰 영광을 받게 하시다니!

하나님, 어떻게 제가 당신께 사랑받는다는 말이 당신이 아니라 나를 소중히 여긴다는 뜻으로 생각할 수 있겠습니까? 어떻게 제가 은하수를 보며 기뻐하도록 만들어진 큰 망원경에 눈을 대고 렌즈에 희미하게 비치는 제 얼굴을 보면서 '이제 난 행복해, 사랑받고 있어!'라고 말할 수 있겠습니까? 어떻게 제가 산과 바다 사이에서 노을을 바라보면서, 영원한 기쁨은 나를 소중히 여기는 데서 와야 한다고 생각할 수 있겠습니까?

그럴 수 없습니다. 아버지, 사랑은 이것입니다. 당신이 큰 값을 치르고 자신을 나의 영광과 자랑이 되게 하신 것입니다. 당신은 제 삶의 보화가 되려고 무한한 값을 치르셨습니다. 당신은 아들을, 당신의 아름다움과 사랑의 이글거리는 중심을 보내셨습니다. 당신은 그분을 조롱과 배신과 가시관과 채찍질과 매질과 주먹질과 못 박힘과 수치와 죽음에 내어주셨습니다.

무엇을 위해서입니까? 당신의 진노를 삼키며, 당신의 의를 만족시키며, 저의 모든 죄를 깊은 바다에 던지기 위해서입니다. 그래서 제가 집으로 돌아와 은하수를 볼 수 있게 하기 위해서입니다. 하나님, 이것이 당신의 사랑입니다. 저를 소중히 여기는 게 아니라 영원히 당신을 소중히 여기는 기쁨을 제가 깨닫도록 당신이 하셔야 하는 일은 무엇이든 하시는 것이 당신의 사랑입니다.

그러니 어떻게 그리스도를 저의 유일한 자랑으로 삼지 않을 수 있겠습니까? 하나님, 그리스도께서는 저를 위해 자신을 내어주셨을 뿐 아니라 그분 자신이 당신의 완전한 형상이며 당신의 영광의 이글거리는 중심입니다. 제가 가진 것 가운데 그분에게서 오지 않은 게 있습니까? 생명의 선물, 곧 호흡도 그분에게서 오지 않았습니까? 그분 안에서 성취되지 않은 약속이 있습니까? 제가 받은 감미로운 것, 또는 당신이 곧 감미롭게 하실 딱딱한 것 가운데 그분의 피로 사지 않은 게 하나라도 있습니까? 저는 지옥 외에는 아무 것도 받을 자격이 없습니다. 그러나 그분 안에서, 오직 그분의 희생을 통해, 모든 게 제 것입니다. 하나님, 제가 나의 주 그리스도의 십자가 외에는 자랑하지 못하게 하소서.

이제 그리스도를 보화로 여기며 당신의 사랑이 생명보다 나음을 아는 우리가 어떻게 모든 세상 사람들처럼 우리의 보화를 이 땅에 쌓을 수 있겠습니까? 당신은 전에 말씀하셨습니다. "어리석은 자여 오늘 밤에 네 영혼을 도로 찾으리니 그러면 네 준비한 것이 누구의 것이 되겠느냐"(눅 12:20).

이제 우리가 이 말을 듣지 않게 하소서. 주님, 세상은 온통 궁핍한데도 우리는 가만히 앉아 '영혼아 여러 해 쓸 물건을 많이 쌓아 두었으니 평안히 쉬고 먹고 마시고 즐거워하자'라고 말하지 않게 하소서. 이렇게 사랑을 모르는 자들에게는 무서운 반전이 기다립니다. "화 있을진저 너희 부요한 자여 너희는 너희의 위로를 이미 받았도다"(눅 6:24).

우리는 당신이 무정한 부자에게 하신 말씀에 떱니다. "너는 살았을 때에 좋은 것을 받았고 나사로는 고난을 받았으니 이것을 기억하라 이제 그는 여기서 위로를 받고 너는 괴로움을 받느니라"(눅 16:25).

하나님, 이런 부자로 산다면 삶을 허비하는 것입니다. 주님, 우리를 지켜 주소서. 우리에게 또 다른 소명을 듣고 귀 기울이게 하소서. "오직 너희를 위하여 보물을 하늘에 쌓아 두라 거기는 좀이나 동록이 해하지 못하며 도둑이 구멍을 뚫지도 못하고 도둑질도 못하느니라"(마 6:20). 그리고 "네 자신을 위해 썩지 않을 보화를 쌓아라."

그러면 우리는 묻습니다. "주님, 어떤 보화 말입니까?" 당신은 웃으며 말씀하십니다.

"내가 너희의 보화이며 너희의 큰 상급이다. 내가 너희의 양식이요, 너희의 음료요, 너희 축제 의상이요, 너희의 영원한 유익이다. 내가 너희의 생명이며, 모든 만족을 주는 너희의 기쁨이다."

그렇습니다, 주님. 이것으로 충분합니다. 그러나 우리는 묻습니다.

이 보화를 쌓으려면 어떻게 해야 합니까? 이 보화는 오직 당신의 은혜로 그곳에 쌓이며, 예수님의 보혈로 단번에 사신 게 아닙니까? 우리가 하늘에 보화를 쌓으려면, 지금 우리가 살고 있는 한 번뿐인 짧은 인생을 어떻게 살아야 합니까? 하나님, 이 질문에 답하기 위해 이 작은 책을 썼습니다. 제 자신을 주목하거나 다른 사람의 음성에 귀 기울이지 않았습니다. 기록된 당신의 말씀을 탐구하고 당신이 하신 말씀을 하려고 애썼습니다. 저는 기록된 당신의 말씀을 되풀이했을 뿐입니다.

이 질문에 대한 대답은, 우리가 이생에서 그리스도를 보화로 여기기 시작하며, 말하자면 그분을 기뻐하는 습관을 들일 수 있다는 것입니다. 그리스도에 대한 사랑을 키워 가는 사람들은 더 큰 영광을 누릴 것입니다.

그러면 그리스도에 대한 사랑이란 무엇입니까? 그리스도 안에서 우리를 위하시는 당신의 전부를 소중히 여기는 것입니다. 세상의 모든 보화보다 그리스도의 완전함을 더 소중히 여기는 것입니다. 그분과의 교제를 모든 가족과 친구보다 더 기뻐하는 것입니다. 죄의 모든 거짓 약속보다 그분 앞에 더 많은 즐거움이 있으리라는 그분의 모든 약속을 받아들이는 것입니다. 우리가 그분을 얼굴을 맞대고 볼 때 완전히 누릴 영광을 지금 맛보며 소망하는 기쁨입니다. 그분이 우리를 위해 택하시는 고난의 길을 따르며 누리는 고요한 평안입니다. 우리에게 주어지는 그 무엇도 헛되지 않다는 사실에 만족하는 것입니다.

주님, 고요한 기쁨이 있습니다. 예수님이 우리를 우리의 죄에서 구원하셨으며 우리에게 사랑하는 법을 보여 주셨다는 것입니다. 그분은 우리를 위해 죽으셨고, 이제 우리에게 자신과 함께 죽으라고 요구하십니다. 우리가 그분 안에서 하늘에 있는 그분의 부를 소유하도록 우리의 가난을 친히 담당하셨으며, 이제 우리에게 가난한 자들을 위해 우리의 부를 사용하라고 요구하십니다. 그분은 당신과의 동등함을 취해야 할 대상으로 여기지 않으셨으며, 오히려 자신을 비워 하늘과 땅 사이의 무한한 틈을 메우셨습니다. 그래서 우리가 전방 선교의 의미를 깨닫고 이 마지막 과업을 그분과 함께 해 나가게 하셨습니다.

이처럼 최대한 많은 사람들이 우리처럼 하나님과 더불어 부요해지도록 우리의 돈과 우리 자신을 내어주는 것이 우리가 당신의 집에 보화를 쌓는 방법이 아닙니까?

제가 고요한 기쁨이라고 말하는 이유는 아주 많은 고난 때문입니다. 제가 자신은 매일 죽으며 "근심하는 자 같으나 항상 기뻐하고 가난한 자 같으나 많은 사람을 부요하게 하고 아무 것도 없는 자 같으나 모든 것을 가진 자로다"(고후 6:10)라고 역설적으로 표현한 위대한 사도 바울을 능가할 수는 없습니다. 아버지, 당신의 교회가 금보다 당신의 영광을 더 사랑하게 하소서. 편안함과 안전과의 사랑 놀음을 그치게 하소서.

먼저 하나님 나라를 구하며 나머지는 당신의 뜻에 맡기게 하소서. 편안함을 좇지 않고 도움이 필요한 사람들을 찾아가게 하소서. 우리는 마침내 그리스도 안에서 안전을 찾을 겁니다. 그러기에 우리로 자유하게 하사 이 땅에서 우리의 가정과 건강과 돈을 잃을 위험을 기꺼이 감수하게 하소서. 우리는 우리의 부(富)가 우리의 섬길 것이 아님을 보여 주기 위해 그 부를 사용해야 하지만, 그러지 못하고 그 부를 지키려고 애쓸 때 아무리 성공하더라도 우리 삶을 허비하게 됩니다. 우리가 이것을 깨닫도록 도와주소서.

사랑하는 주님, 제 자신이 간신히 느끼는 바를 독자들도 깨닫도록 떨며 기도합니다. 그러나 우리가 늘 사선(死線)을 걸으면서도 넘어지거나 어쩌면 떠밀리더라도 유익하다는 분명한 확신이 있기에 웃을 수 있다면, 우리의 삶이 어떨지 저는 압니다. 우리가 이 길을 걷는다면, 사랑하기 위해 참으로 많이 포기하며, 참으로 많이 자유하며, 참으로 큰 결심을 해야 할 것입니다. 그리스도의 영광을 위해 고난 받을 준비를 해야 할 것입니다. 가난한 사람들에게 그들이 영원히 하나님을 기뻐하도록 우리가 기쁘게 재물을 쓰고 자신을 바치리라는 것을 참으로 열심히 보여 주어야 할 것입니다. 참으로 낮아지며, 참으로 온유하며, 칭찬과 보상을 받으려는 생각에서 참으로 자유해야 할 것입니다. 그리스도 안에서 모든 게 우리의 것입니다. 세상도, 생명도, 죽음도, 현재도, 미래도 우리의 것입니다. 모든 게 우리의 것이며, 우리는 그리스도의 것입니다. 우리에게는 모든 게 과분합니다.

그러므로 사랑하는 주님, 제가 이 책에 쓴 모든 내용이 사실이라면, 두려움을 물리치며, 예수 그리스도를 기뻐하는 기쁨을 일으키게 하소서. 흔들리는 모든 마음이 "내가 결코 너희를 버리지 아니하고 너희를 떠나지 아니하리라"(히 13:5)는 당신의 약속을 기억하게 하소서. 그래서 우리가 죽음을 두려워하지 않는 확신으로 말하게 하소서.

"주는 나를 돕는 이시니 내가 무서워하지 아니하겠노라 사람이 내게 어찌하리요"(히 13:6).

주님, 이 책을 읽는 그 누구도 마지막에 '헛살았어!'라고 하지 않게 하소서. 당신의 전능한 성령과 예리한 말씀으로, 그리스도를 주로 고백하는 자들이 그분을 자기 생명보다 귀하게 여기며 그리스도가 생명이니 죽음도 유익함을 영혼 깊이 느끼게 하소서. 그리하여 모두가 보도록 그리스도의 가치를 나타내게 하소서. 우리의 찬양을 통해 그리스도께서 모든 세계 가운데 찬양 받으시게 하소서. 우리가 사나 죽으나 그리스도께서 높임을 받게 하소서. 모든 지역과 모든 열방으로 예수님을 기뻐하는 기쁨이 그분의 백성을 탐욕과 두려움의 권세에서 어떻게 자유하게 하는지 보게 하소서.

당신의 성도들에게서 사랑이 흘러넘치게 하소서. 그러려면 우리의 생명을 버려야 하더라도, 사람들이 하나님을 기뻐하게 하소서. "하나님이여 민족들이 주를 찬송하게 하시며 모든 민족들이 주를 찬송하게 하소서 온 백성은 기쁘고 즐겁게 노래"하게 하소서(시 67:3-4).

그리스도시여, 완전히 만족스러운 세상의 보화로서 당신의 존귀한 자리에 앉으소서. 하나님의 보좌 앞에서 떨리는 손으로, 당신의 은혜를 온전히 의지하며, 우리 목소리를 높여 엄숙히 맹세합니다. 하나님은 살아 계시며, 오직 하나님만 나의 필요이시오니, 내가 삶을 허비하지 않으리이다.

예수님의 이름으로 기도합니다. 아멘.

주

추천의 글

1) Elisabeth Elliot, *The Journals of Jim Elliot* (Revell, 1978), 174.
2) Henry Scougal, *The Life of God in the Soul of Man* (Christian Focus, 1996), 68. 『인간의 영혼 안에 있는 하나님의 생명』, 김태곤 옮김 (생명의말씀사, 2007).
3) 존 파이퍼, 『하나님의 기쁨』, 이재기 옮김 (은성, 1994), 16.
4) 엘리자베스 엘리엇, 『전능자의 그늘』, 윤종석 옮김 (복있는사람, 2002), 80.

01 | 내 삶의 열정을 바칠 오직 한 가지는 무엇인가

1) John Lennon 및 Paul McCartney 작사, "Nowhere Man" ⓒ 1965 Sony/ATV Music Publishing LLC. Sony/ATV Music Publishing LLC., 424 Church Street, Suite 1200, Nashville, TN 37219. 모든 권리는 저작권자에게 있으며, 허가를 받아 사용했다.
2) Bob Dylan 작사, "The Times They Are A-Changin'" ⓒ 1963, 1964 by Warner Bros. Inc.; 1991년, 1992년 Special Rider Music으로 리뉴얼되었으며, 국제 저작권이 보장된다. 모든 권리는 저작권자에게 있으며, 허가를 받아 다시 게재되었다.
3) Bob Dylan 작사, "Blowin' in the Wind" ⓒ 1962 Warner Bros. Inc.; 1990년 Special Rider Music에 의해 리뉴얼되었으며, 국제 저작권이 보장된다. 모든 권리는 저작권자에게 있으며, 허가를 받아 다시 게재되었다.
4) 쉐퍼의 선지자적 저작은 믿기 어려울 정도로 우리 시대에 적합하다. 모든 독자들이 쉐퍼의 책을 적어도 한 권은 읽어 보길 바란다. 가장 먼저 읽기에 좋은 최고 중의 최고는 *The Francis A. Schaeffer Triology: The God Who Is There, Escape from Reason, and He Is There and He Is Not Silent* (Wheaton, IL: Crossway, 1990)이다. 『거기 계시는 하나님』, 김기찬 옮김 (생명의말씀사, 1995), 『이성에서의 도피』, 김영재 옮김 (생명의말씀사, 2019), 『거기 계시며 말씀하시는 하나님』, 허긴 옮김 (생명의말씀사, 1973)으로 번역되었다.
5) C. S. Lewis, *Mere Christianity* (New York: Macmillan, 1952). 『순전한 기독교』, 장경철·이종태 옮김 (홍성사, 2018).
6) C. S. Lewis, *Surprised by Joy* (New York: Harcourt, Brace and World, 1955), 199. 『예기치 못한 기쁨』, 강유나 옮김 (홍성사, 2018).
7) C. S. Lewis, *The Abolition of Man* (New York: Macmillan, 1947), 91. 『인간 폐지』, 이종태 옮김 (홍성사, 2019).

02 | 그리스도의 아름다움이 곧 나의 기쁨이 되다

1) E. D. Hirsch, *Validity in Interpretation* (New Heaven, CT: Yale University Press, 1967), ix. 이 인용문은 Hirsch가 믿는 내용이 아니라 반박한 내용이다.
2) *The Joyful Science*의 "The Madam"이라는 제목으로 실린 경구 125에 나오는 내용으로, *First Things* 125호 (August/ September, 2002)에 실린 Damon Linker의 "Nietzsche's Truth"(p. 54)에 인용했다. 인터넷으로는 http://www.firstthings.com/ftissues/ft0208/articles/linker.html에서 확인할 수 있다.
3) Daniel Fuller, *The Unity of the Bible: Unfolding God's Plan for Humanity* (Grand Rapids, MI: Zondervan, 1992).
4) 같은 책, 453-454.
5) Jonathan Edwards, *The Works of Jonathan Edwards*, ed. Edward Hickman, 2 vols. (Edinburgh: Banner of Truth, 1976), 1xx-xxi.
6) Jonathan Edwards, "Nothing Upon Earth Can Represent the Glories of Heaven," in *Sermons and Discourses*, 1723 - 1729, ed. Kenneth P. Minkema, vol. 14 of *The Works of Jonathan Edwards* (New Haven, CT: Yale University Press, 1997), 144.

03 | 오직 십자가만 자랑하라

1) http://passionconferences.com/about을 보라.
2) C. S. Lewis, "Meditation in a Toolshed," in *C. S. Lewis: Essay Collection and Other Short Pieces* (London: Harper Collins, 2000), 607.

04 | 고난과 죽음을 통해 그리스도를 높이라

1) 그리스도 시대에 이것은 귀신들의 왕, 즉 사탄이나 마귀의 이름이었다.
2) Dietrich Bonhoeffer, *The Cost of Discipleship* (New York: Macmillan, 1967), 99. 『나를 따르라』, 허혁 옮김 (대한기독교서회, 1965 초판). 이 책은 독일어판 Nachfolge를 직접 옮겼다.
3) 같은 책, 55.
4) 이 설교는 www.desiringGod.org에서 볼 수 있다. "John Piper's Candidating Sermon at Bethlehem Baptist Church" (January 27, 1980).
5) John Bunyan, *Grace Abounding to the Chief of Sinners* (Hertfordshire, Evangelical

Press, 1978), 123. 『죄인의 괴수에게 넘치는 은혜』, 고성대 옮김 (CH북스, 2016).
6) John Bunyan, *Seasonable Counsels, or Advices to Suffers*, in *The Works of John Bunyan*, ed. George Offor, 3 Vols. (Edinburgh: Banner of Truth, 1991, 초판, 1854), 2:726.

05 | 그리스도를 위해 위험을 감수하라

1) 이것은 하나님이 자신이 일으키는 많은 사건의 결과를 알지 못한다는 의미에서 실제로 위험을 감수한다고 믿는 소위 개방신론(open theism)을 분명하고도 의식적으로 반대하는 견해다. 개방신론을 주장하는 학자들과 저서를 몇몇만 들면 다음과 같다. John Sanders, *The God Who Risks: A Theology of Providence* (Downers Grove, IL: InterVarsity Press, 1998). George A. Boyd, *Satan and the Problem of Evil: Constructing a Trinitarian Warfare Theodicy* (Downers Grove, IL: InterVarsity Press, 2001). 이러한 개방신론을 효과적으로 비판한 사람들과 저서들은 다음과 같다. R. K. McGregor Wright, *No Place for Sovereignty: What's Wrong with Freewill Theism?* (Downers Grove, IL: InterVarsity Press, 1996). Bruce A. Ware, *God's Lesser Glory: The Diminished God of Open Theism* (Wheaton, IL: Crossway, 2000). John M. Frame, *No Other God: A Response to Open Theism* (Phillipsburg, NJ: P&R, 2001). John Piper, Justin Taylor, Paul Kjoss Helseth, eds., *Beyond the Bounds: Open Theism and the Undermining of Biblical Christianity* (Wheaton, IL: Crossway, 2003).
2) 하나님이 위험을 감수하는 분이 아닌 이유를 좀 더 알고 싶다면 다음을 보라. John Piper, *The Pleasures of God: Meditations on God's Delight in Being God*, 2nd ed (Sisters, OR: Multnomah, 2000), 54-62.
3) Stephen Neill, *A History of Christian Missions* (Middlesex: Penguin, 1964), 42-43.
4) 같은 책, 42.
5) 나는 의인의 필요를 항상 채우시리라는 구약의 많은 일반적인 약속을 이렇게 이해한다. 예를 들면, 나는 "여호와께서 의인의 영혼은 주리지 않게 하시나 악인의 소욕은 물리치시느니라"(잠 10:3)는 말씀을 이렇게 이해한다. (1) 이 말씀은 하나님이 세상을 경영하는 방식 — 정직하고 열심히 일하는 사람들이 번성하며 넉넉해진다 — 으로 볼 때 일반적으로 참이다. (2) 의인이 그리스도를 위해 인내하지 못할 정도로 주리는 법은 절대로 없다는 의미에서 언제나 절대적으로 참이다. 다음을 보라. John Piper, "'No Evil Will Befall You.' Really?" in *Taste and See* (Sisters, OR: Multnomah, 2005), 46-48. 『하나님을 맛보는 묵상』, 김재영 옮김 (좋은씨앗, 2014).

06 | 다른 사람들이 하나님을 기뻐하게 하라

1) 더 많은 내용은 다음 책을 참조하라. John Piper, *God Is the Gospel: Meditations on God's Love as the Gift of Himself* (Wheaton, IL: Crossway, 2005).
2) Robert Murray M'Cheyne, *Sermons of M'Cheyne* (Edinburgh: n.p., 1848), 482, emphasis added; quoted in Timothy J. Keller, *Ministries of Mercy: The Call of the Jericho Road* (Phillipsburg, NJ: P&R, 1997), 40에서 재인용.
3) 내가 "끝없이 커지는"이라고 말하는 이유는 우리가 천국에서 시간이 지나면서 슬픔에서 기쁨으로 옮겨 가기 때문이 아니라 하나의 충만에서 또 다른 충만으로 옮겨 가기 때문이다. 내가 이렇게 말하는 이유는 유한한 지성이신 하나님의 전체를 받아들이지 못하기 때문이다. 하나님은 무한하시다. 그러므로 하나님은 자신의 무한한 충만을 우리에게 정도를 달리하며 전달하신다. 유한한 지성이 무한하신 하나님에 대해 보아야 할 것은 언제나 더 있다. 여기서 보듯이, 우리는 점점 더 행복해질 것이다. 여기에 관한 생각들을 더 보길 원한다면 다음을 보라. Jonathan Edwards in John Piper, *God's Passion for His Glory: Living the Vision of Jonathan Edwards* (Wheaton, IL: Crossway, 1998), 37. 『하나님의 영광을 위한 하나님의 열심』, 백금산 옮김 (부흥과개혁사, 2003).
4) 그리스도인의 삶에서 이 두 동기가 어떻게 결합하는지 좀 더 자세히 알고 싶다면 다음을 보라. "A Passion for God's Supremacy and Compassion for Man's Soul: Jonathan Edwards on the Unity of Motives for World Missions," in John Piper, *Let the Nations Be Glad: The Supremacy of God in Missions*, 2nd ed. (Grand Rapids, MI: Baker, 2003), 203-214. 『열방을 향해 가라』, 김대영 옮김 (좋은씨앗, 2018).

07 | 하나님이 생명보다 귀함을 드러내라

1) Randy Alcorn, *The Treasure Principle* (Sisters, OR: Multnomah, 2001), 8. 『부자 그리스도인』, 유정희 옮김 (생명의말씀사, 2002).
2) Ralph Winter, "Reconsecration to a Wartime, not a Peacetime, Lifestyle," in *Perspective on the World Christian Movement: A Reader*, ed. Ralph D. Winter and Steven C. Hawthorne, 2nd ed. (Pasadena, CA: William Carey Library, 1999), 705.
3) 마 24:42; 25:13; 26:41; 행 20:31; 고전 16:13; 엡 6:18; 골 4:2; 살전 5:6; 벧전 5:8.
4) Winter, "Reconsecration to a Wartime, not a Peacetime, Lifestyle," 706.
5) 사탄의 자유와 하나님의 주권의 관계를 분명히 하기 위해, 나는 사탄은 실재한다는 것과 죄 때문에 피조물에게 임한 하나님의 저주를(롬 8:20-23) 사탄이 이용하도록 하나님이 허용하셨으나(말하자면, 사탄에 대한 결박을 느슨하게 하셨다) 하나님은 여전히 세

상 모든 부분을 다스리신다는 점을 강조하고 싶다. 하나님이 만물을 최종적으로 다스리신다는 말과 우리가 질병을 이기고 불의에 항거하며 사람들을 그리스도께로 인도하기 위해 노력해야 한다는 말은 전혀 모순되지 않는다. 우리의 노력은 하나님이 자신의 주권적 계획을 성취하시는 방법의 일부다. 다음을 보라. John Piper, "God's Pleasure in All That He Does"(chap. 2), in *The Pleasures of God: Meditations on God's Delight in Being God* (Sisters, OR: Multnomah, 2000), 47–76.

6) James Bradley, *Flags of Our Fathers* (New York: Bantam, 2000), 62. 이 책은 2006년 같은 제목으로 영화로 만들어졌다(역자주).
7) Neil Postman, "Amusing Ourselves to Death," *Et Cetera* 42 (Spring 1985): 15, 18. 같은 제목의 그의 책도 보라. *Amusing Ourselves to Death: Public Discourse in the Age of Show Business* (New York: Viking, 1985).
8) David Wells, *God in the Wasteland: The Reality of Truth in a World of Fading Dreams* (Grand Rapids, MI: Eerdmans, 1994), 88, 90.
9) Douglas R. Groothuis, "How the Bombarding Images of TV Culture Undermine the Power of Words," *Modern Reformation* 10 (January/February 2001): 35–36.
10) Bradley, *Flags of Our Fathers*, 246–247. 이 책은 이오지마 전투에 관한 기록으로, 유명한 이오지마 전투 기념관 앞의 성조기를 붙잡고 있는 여섯 병사의 삶을 그렸다. 이 책을 쓴 존 브래들리는 이들 가운데 하나인 존 브래들리의 아들이다.
11) 같은 책, 188.
12) Megan Heggemeir, "For Teenagers, Fashion Is Key to Fitting In," *Minneapolis Star Tribune* (November 16, 2002): A23.
13) Bradley, *Flags of Our Fathers*, 174–175.
14) 같은 책, 161–162.

08 | 일터에서도 그리스도와 함께하라

1) Martin Luther, "An Open Letter to the Christian Nobility," in *Three Treatises* (Philadelphia, PA: Fortress, 1960), 14–17. 루터의 소명론(doctrine of vocation)에서 평신도에 관한 부분을 알고 싶다면 다음을 보라. Gene Edward Veith, Jr., *God at Work: Your Christian Vocation in All of Life* (Wheaton, IL: Crossway, 2002). 다음도 보라. Os Guinness, *The Call: Finding and Fulfilling the Central Purpose of Your Life* (Nashville: Word, 1998), 『소명』, 홍병룡 옮김 (IVP, 2019). Paul Helm, *Callings: The Gospel in the World* (Edinburgh: Banner of Truth, 1998).

2) Cecil F. Alexander, "All Things Bright and Beautiful" (1848).
3) Jonathan Edwards, "Thoughts Concerning the Revival," in *The Great Awakening*, ed. C. C. Goen, vol. 4 of *The Works of Jonathan Edwards* (New Haven, CT: Yale University Press, 1972), 340. 『부흥론-조나단 에드워즈 전집 7권』, 양낙홍 옮김 (부흥과개혁사, 2005).
4) C. S. Lewis, "Christianity and Literature," in *Christian Reflections* (Grand Rapids, MI: Eerdmans, 1967), 10.
5) C. S. Lewis, "Rejoinder to Dr. Pittenger," in *God in the Dock: Essays on Theology and Ethics* (Grand Rapids, MI: Eerdmans, 1970), 183.

09 | 선교와 자비 가운데 그리스도의 위엄을 나타내라

1) 아도니람 저드슨에 대해 더 알고 싶다면 다음을 보라. John Piper, *Filling Up the Afflictions of Christ: The Cost of Bringing the Gospel to the Nations in the Lives of William Tyndale, Adoniram Judson, and John Paton*, The Swans Are Not Silent (Wheaton, IL: Crossway, 2009).
2) Courtney Anderson, *To the Golden Shore: The Life of Adoniram Judson* (Grand Rapids, MI: Zondervan, 1956), 14.
3) 이신론(理神論, Deism)은 "오직 이성을 근거로, 하나님은 우주를 창조한 후 내버려 두었으며, 따라서 삶에 대해 아무런 지배권도 갖고 있지 않으며, 자연 현상에도 아무런 영향을 미치지 않고, 초자연적인 계시를 주지 않는다고 믿는다." *The American Heritage Dictionary of the English Language*, 4th ed. (Boston: Houghton Miflin, 2000).
4) Anderson, *To the Golden Shore*, 41.
5) 같은 책, 42.
6) 같은 책, 44. 이 이야기는 가족들의 입에서 나왔으며 다음에 기록되어 있다. Francis Wayland, *A Memoir of the Life and Labors of the Rev. Adoniram Judson, D.D.*, 2 vols. (Boston: Phillips, Sampson, and Co., 1854), 1:24-25.
7) Anderson, *To the Golden Shore*, 45.
8) 같은 책, 83.
9) Bethlehem College & Seminary의 신앙 고백서 전체는 https://bcsmn.edu에서 확인할 수 있다.
10) Robert Murray M'Cheyne, Sermon LXXXII in *The Works of the Late Rev. Robert Murray M'Cheyne*, 4 vols. (New York: Robert Carter, 1847), 2:479. 나는 이 글이

Timothy J. Kell의 *Ministries of Mercy: The Call of the Jericho Road* (Phillipsburg, NJ: P&R, 1997), 65에 인용된 것을 보았다. 모든 독자들이 이 책을 읽어 보길 바란다. 『가서 너도 이와 같이 하라』, 이찬규 옮김 (UNC, 2007).

11) Kenneth Scott Latourette, *These Sought a Country* (New York: Harper and Brothers, 1950), 46.
12) John R. Mott, *Five Decades and Forward View* (New York: Harper and Brothers, 1939), 8.
13) David Howard, "Student Power in Missions," in *Perspectives on the World Christian Movement: A Reader*, ed. Ralph D. Winter and Steven C. Hawthorne, 2nd ed. (Pasadena, CA: William Carey Library, 1999), 283. 내가 학생자원운동(SVM)에 관해 여기에 기록한 대부분의 사실은 이 글에서 나왔다.
14) Ruth Rouse and Stephen C. Neill, *A History of the Ecumenical Movement, 1517-1948* (Philadelphia, PA: Westminster, 1967), 328.
15) J. Campbell White, "The Layman's Missionary Movement," in *Perspectives on the World Christian Movement: A Reader*, ed. Ralph D. Winter and Steven C. Hawthorne, 1st ed. (Pasadena, CA: William Carey Library, 1981), 222.
16) 같은 책, 223.
17) 같은 책, 224.
18) 같은 책, 225.
19) 같은 책, 224.
20) 같은 책, 225.
21) Milena, "Church Giving Statistics," Balancing Everything, December 31, 2021, https://balancingeverything.com.
22) "The Ultimate List of Charitable Giving Statistic for 2022," NP Source, 2022년 10월 24일 접속, https://nonprofitssource.com.
23) "Mission Stats: Our Current State of the World," The Traveling Team, 2022년 10월 24일 접속, https://www.thetravelingteam.org. 인용된 통계의 출처는 온라인 기사에 각주로 표기되어 있다.
24) Patrick Johnstone, *The Church Is Bigger Than You Think* (Ross-shire, Christian Focus, 1998), 229. 『세계기도정보』 (죠이선교회, 2002).
25) 예를 들면 다음을 보라. http://www.joshuaproject.net/.
26) Johnstone, *The Church Is Bigger Than You Think*, 225-230.
27) 같은 책, 215. 존스톤은 숫자에서 바렛보다 낙관적이다. 세계 인구의 약 20퍼센트가 복

음화되지 않았다. 47퍼센트가 복음화될 것 같은 지역에 비그리스도인으로 살고 있다. 33퍼센트는 스스로 그리스도인이라고 고백한다.
28) David B. Barrett and Todd M. Johnson, "Annual Statistical Table on Global Mission, 2002," *International Bulletin of Missionary Research* 26 (January 2002): 22-23.
29) Johnstone, *The Church Is Bigger Than You Think*, 115-116.
30) 20세기의 이러한 성장은 Philip Jenkins의 *The New Christendom* (Oxford: Oxford University Press, 2002), 2에 정리되어 있다. 지난 세기 동안 … 기독교 세계의 무게 중심이 아프리카, 아시아, 라틴아메리카 등 남쪽으로 냉혹하게 옮겨 갔다. 지금 이미 지구상에서 가장 큰 기독교 공동체들을 아프리카와 라틴아메리카에서 찾아볼 수 있다. 우리가 현대의 '전형적인' 그리스도인을 떠올리길 원한다면 나이지리아나 브라질 빈민가에 사는 한 여자를 생각해야 한다. 케냐 학자 존 음비티(John Mbiti)가 말했듯이, "교회의 보편성의 중심들은 더 이상 제네바, 로마, 아테네, 파리, 런던, 뉴욕이 아니라 킨샤사, 부에노스아이레스, 아디스아바바, 마닐라에 있다. 유럽인들이나 북미인들이 무엇을 믿던 간에, 기독교는 남반구에서 정말 잘하고 있다. 단지 생존하는 데 그치지 않고 확장되고 있다."
31) Johnstone, *The Church Is Bigger Than You Think*, 273.
32) Patrick Johnstone and Jason Mandryk, *Operation World: When We Pray God Works* (Waynesboro, GA.: Paternoster USA, 2001). 온라인 버전은 http://www.operationworld.org를 보라.
33) "Pray for Morocco," Operation World, September 6, 2021, https://operationworld.org.
34) Johnstone and Mandryk, *Operation World*, 222.
35) "Pray for: India," Operation World, July 4, 2021, https://operationworld.org.
36) "Pray for: Turkey," Operation World, November 25, 2021, https://operationworld.org.
37) Abraham Kuyper, "Sphere Sovereignty," in Abraham Kuyper, *A Centennial Reader*, ed. James D. Bratt (Grand Rapids, MI: Eerdmans, 1998), 488.

사명선언문

너희가 흠이 없고 순전하여……세상에서 그들 가운데 빛들로
나타내며 생명의 말씀을 밝혀 _ 빌 2:15-16

1. 생명을 담겠습니다
만드는 책에 주님 주신 생명을 담겠습니다.
그 책으로 복음을 선포하겠습니다.

2. 말씀을 밝히겠습니다
생명의 근본은 말씀입니다.
말씀을 밝혀 성도와 교회의 성장을 돕겠습니다.

3. 빛이 되겠습니다
시대와 영혼의 어두움을 밝혀 주님 앞으로 이끄는
빛이 되는 책을 만들겠습니다.

4. 순전히 행하겠습니다
책을 만들고 전하는 일과 경영하는 일에 부끄러움이 없는
정직함으로 행하겠습니다.

5. 끝까지 전파하겠습니다
모든 사람에게, 땅 끝까지, 주님 오시는 그날까지
복음을 전하는 사명을 다하겠습니다.

서점 안내

광화문점　서울시 종로구 새문안로 69 구세군회관 1층
　　　　　　02)737-2288 / 02)737-4623(F)

강남점　　서울시 서초구 신반포로 177 반포쇼핑타운 3동 2층
　　　　　　02)595-1211 / 02)595-3549(F)

구로점　　서울시 동작구 시흥대로 602, 3층 302호
　　　　　　02)858-8744 / 02)838-0653(F)

노원점　　서울시 노원구 동일로 1366 삼봉빌딩 지하 1층
　　　　　　02)938-7979 / 02)3391-6169(F)

일산점　　경기도 고양시 일산서구 중앙로 1391 레이크타운 지하 1층
　　　　　　031)916-8787 / 031)916-8788(F)

의정부점　경기도 의정부시 청사로47번길 12 성산타워 3층
　　　　　　031)845-0400 / 031)852-6930(F)

인터넷서점　www.lifebook.co.kr